서울역사구술자료집 ❾

땡땡땡!
전차여 안녕!

일러두기

1. 이 자료집은 '1950~1960년대 서울의 전차와 교통'이라는 주제로 채록된 7건의 구술녹취문 중 핵심 내용만을 발췌하여 편집하였다.
2. 이 자료집은 각 구술자들로부터 자료이용 및 도서발간에 대한 동의를 받은 후에 발간하였다.
3. 이 자료집은 독자들이 쉽게 읽고 이해할 수 있도록 구술 내용을 크게 훼손하지 않는 범위 내에서 편집자가 편집·정리하였다. 면담자의 질문은 본문 중 글씨체를 달리하여 표시하였다.
4. 부록에 실린 조례와 규칙은 가독성을 높이고 독자의 이해를 돕기 위하여 오늘날 한글맞춤법에 따라 고쳐서 수록하였다.
5. 구술 내용 중 구술자의 본능적인 놀람이나 느낌, 부름, 응답 따위를 나타내는 감탄사와 반복되는 단어들은 생략하였다.
6. 구술 내용 중 사실을 재확인하거나 독자의 이해를 돕기 위해 설명이 필요한 부분은 각주를 달아 표시하였다.
7. 본문 중 구술적 성격을 표시하기 위한 편집기호들은 다음과 같다.

" "	구술 내 인용문
( )	사투리나 잘못된 외래어 등을 표준어로 고친 것, 문맥상 지시어나 설명
……	구술이 중단되거나 구술자가 틈을 두고 이야기할 때
!	구술자가 감탄할 때
(중략)	구술이 이어지지 않고 앞뒤에서 생략되었을 때

서울역사구술자료집 ⑨

땡땡땡!
전차여 안녕!

서울역사편찬원

◇◇◇ 발간사 ◇◇◇

서울역사편찬원에서는 2009년부터 구술채록사업을 실시하고 있습니다. 구술채록의 목적은 서울시민과 공무원들의 다양한 서울 체험과 기억을 채록·정리하여 문헌사료의 제약과 공백을 보완하는 한편 훗날 서울역사 연구를 위한 자료를 다양하고 풍부하게 생산하고자 하는 것입니다. 그중 흥미롭고 유익한 자료를 발췌·편집하여 『서울역사구술자료집』이라는 책자로 시민 여러분께 돌려드리고 있습니다.

구술자료집은 시민들이 쉽고 친근하게 접할 수 있는 책입니다. 다소 딱딱하거나 지루한 주제라도 현장에서 직접 경험했던 사람들의 목소리로 들을 때는 좀 더 생생한 역사의 숨결을 느낄 수 있습니다. 그렇지만 한 개인의 삶은 주관성을 띠게 마련이며, 그것을 재현해 낼 때 일부 왜곡을 피할 수 없습니다. 문헌자료도 마찬가지입니다. 그렇기에 역사가들은 엄격한 사료비판을 거칩니다. 구술도 역사자료로 활용할 때는 더 엄격하게 검증과 사료비판을 거쳐야 할 것입니다.

구술자료집을 읽는 독자께서는 구술자가 특정 사안을 어떠한 방식으로 기억하고, 이야기하는가에 주목하시면 좋을 듯합니다. 구술자가 어느 점들을 의도적으로 강조하는지 혹은 은폐하는지, 그 행간에 가려진 목소리를 들으신다면 독자께서는 구술자와의 쌍방향 소통을 체험하실 것입니다. 또한 공식화된 기억 너머, 구술자 고유의 체험과 목소리를 들으실 수 있으실 겁니다.

이번에 출간하는 『땡땡땡! 전차여 안녕!』은 1968년까지 서울에서 운행했던 노면전차와 당시 서울의 교통 환경 및 변화에 대한 이야기입니다. 서울의 노면전차는 1899년 새로운 근대문물로 조선에 들어와 70여 년 동안 서울시민의 발이 되어 시민들의 희로애락을 함께 하였습니다. 그렇지만 광복이 된 후에 서울의 전차는 시설의 노후화와 부속품의 부족 등으로 인해 점차 서울의 골칫거리로 전락하였고, 1968년 11월 30일 0시에 맞춰 운행을 종료하였습니다. 본 구술자료집에는 서울에서 전차가 없어질 무렵 서울특별시를 비롯한 관계 기관에서 종사했던 분들에게서 당시의 분위기와 전차에 얽힌 이야기를 담았습니다. 이들의 목소리를 통해 1950~1960년대 서울의 대중교통이 어떻게 바뀌어 갔는지 생생하게 볼 수 있을 것입니다.

마지막으로 구술채록사업을 진행해주신 여러 면담책임자와 구술자 선생님들, 자료집의 편집과 발간을 진행한 서울역사편찬원 연구원들의 노고에 깊이 감사드립니다.

2018년 12월

서울역사편찬원장 이 상 배

◇◇◇ 차례 ◇◇◇

2부 1950~1960년대 서울의 교통

◇◇◇ 총설 ◇◇◇

서울역사편찬원에서는 서울시와 서울시민을 대상으로 서울시정사, 주제사 그리고 생애사에 관련된 세부 주제들을 선정하여 구술을 채록하는 사업을 진행하고 있다. 본 구술자료집 『땡땡땡! 전차여 안녕!』은 주제사이자 서울시정사에 해당된다. '전차'를 주제로 택한 것은 1968년 운행을 종료한 서울 노면전차의 마지막 모습을 살피고, 나아가 1950~1960년대 서울 시내의 교통 변화를 현장의 종사자들로부터 듣고 정리해야할 필요를 느꼈기 때문이다. 총설에서는 독자들의 이해를 돕기 위하여 70년 동안 서울시민들을 태우고 시내를 누볐던 전차의 연혁을 간략하게 살펴볼 것이다.[1]

---

1 서울 노면전차의 연혁에 대해서는 서울특별시 시사편찬위원회, 『서울교통사』, 2000; 서울역사편찬원, 『서울2천년사』 25, 2014; 서울역사편찬원, 『서울2천년사』 30, 2015; 최인영, 「서울지역 전차교통의 변화양상과 의미(1899~1968)」, 서울시립대 박사논문, 2014; 최인영, 「6·25전쟁 전후 서울지역 교통환경의 변화와 전차의 한계」, 『도시연구』 14, 2015; 최인영, 「1960년대 서울지역 전차교통의 한계와 철거」, 『서울과 역사』 93, 2016을 바탕으로 정리하였다.

서울의 노면전차는 1899년부터 1968년까지 약 70년 동안 운행하였다. 19세기의 신문물인 전차는 조선의 근대화를 지향했던 고종의 기획을 바탕으로 조선에 도입되었고, 조선사람들이 접한 최초의 근대적 대중교통수단이었다.

전차의 개통식은 1899년 5월 동대문 앞에 지어진 발전소에서 열렸다. 칙임관 이상의 고관과 귀족, 각국 사신 등이 참석한 가운데 전차는 동대문에서 출발하여 종로를 지나 서대문까지 달렸다. 이렇게 운행을 시작한 전차는 일본의 교토 · 나고야에 이어 도입된 것이었다. 운행 초기 전차는 '오픈카' 형태로 상등칸과 하등칸이 구분되어 있었는데, 상등칸에는 문과 창이 있어 승객들이 비바람을 피할 수 있었지만 하등칸에는 지붕만 덮여 있어 비가 내리면 의자에

COLLIER'S WEEKLY

CABINET MINISTERS AND HIGH OFFICIALS, WITH GUARDS AFTER INSPECTION OF THE "DEVIL CARS"

POWER HOUSE AND CAR SHEDS OF THE SEOUL ELECTRIC RY. CO., WHICH OPERATED THE "DEVIL CARS"

THE COREANS HAVE NOT TAKEN KINDLY TO THE ELECTRIC CAR. IT IS TO THEM A MACHINATION OF THE DEVIL, FRAUGHT WITH THE MOST HORRIBLE CONSEQUENCES TO THE POPULATION AND THE COUNTRY THROUGH WHICH IT PASSES. THE NEW ROAD FROM SEOUL TO CHEMULPO WAS OPENED A MONTH AGO. THE NATIVES SWARMED TO SEE THE TRIAL TRIP OF THE "DEVIL CARS"—WAGONS PROPELLED BY A FORCE THAT WAS NOT HUMAN, AND NOT UNDERSTANDABLE. A COREAN CHILD STRAYED ON THE TRACKS BEFORE THE ON-COMING CAR. ITS LITTLE BODY WAS MANGLED HORRIBLY. THE JAPANESE MOTORMEN AND THE OFFICIALS OF THE AMERICAN FIRM WHICH CONSTRUCTED THE LINE HAD TO FLY FOR THEIR LIVES. THE FIRST ASSAULT OF THE MOB CULMINATED IN A RIOT; TWENTY OF THE RINGLEADERS WERE ARRESTED AND EXECUTED.

THE EAST GATE, SHOWING CROWDS OF CURIOUS NATIVES DISCUSSING THE "DEVIL CARS"

SCENE NEAR THE POOR HOUSE—NATIVE WALL IN BACKGROUND COVERED WITH CITIZENS OF SEOUL

THE COREAN RIOTS AND THE "DEVIL CARS"

(SEE PAGE 3)

전차 개통식 당시 모습을 담은 서양 잡지(서울역사박물관)

비가 스며들어 우산을 써야만 했다. 또한 전차를 상·하등으로 구분하면서 요금에도 차등을 두었다. 한편 전차의 중앙에는 별도로 상자형 공간을 만들어 부인석으로 하기도 하였다. 이처럼 차량을 상·하등으로 구분하여 요금을 달리 받는 것은 1910년에 전차를 개방형에서 상자형으로 바꾸면서 폐지되었다.

전차의 전성기는 일제강점기였다. 전차를 운행했던 주체도 고종이 출자한 한성전기회사[2]에서 미국인 콜브란이 경영하는 한미전기회사로, 나중에는 일본인 기업가 시부자와 에이이치[澁鐸榮一]가 경영하는 경성전기주식회사로 바뀌었다. 경성전기는 서울의 전기 · 전등 · 전차사업을 독점하여 막대한 이익을 거두었다.

한편 1899년 개통한 이래 20세기 중반까지 서울의 대표적 대중교통수단은 전차였다. 1909년 일한와사주식회사가 한미전기회사로부터 전차사업을 인수할 당시에 이미 전차궤도의 총 연장은 22km에 달했고, 마포에서부터 서대문을 거쳐 청량리, 종로에서 남대문을 지나 신용산 등 이미 서울 도심의 주요 지역을 지나고 있었다. 이후에도 전차 노선은 계속 확장되어 1945년 광복 무렵에는 전차궤도의 총 연장이 40km에 이르렀고, 전차가 다니는 범위도 북쪽으로는 돈암동, 동쪽으로는 왕십리, 서쪽으로는 독립문, 남쪽으로는 영등포까지 이어졌다. 이처럼 전차 노선의 범위가 확장됨에 따라 1909년 당시 모두 37대였던 전차는 1945년 광복 무렵에는 257대로 거의 7배 가까이 늘어났다.

---

2 1909년 전차 인수 당시에는 일한와사주식회사였으며, 일한와사주식회사는 1915년 경성전기주식회사로 회사명을 고쳤다.

서울 노면전차 궤도공사 연혁

준공연월일	구간	건명	준공연월일	구간	건명
1898.12.25	서대문-청량리	신설(단선)	1916. 10. 30.	종로4가-창경원	복선
1899.	종로-남대문	신설(단선)	1920. 11. 8.	을지로입구	접속
1901. 1.	남대문-구용산	신설(단선)	1920. 11. 27.	남대문역-서대문우체국	신설
1901. 7.	서대문-남대문	신설(단선)	1921. 6. 23.	동대문-광희문	신설
미상	서대문-마포	신설(단선)	1923. 8. 20.	종로-안국동	신설
1910. 7. 21.	구용산-신용산	신설(단선)	1926. 3. 30.	광화문-총독부	복선
1910. 8. 26.	종로-동자동 (남대문-역전 제외)	복선	1926. 4. 19.	장충단선	신설
1910. 12. 20.	창경원선	신설	1927. 12. 19.	총독부-적선동	복선
1911. 4. 11.	청량리선 연장	복선	1928. 9. 18.	경마장	복선
1911. 12. 7.	동대문 본선	복선	1928. 10. 17.	남대문-광화문	신설
1912. 2. 12.	남대문-서울역	복선	1929. 7. 10.	청량리-청량리역 앞 연장	신설
1912. 3. 23.	신용산선	복선	1929. 7. 24.	종로-안국동	복선
1912. 6. 3.	원효로선	신설	1929. 8. 5.	총독부-안국동	신설
1912. 6. 25.	을지로2가-6가	신설	1929. 9. 3.	신용산-한강인도교	신설
1912. 12. 6.	을지로6가-광희문	신설	1934. 5. 17.	용산경찰서-구용산	복선
1912. 12. 6.	을지로입구-을지로2가	신설	1934. 10. 3.	청량리선	복선
1913. 6. 10.	종로 부근	신설	1935. 9. 23.	독립문-영천	신설
1914. 6. 8.	왕십리선	신설	1936. 8. 31.	서대문-마포	복선
1915. 8. 18.	4가선 연장	복선	1937. 8. 14.	한강교-노량진	신설
1915. 8. 26.	광희문-의주로	복선	1941. 7. 21.	창경원-돈암동네거리	신설

서울특별시 시사편찬위원회, 『서울교통사』, 2000, 259쪽.

세계적으로 노면전차가 전성기를 누렸던 시기는 1920년대였다고 한다. 이후 버스 등 자동차가 발달하면서 1935년을 전후로 세계 여러 도시에서 노면전차는 사라져갔다. 가장 먼저 노면전차를 철거한 것은 프랑스 파리였으며, 영국 런던에서는 1935~1940년의 사업계획에서 노면전차 폐지방침을 결정하고 1939년까지 전 노선의 반수 이상을 철거하였다. 뉴욕에서도 고속전철이 보급

되면서 노면전차 노선은 줄어들기 시작하여 1956년에는 모든 노선이 철폐되었다. 반면에 조선 특히 서울에서 전차는 여전히 주요 대중교통수단으로서의 지위를 유지하였다. 그것은 일제가 대륙침략의 통로이자 거점으로서 철도를 중시했던 정책을 추진했기 때문이었다. 더욱이 노면전차의 요금은 비교적 저렴했기 때문에 1930년대에 들어 세계대공황이라는 경제적 상황과 일본의 대륙침략이라는 정치적 상황에 비추어볼 때 전차를 유지하는 것이 좀 더 유리했을 것이다.

그러나 1930년대 후반 일제가 중국대륙을 침략하고 아시아·태평양전쟁을 일으키면서 서울의 노면전차 운영도 상당한 어려움을 겪었다. 일본은 전쟁수행을 위해 일본과 조선 사회를 전시체제로 전환하고 물자 이용을 제한했는데, 이 과정에서 전차와 함께 서울시민들의 교통수요를 감당하던 버스 운행이 크게 어려워졌다. 버스의 연료인 석유의 사용을 제한했기 때문이다. 이로 인해 모든 교통수요가 전차로 몰렸는데, 당시 운행하던 전차의 수로는 그 모든 수요를 감당하기 어려웠다. 게다가 전차사업의 운영주체인 경성전기는 시설 투자와 유지 · 보수보다 이익 추구에 더 우선하고 있었다. 이러한 상황 속에서 새로운 전차는 도입되지 않은 채 전차 및 궤도 설비 등의 노후화는 점차 심각해져 1945년 광복 직전 운행 중인 전차의 대수도 150대까지 줄어들었다.

1945년 8월 15일 광복이 된 후에도 상황은 전혀 나아지지 않았고, 오히려 더욱 심각해져갔다. 광복 직후 시민들이 일제의 압제로부터 해방되었다는 환희와 흥분 속에 전차 지붕 위에까지 올라 만세를 부르는 바람에 매일 여러 대의 전차가 파괴되었다. 그 결과 8월 15일에는 101대의 전차가 출고되었지만, 보름 정도 지난 9월 초에는 59대로 줄어들고 말았다. 그 후 질서는 조금씩 회

시기별 전차의 변천상

1. 개통 당시의 전차 2. 일한와사전기회사 시절의 전차 3. 1923년경 사용한 전차 4. 1929년경 사용한 半鋼製 보기차 5. 1935년경 사용한 半鋼製 보기차 6. 1950년경 도입한 미국제 전차 7. 1956년 이후 도입된 미국제 전차(『경성전기주식회사60년연혁사』)

복되었지만, 해외에서 돌아온 동포들과 이북에서의 월남한 사람들로 서울의 인구가 급증한 반면 전차의 수송능력은 이를 감당할 수 없었다. 결국 초만원 상태로 무리하게 운행하다가 고장차가 속출했고, 사고도 빈번하게 발생하였다. 회사 측에서는 이러한 상황을 타개하기 위해 고장차의 수리와 개선, 종업원에 대한 수당 지급 등 다양한 대책을 강구하여 전차의 운행률을 높이고자 하였다. 그 결과 1946~1947년 무렵 하루에 운행 가능한 전차가 겨우 80여 대였던 수준에서 1948년에 이르면 하루 평균 136대로 크게 늘었다. 또한 서울시에서도 교통문제를 해결하기 위해 당시 미국에서 철거되고 있던 미국제 전차를 도입하여 노후한 일제 전차를 대체하고자 하였다. 그 성과로 미국의 원조를 통해 1950년 6월 6일 8대의 전차가 서울에 도입되었다.

1950년 발발한 6·25전쟁은 서울의 전차운영에도 막대한 피해를 입혔다. 우선 궤도설비 총 연장 약 46km 중 10% 정도인 5.1km 정도가 피해를 입었고, 전차 차량 163대 중 89대가 완전히 불타버렸다. 특히 전쟁 직전에 도입된 미국제 전차 8대도 완전히 불타버리고 말았다. 하지만 전차에 전류를 공급하는 전차선이 대부분 끊어져 전차설비 중 가장 피해가 컸다. 전차 설비에 대한 복구는 서울을 수복한 직후부터 전개되어 이미 1951년 9월에 동대문에서 을지로와 종로를 지나 동대문으로 돌아오는 순환선이 운행을 재개하였다. 이후에도 꾸준히 복구사업이 이루어져 1952년 6월경에는 대부분의 노선에서 운행을 재개할 수 있었다.

전쟁이 끝난 후에도 전차 운영 상황은 계속해서 악화되었다. 앞서 살핀 것처럼 전차와 설비의 노후화로 인한 차량 고장과 사고가 빈번하게 일어나고 있었지만, 이를 방지할 수 있는 능력은 크게 부족했다. 우선 전차와 궤도 설비의 부속품을 구하기가 어려웠다. 부속품을 구매하고 낡은 시설을 보수하려면 충분한 재정이 확보되어야 했지만, 전차 운영은 늘 만성적자를 면치 못하는 실정이었다. 전차요금이 턱없이 낮았기 때문이다. 물론 광복 이후 전차요금도 꾸준히 인상되었지만, 물가 유지와 서민 복지의 측면에서 전차요금은 매우 낮은 수준으로 통제되고 있었다. 이러한 상황에서 경성전기는 전기사업에서 벌어들인 수익을 전차 운영으로 쏟아 붓는 형국이었다. 다행히 전쟁 후에 국제협조처

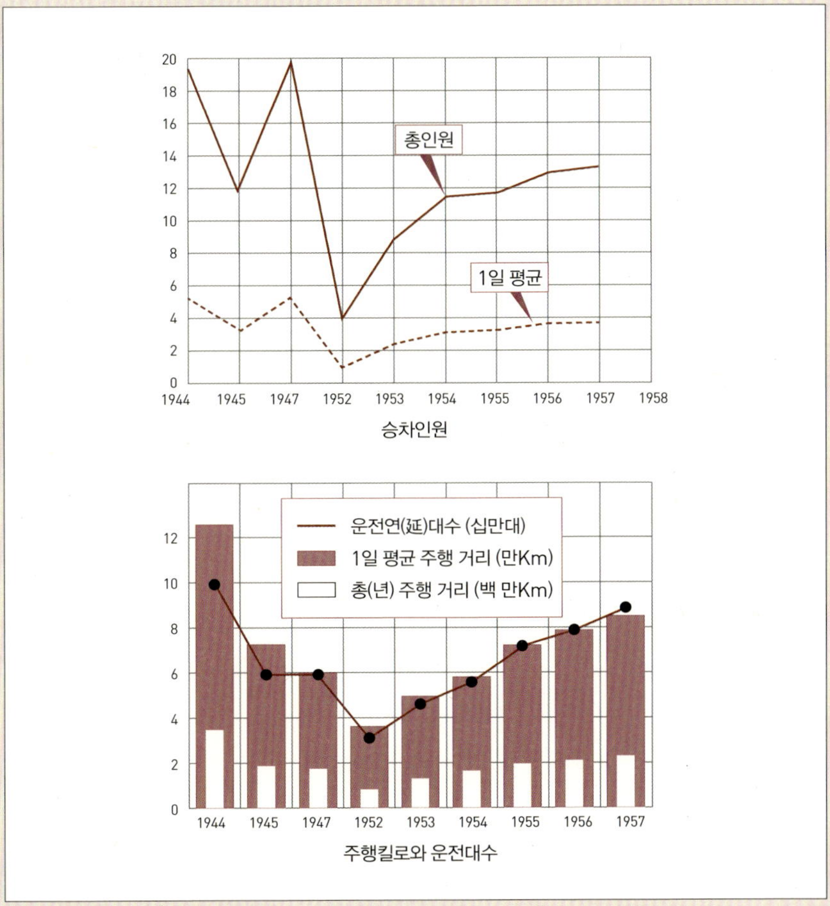

서울 전차궤도 사업의 추이 (경성전기주식회사60년연혁사)

(ICA) 원조자금으로 미국으로부터의 전차 도입이 이루어져 1956년 말경 서울에서는 미국제 전차 54대를 포함하여 모두 158대의 전차가 운행하게 되었다. 그러나 당시 교통수요에 비할 때 전차의 수는 여전히 부족한 수준이었고 전차 안은 항상 사람들로 가득했다.

한편 광복 이후 서울의 거리에도 본격적으로 자동차들이 달리기 시작하였다. 경성전기에서 운영하는 전차와 버스사업으로는 서울의 교통문제를 해결할 수 없게 되자, 1949년 서울시역의 확장을 계기로 서울시는 경성전기 외에 17개 버스업체에 신규로 면허를 발급하였다. 전쟁 후 서울 시내를 달리는 버스의 수는 계속해서 늘어나 1954년에는 하루 평균 14만여 명의 승객을 수송하였고, 1959년이 되면 약 4배에 달하는 56만여 명을 하루에 실어 날랐다. 버스와 함께 전후 대중교통의 일익을 담당한 것이 바로 택시였다. 1954년에 이미 190개의 회사가 927대의 택시를 보유하고 있었는데, 3년 뒤인 1957년에는 무려 1,576대로 늘어날 만큼 택시도 성황을 이루었다. 이처럼 자동차가 크게 늘어날 수 있었던 것은 역설적으로 전쟁 덕분이었다. 전쟁이 끝난 후 필요가 없어진 군용차를 불하하거나 혹은 고장나거나 폐차된 차를 조립하여 재활용하기도 하고 군부대에서 쓰고 버린 드럼통을 망치로 두드려 펴고 엔진을 얹어 자동차를 제작하면서 자동차의 수가 늘어난 것이다. 이처럼 서울 시내에는 이제 전차뿐만 아니라 버스와 택시 등 다양한 교통수단이 돌아다니게 되었다. 이 가운데 속도도 느리고 도로의 많은 부분을 차지하는 전차는 점차 서울의 애물단지로 전락하고 말았다.

전차의 시설 노후로 인한 잦은 고장과 대체교통수단인 버스와 택시의 증가로 인하여 경성전기의 전차사업은 날로 적자만 쌓여갔다. 게다가 1,800여

명에 달하는 전차 종업원들에게 지급해야할 인건비도 회사로서는 상당한 부담이었다. 한때는 시민의 발이자 좋은 수익을 내던 전차가 이제는 적자투성이의 애물단지로 전락한 것이다. 이러한 가운데 1961년 7월 1일 남한의 전기사업을 나누어 운영하던 경성전기(주), 조선전기(주), 남선전기(주) 등 전기3사가 한국전력주식회사로 통합, 발족하였다. 전기 3사의 통합 당시 전차사업은 적자사업이라는 이유로 분리, 매각하고자 했지만 성사되지 못했다. 전차사업과 전력사업을 분리시키려는 시도는 이후에도 이어졌다. 1963년 경제기획원에서는 한국전력이 전력사업을 전담해야 하는데 적자투성이인 전차사업까지 맡는 것은 모순이라며 운영 합리화를 위해 당시 전차가 운행하던 서울시와 부산시에 전차사업을 이관시키고자 하였다. 그러나 두 시 모두 전차사업을 외곽으로 이전해야할 시점에 전차사업을 떠맡는 것은 효율적이지 않다는 이유로 거부하였고, 결국 합의점을 찾지 못하고 무산되고 말았다. 이제 전차사업은 적자투성이의 '애물단지'로 전락했지만, 여전히 시내 대중교통 수요의 많은 부분을 감당하고 있었다. 한 예로 1966년에도 전차는 하루 교통량의 평균 15%를 분담하였다. 당시 1일 평균 교통기관을 이용하는 승객이 모두 354만 명이었고, 그중 전차를 타는 사람은 52만 명에 달했다. 이러한 상황에서 이를 대체할 수단을 마련하지 않은 채 전차를 철거하겠다는 것은 쉽게 결정할 수 있는 문제가 아니었다.

서울시가 한국전력으로부터 전차사업을 이관하기로 방침을 바꾼 것은 1966년 김현옥 시장이 부임한 후였다. 김현옥 서울시장은 육군 수송장교 출신으로 교통문제에 대한 관심이 많았다. 그는 부임 직후 첫 번째 공약으로 서울시의 교통난 완화책을 발표하였다. 그것은 단기·중기·장기대책으로 구성되었는데, 우선 단기대책은 시내버스의 증차와 합승택시의 대형화, 정류소 감축과

노선 재조정, 육교·지하도·교통도로 건설 등 당장의 수송력을 증대시킬 수 있는 방법들이었다. 중·장기대책은 전차의 철거와 지하철 건설이었다. 즉, 김현옥 시장이 내놓은 대책은 전차의 철거를 염두에 두고서 대대적으로 교통체계를 재편하겠다는 것이었다.

서울시는 교통난 완화책을 발표한 다음날인 1966년 4월 19일 세종로와 명동 지하도 공사에 착수하였다. 당시 지하도 공사에서 가장 큰 문제는 남대문에서 태평로, 세종로, 효자동에 이르는 전차궤도를 철거하는 것이었다. 왜냐하면 1961년 한국전력이 통합·발족한 이후 법률 제915호로 〈궤도사업법〉이 제정되어, 도로 등의 공사를 위해 전차 운행을 중단할 경우 〈궤도사업법〉 제23조에 따라 운행 중단에 대한 손실을 보상하거나, 전차사업 전체 혹은 일부를 공사주체가 매수해야 했기 때문이다. 곧 〈궤도사업법〉 제23조는 사실상 적자상태에 있는 전차사업을 한국전력으로부터 분리하기 위해 고안된 조항이었다. 이 법에 따라 서울시가 지하도 공사를 시행하기 위해서는 한국전력에 전차 운행 중단에 대한 손실을 보상하거나 전차사업 일체 혹은 일부를 매수해야만 했다. 당시 서울시는 재정상태가 매우 열악했기 때문에 전차사업을 매수할 의사가 없었다. 하지만 한국전력 측은 일부만 매수하거나 손실 보상에 대해서는 절대 불가 입장을 고수하고 있었고, 서울시로서도 1966년 10월 미국의 존슨 대통령 방한 전까지 공사를 마쳐야 했기 때문에 사정이 긴박하였다. 결국 전차사업 이관 문제는 정부의 조정을 거쳐 서울시에서 이관하게 되었다. 세종로 지하도 공사 착공 하루 전인 4월 18일 경제 장관 회의가 열려 '서울시내 전차궤도대책위원회'의 구성이 의결되었고, 한 달 뒤인 5월 10일에는 서울시에서 연내에 전차사업을 인수하겠다고 발표하였다. 뒤이어 5월 18일에는 국무총리 훈령 제32호로 서울시로의 전차궤도사업 이관을 확정지었다.

국무총리의 훈령에 따라 서울시와 한국전력은 본격적으로 전차사업의 이관 작업에 착수하여 1966년 5월 21일 교통부장관이 서울시의 전차 매수를 최종 승인했고, 5월 26일에는 원용석 무임소장관이 전차궤도사업 이양에 관한 기본방침을 수립하여 경제 장관 회의에 보고하였다. 그리고 1966년 6월 1일 전차사업은 한국전력으로부터 서울시로 이관되었다. 서울시에서 전차사업을 이관 받겠다는 방침을 발표하고 1달도 채 못되는 기간이었다. 서울시는 전차 차량 201대와 관련 시설 및 종업원 1,620명을 한국전력으로부터 인수하였다.

그런데 이처럼 공식적으로 드러난 것과 달리 서울시와 한국전력의 전차 사업 이관은 상당히 오랜 시간 동안 이루어졌다. 전차차량과 궤도, 전차선, 발전소 등 전차운영에 필요한 재산에 대한 감정가격을 두고 서울시와 한국전력은 팽팽히 맞섰다. 서울시와 한국전력은 5월 26일에 내려온 전차궤도사업 이양에 관한 기본지침에 따라 각각 서울은행과 산업은행에 전차사업 자산에 대한 감정을 의뢰하였다. 서울시의 의뢰를 받은 서울은행 측은 총 15억 1,923만 9,392.33원으로 감정가액을 제시했고, 한국전력의 의뢰를 받은 산업은행에서는 15억 6,702만 1,833.63원을 감정가액을 제시하여 서로 4,780만원 정도의 차이가 났다. 이에 대해 서울시는 전차사업이 결손사업이고, 한국전력에서 결손사업을 처분하면서 오히려 손실을 방지했기 때문에 무상양도가 적합하다고 하였다. 반면 한국전력에서는 전차사업에서 적자가 심했던 원인은 비현실적인 요금 규제에 기인한 것이고, 수익자 부담의 원칙에서 서울시가 마땅히 결손을 부담해야함에도 불구하고 전국의 전기수용가구에서 이를 부담했으므로 양도되는 재산의 시가로 하는 것이 타당하다며 양 감정가액의 중간가격으로 할 것을 주장하였다. 양 측은 한 치의 양보 없이 대립하였고, 결국 한국전력에서는 국무총리와 상공부장관에 양도가액의 절충을 요청하였다. 중재요청을 받은 국무총리실에서는 서울시와 한국전력, 상공부 · 교통부 관계자를 불러 절충을 시

고속전차 모형을 바라보고 있는 김현옥 서울시장

도했지만 소득이 없자, 교통부장관에게 재정을 일임하였다. 이에 교통부에서는 1967년 3월 13일 서울시 측의 입장을 대변한 서울은행의 감정가를 양도가액으로 정하고, 연 이자율을 5부로 하여 5년 거치 후 15년간 연부상환토록 양측에 지시하였다. 이로써 전차사업 이관 협상은 약 10개월 만에 마무리되었다.

서울시로의 전차사업 이관은 사실상 전차의 철거를 의미했다. 당장 서울시는 세종로 지하도 공사를 위해 전차사업을 이관 받은 직후인 1966년 6월 10일부터 8월 15일까지 한시적으로 세종로-남대문 구간과 신문로-화신 앞 구간의 전차 운행을 중지한다고 발표하였다. 그러나 공사가 끝난 후에도 세종로 사거리를 지나는 노선은 복구되지 않았다. 이어 1967년 1월부터 태평로 지하도 공사가 시작되어 시청-영등포 구간을 운행하던 전차도 을지로로 우회하게 되었고, 3월 25일 서울시는 시청-남대문 구간의 전차 궤도 철거를 결정하였다. 이처럼 도심에서의 전차 궤도는 빠르게 철거되기 시작하였다.

서울시는 1967년 9월 〈전차현대화5개년계획〉에서 도심에 가설된 전차궤도를 시 외곽으로 이관한다는 계획을 발표하고, 뒤이어 1968년 4월 16일에는 1969년까지 도심에 있는 모든 전차궤도를 철거하겠다고 밝혔다. 그런데 시에서 밝힌 전차궤도 이관 계획은 실제로 이루어지지 않았다. 위와 같은 발표가 있은 지 1달 뒤인 1968년 5월 서울시는 교통부장관으로부터 전차사업 폐지 허가를 받았고, 6월 1일부터 궤도철거를 시작하였다. 즉 여전히 전차의 시내 교통분담률이 적지 않았던 상황에서 서울시는 전차 철거에 대한 일반 시민과 전차종업원들의 반발을 일으키기지 않기 위해 다소 기만적인 방법으로 전차사업의 폐지를 추진했던 것이다.

그렇다면 서울시는 전차 철거 이후의 교통문제에 대해 어떤 대책을 마련했을까? 그리고 전차사업 폐지로 직장을 잃게 될 전차 운전수와 차장, 정비공 등 종업원들의 생계문제를 해결할 대안은 무엇이었을까? 전차 철거에 대비하여 서울시가 마련한 대책은 시영버스의 도입이었다. 서울시는 전차를 철거하기에 앞서 1966년 3월 16일부터 시영버스 50대를 전차 노선에 병행하여 투입하였다. 전차 운행이 전면 중단된 1968년 11월 30일에는 20대의 시영버스가 운행을 시작했고, 12월 1일에는 31대가 더 증차되었다. 이때 도입된 시영버스의 노선은 처음에는 전차와 병행하고 있었지만, 이후 민간버스들이 선호하지 않는 변두리 지역으로 편성된 것으로 보인다. 이미 도심지역에는 버스와 택시 등 전차를 대체할 수단이 비교적 다양하고 많았던 반면, 도심재개발에 따른 철거민의 이주와 이농민의 유입 등으로 시 외곽지역의 인구가 크게 늘어나 이들

어린이대공원에 전시되어 있던 381호 전차(서울역사박물관)

지역에 대한 교통문제 해결이 급선무였기 때문이다.

서울시는 전차종업원들의 사후대책 또한 전차를 대체할 교통수단에서 찾았다. 우선 새롭게 투입되는 시영버스의 운전기사와 차장들을 전차 종업원으로 충원하였다. 둘째로, 시비 2,000만 원과 민간자금 3,000만 원을 동원하여 공영택시회사를 설립하고 전차종업원들을 택시기사로 채용하였다. 이와 같은 대책을 통해 약 800명 정도가 새로운 직장을 찾았다. 그리고 약 200명은 서울시 산하의 각 사업소와 구청 등에 분산 배치되었다. 그 외에 다른 종업원들은 퇴직해서 각자의 생계를 찾아 떠난 것으로 여겨진다.

1968년 11월 29일 자정을 기해 전차는 70년 간의 운행을 종료하였다. 새로운 근대 문물로 세인들의 관심을 독점하며 등장했던 전차는 반세기가 넘는 시간 동안 '서울시민의 발'로서 그 역할을 충분히 수행하였다. 그러나 광복 이후 전개된 서울의 급격한 변화를 감당하지 못한 전차는 결국 '구시대의 유물'이라는 인식 속에서 사라졌다. 전차 철거 이후 서울의 교통체계는 버스와 지하철이라는 양대 교통수단으로 재편되어갔다.

◆◆◆

본 구술자료집에는 모두 9명의 구술을 담고 있으며, 제1부 〈서울시의 전차사업 인수와 운영〉과 제2부 〈1950~1960년대 서울의 교통〉으로 구성되어 있다. 제1부 〈서울시의 전차사업 인수와 운영〉은 모두 3개 장으로 구성되어 있으며, 한국전력주식회사로부터 서울특별시로 전차사업을 이관하고, 1968년 서울시에서 전차사업을 폐지하기까지의 내용을 담고 있다. 제1장은 한국전력에서 전차사업 이관에 대한 실무 업무를 담당했던 김의재의 구술이다. 김의재의 구술에서는 전차사업 이관에 대한 실무 업무를 맡아서 서울시와의 협상을 진행했으며, 이후 전차사업의 운영을 맡을 책임자로서 서울시로 이직하게 된 과정, 전차사업의 폐지가 결정된 후 전차 종업원들의 사후 생계 문제를 마련하는 과정 등에 대하여 설명하였다. 제2장은 전차사업의 이관 당시 서울시 측의 실무를 담당했던 임경선의 구술이다. 임경선은 본래 경리업무를 담당한 사람으로서 한국전력과 서울시의 전차사업 이관 협상 당시 주요 쟁점이었던 전차사업소 재산 평가 문제와 전차사업 폐지 결정 이후 대책으로서 시영버스를 제안하게 된 사정에 대해서 이야기하고 있다. 제3장은 경성전기주식회사 시절부터 전차사업소 공무과에서 근무했던 김정수의 구술이다. 김정수는 경성전기 시절에 입사하여 밑바닥에서부터 전차 정비업무를 익혔던 덕분에 전차의 여러 부분과 철도와의 차이 등 전차에 관한 매우 풍부한 이야기를 들려주었다.

이들의 구술을 통해서 1960년대 서울 노면전차가 운행을 종료하기까지의 과정을 살펴볼 수 있을 것이다.

제2부 〈1950~1960년대 서울의 교통〉은 모두 4개의 장으로 구성되어 있으며, 광복 이후부터 1960년대까지 서울의 교통 상황과 문제들 그리고 이를 해결하기 위한 대책들에 대한 구술을 담고 있다. 제4장은 1961년부터 서울시 예산담당관으로 근무해온 박형석의 구술이다. 그는 1960년대 노면전차 폐지 이후의 대책으로 제기된 지하철 건설, 시영버스운영 등 당시 교통 변화에 대처하는 서울시 정책들에 대한 여러 가지 이야기를 들려주었다. 제5장은 서울시 관광운수국 운수과장으로 근무했던 윤두영의 구술로, 그는 전차사업 폐지 이후 버스 교통체계를 재정비했던 활동들을 구술하였다. 제6장은 서울시에서 건설 관련 업무를 맡아 지하철 2호선 고가철도, 양화대교 등 굵직한 업무를 맡았던 김인식의 구술이다. 김인식은 도심교통과 인구 변화의 상관관계를 강조하면서 1960년대 서울의 폭발적인 인구증가가 지하철·도로·다리 등 각종 도시교통 시설의 건설을 추동한 계기였다고 설명하였다. 이들의 구술을 통해 인구 증가로 급증하는 도시기반시설에 대한 수요와 그에 대처하기 위해 밤낮없이 대책을 마련해야 했던 서울시 실무자들의 고민을 엿볼 수 있을 것이다. 끝으로 제7장은 김승겸, 조광현, 이근수 등이 좌담의 형식을 빌려 함께 구술하였다. 특히 조광현과 이근수는 언론인 출신으로 1950~1960년대 서울의 교통상황에 대해 일반 시민의 입장에서 바라보고 겪었던 이야기들을 술회하였다.

본 구술자료집은 채록한 구술 자료를 독자들이 읽기 쉽게 편집한 2차 가공물임을 밝혀두고자 한다. 이 책의 내용 중 일부를 연구에 활용하거나, 더 세밀한 정보가 필요할 경우에는 반드시 소정의 절차를 밟아 우리 위원회가 소장하고 있는 원본 자료를 참조하기 바란다. 또한 본 구술자료집은 개인의 사적인 체험과 기억을 술회한 것이므로, 일부 내용은 다른 독자들의 기억과 다르기도 하고 일부 과장되었을 수도 있다. 그러므로 독자들은 이러한 점들을 유의하며 읽어주기 바란다.

아울러 서울역사편찬원에서는 구술자 개인의 의사를 존중하기 위해 무리한 인터뷰를 자제함과 동시에 비공개로 요청된 부분은 편집과정에서 모두 삭제하였다. 또한 이 자료집은 녹취록을 바탕으로 원고를 집필한 후 각 구술자의 동의를 받아 발간하였음을 밝혀둔다.

2018년 12월

서울역사편찬원 전임연구원 서 준 석

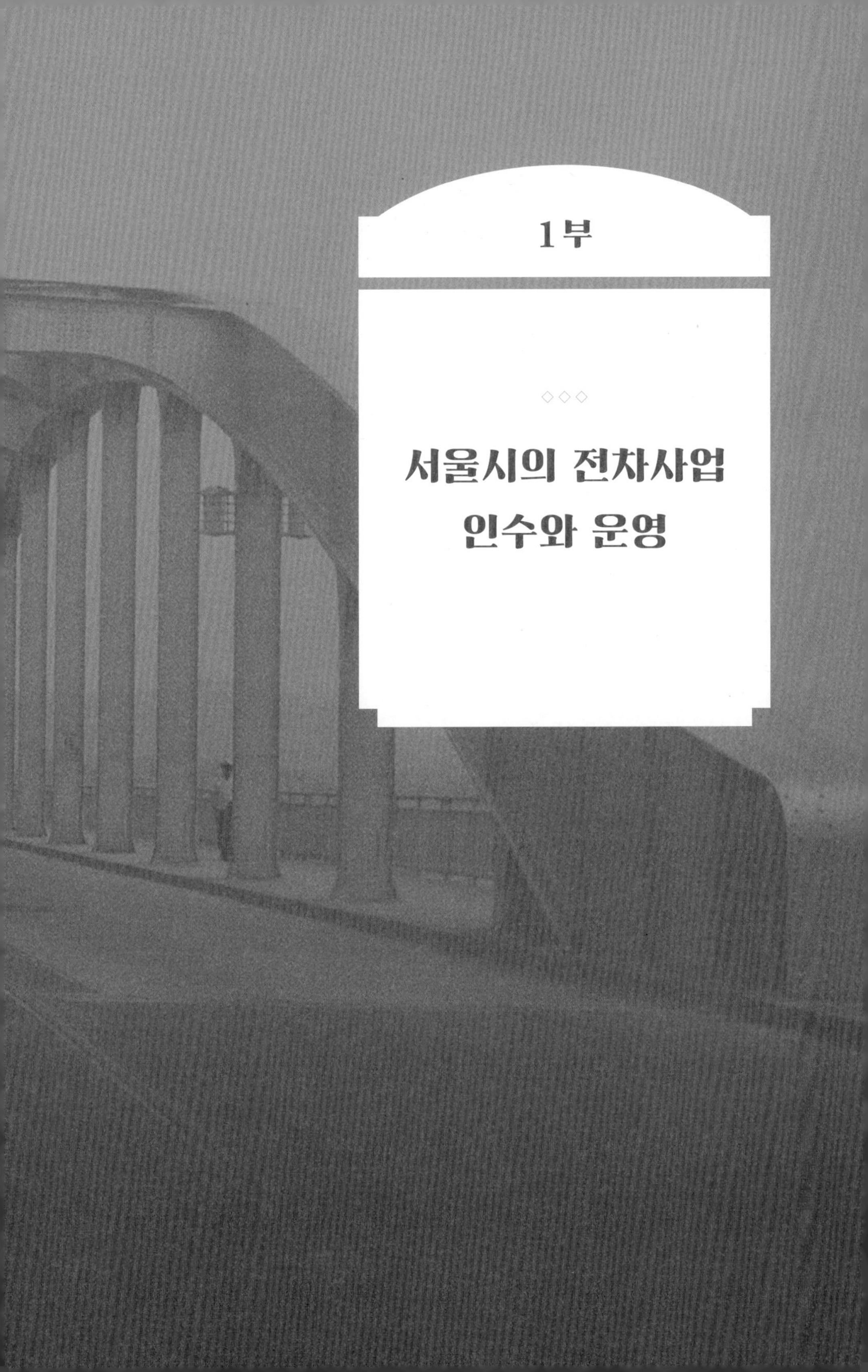

1부

◇◇◇

서울시의 전차사업 인수와 운영

제1장

김의재

"내가 한국전력 대표로 전차사업 인수인계 작업을 했어요"

1936년	충청남도 보령 출생
1962년	서울대학교 법과대학 졸업
1962년	한국전력(主) 입사
1966년	서울시운수사업소 전차운수사업소 업무과장으로 특채
1986~1988년	서울시 동작구 · 중랑구 · 성북구 구청장 역임
1989~1994년	서울시 상수도사업본부장 기획관리실장 등 역임
1995년	서울시 행정 제1부시장
1996~1998년	국가보훈처장 역임
2015년~현재	서울특별시우회 회장

면 담

면 담 자 이연식(일본 소피아대학) · 최인영(서울시립대학교 서울학연구소)

면담주제 서울의 전차와 교통

면담일시 2016년 6월 18일(1차), 2016년 12월 19일(2차)

면담장소 스타벅스 도곡점, 서울특별시 시우회 사무실

한국전력 입사

본 면담은 서울역사편찬원에서 시행하는 서울역사구술채록사업 중 '서울의 전차와 교통'을 주제로 실시하는 면담입니다. 안녕하세요. 선생님께서는 서울시에서 근무하시기 전에 한국전력에 계셨지요? 한국전력에서 근무하신 내용에 대해서 먼저 이야기해주십시오.

네. 내가 1962년 3월부터 1966년 5월 31일까지 4년 동안 한국전력 전차사업소에서 근무했어요. 한국전력에 입사한 것은 1962년이에요. 내가 1960년에 (대학) 졸업을 해야 했는데, 몸이 아파서 2년 쉬고 1962년에 졸업했어요. 그리고 1961년 6월에 (한국전력에서) 1차 사원모집을 했어요. 그때 70명을 뽑았는데…. 아버님께서 (한국전력에) 시험을 한 번 보라고 하셨어요. 그래서 제가 "고시해야 하는 거 아닙니까?" 그랬더니, (아버님께서) "회사생활도 괜찮다. 시험을 봐라."라고 하셔서 시험을 쳤어요. 그래서 (한국전력 입사시험에) 합격을 했어요. (선발된) 70명이 전국에 배치되었는데, (한국전력) 서울지점에는 3명, 전차사업소에 4명이 갔고 나머지는 지방으로 갔어요. 그러니까 7명만 서울에 발령된 거죠. 그때 서울지점은 화신(백화점) 뒤에 있었고, 전차사업소는 동대문에 있었어요. 그리고 전차사업소 (내에) 기획실이라는 것이 생겼어요. 그때는 '혁명체제'였거든. 1961년에 '혁명'이 일어났잖아요. 그리고 1962년 3월이니까 얼마 안 되었을 때거든요. 전차사업소 소장도 '김영오'라고 육군 중령이 와 있었어요.

건강이 많이 안 좋으셨나요?

예. 폐결핵 약을 먹었는데, 그걸 내가 3년간 먹었어요. 그때 먹은 약이 기억력에 방해가 됐나봐. 내가 초등학교, 중·고등학교 때는 공부 잘한다고 그러고 기억력도 좋았는데, 그때 그렇게 앓고 나서는 기억력이 떨어지더라고요. 성적도 떨어지고.

동대문 전차사업소 전경 (서울역사박물관)

대학 졸업하시고 곧바로 한국전력에 입사하신 건가요?

바로 들어갔지요. 그런데 그때는 일반 행정이 일제시대 때 시스템을 갖고 있었어요. 그리고 군에서 먼저 미국으로부터 일반 관리 제도를 도입했어요. 그 때서야 우리나라에 행정학이라는 게 생겨서 대학에서 강의도 하고 그랬어요. 그런데 군에서 가장 크게 중시했던 것이 '기획행정'이었어요. 굉장히 중요시 했다고요. 그래서 (전차)운수사업소에도 조그맣게 기획실이라는 게 있었어요. 내가 인사(업무)를 담당하다가 기획실에 가서 일을 했어요. 그러면 (한국전력) 본부 기획실에서 통상 자료를 요구해서 보내곤 하는데, 내가 자료를 잘 만들어서 보냈던 모양이야. 본부에서 파견을 보내라고 해서 내가 본사 기획실로 파견 근무를 갔어요. 그게 전차사업소에서 2년 정도 근무하고 난 뒤에요.

함께 선발된 70명 가운데 7명이 서울에 남았다고 했는데, 이렇게 발령한 기준이 성적순이었나요?

그건 모르죠. 기준을 어떻게 했는지 모르는데, 그때는 '혁명' 직후이기 때문에 모두 원칙대로 했겠지요.

전차 이관 업무를 맡게 된 과정

본사 기획실에서 맡은 업무가 전차 이관 문제였나요?

예. 그때 이야기를 좀 할게요. 김현옥 시장이 1966년 4월 1일에 서울시장으로 부임했는데, 부임하자마자 광화문에 지하도를 팠어요. 그런데 전차노선 중에 종로선이라고, 종로에서 마포까지 가는 전차노선이 있었어요. 그러니까 청량리에서 출발해서 동대문 거쳐서 종로 화신(백화점) 앞으로 해서 마포까지 가는 노선이 하나 있었고, 또 효자동에서 출발해서 원효로까지 가는 노선이 있었어요. (이 노선들이) 광화문에서 교차를 했단 말이에요. 이제 광화문에 지하도를 파야 하는데, 지금 같으면 임시철도를 놓고도 할 수 있을 테지만, 당시엔 그걸 끊어야 되잖아요. 그러니까 한국전력에서 "영업노선을 끊으면 어떻게 하느냐? 그러려면 손해배상을 해야 된다. 영업 손실보상을 하고 끊어야지, (그냥 철거하면) 안 된다."고 나온 거예요. 당시 전차사업은 적자가 많이 났어요. 궤도차라는 게 무슨 돈이 드느냐고 하지만, 돈이 많이 들었어요. 그러니까 한국전력에서는 골치였죠. 반면에 전기사업은 굉장히 수입이 좋았어요. 그렇지만 (남한에서) 유일하게 부산하고 서울에 전차가 있었는데, 이걸 어떻게 하냐는 말이야. 그때 마침 서울시에서 "전차를 넘겨주시오."라고 해서 그렇게 (이관하기로) 되었어요. 당시에 우리는 전차 폐쇄라는 게 없었거든요. 그런데 갑자기 어느 날 우리 팀장이, 그분이 법대 1년 선배예요. 그분이 "야, 큰일났다."고 그래서, 내가 "왜 그러십니까?"하고 물었지요. 그러니까 그분이 "전차를 서울시에 넘긴다고 한다. 그래서 서울시하고 협의해서 하는데, 보다시피 난 바빠서 그걸 못하지 않느냐. 그래, 네가 거기서 왔으니까 네가 제일 적임자다. 그러니까 서울시에 가서 그걸 협의하라."고 해서 (전차이관 사업을 담당)하게 됐어요. 내가 보기에 한국전력에서는 몇 가지 원칙을 정한 것 외에 정책적으로 할 것도 별로 없었어요. 그러니까 이걸(전차사업을) 아는 사람이 별로 없다고요. 그래서 내가 혼자 (서울시에) 가서 누구 도움도 안 받고 그 사람들하고 서류 놓고 협의했어요. 그래서 내가 한국전력 대표로 서울시 운수국장 방에 가서 2개월 동안 인수 작업을 했어요. 당시 서울시 관광운수국장이 이규효李圭孝 씨인데, 나중에 건설부장관으로 간 분이에요.

서울시청에서 전차사업 이관 작업을 하신 거군요. 언제부터 작업이 시작된 건가요?

1966년 4월 무렵부터 서울시 운수국장실에서 서울시 (인수)팀과 작업 실무를 진행했습니다.

선생님께서는 전차 이관 업무를 하시면서 서울시로 옮기게 된 건가요?

예. 1966년도 6월 1일에 (서울시가 전차사업을) 인수했어요. 불과 2~3달 만에 됐어요. 그때 한국전력은 좋은 직장으로 알려져 있었다고요. 그런데 전차사업소에 있는 사람들 가운데 일반 행정직은 다 한국전력에 남고, 기능직들은 전부 서울시로 가기로 되어 있었어요. 그런데 내가 한두 달쯤 (전차 이관에 관

세종로 광화문 지하도 건설공사 장면

한) 일을 하고 있는데, 한 번은 이규효 국장이 내게 "김의재, 오늘은 점심 약속 하지 말라."고 그러시더라고요. 그분이 서울대학교 법대 3년 선배에요. 그래서 단둘이 점심을 먹었어요. 그때 (이규효 국장이) 하는 이야기가, "전기회사가 기술회사인데 전망이 없다. 그러니까 사무관 시켜줄 테니까, 서울시로 와서 전차 일을 맡아서 해 달라."고 하시더라고요. 그래서 내가 "생각해보겠습니다." 하고서 헤어졌어요. 나는 나름대로 하루 이틀 생각을 하다가, '내가 혼자 서울시에 가서 어떻게 이 일을 하겠나?' 이런 생각이 들더라고요. 그래서 이규호 국장에게 "제 생각에 전차 운영하던 사람들을 데려오려고 하시면, 저 혼자 오면 안 됩니다. 팀을 만들어서 올 테니까, 시장님하고 상의를 해 주십시오." 이렇게 이야기를 했어요. 그때 내 나이 서른 살이었어요. 그래서 당시 기획실장이던 김근태 씨를 소장으로 해서 행정직 11명인가를 조직했어요. 그러니까 소장은 서기관으로 특채를 하고, 나를 포함한 세 사람은 사무관으로 특채를 하고, 나머지 여덟 사람은 주사로 특채하는 안을 만들어서 이규효 씨한테 제시를 했어요. 그랬더니 (이규효 국장이) 알았다면서, 위에다가 말씀드려서 생각해 보겠다고 했어요. 그 다음에 그때 전차사업소 기획실장이 서울대학교 법과대학 7년 선배인 김근태라는 분이었는데, 내가 그 양반한테 가서 슬그머니 그 이야기를 꺼냈어요. 서울시에 가서 이렇게(구술자가 만든 계획대로) 하는 게 좋겠다고. 그랬더니 (김근태 실장이) 버럭 화를 내는 거예요.

김근태 실장이 왜 화를 냈죠?

그 공무원이라는 게 아무나 하는 게 아니라는 거예요. 김근태 씨가 군에서 통역장교인가 했던 사람이거든요. 당시 서울시 총무과장 중에 이우영 씨라고 있었는데, 나중에 그 분이 무슨 부정사건에 휘말려서 말썽이 좀 있었어요. 큰 것은 아닌데, 그런걸 보고 이분이 공무원 (되는 것)을 무서워하는 거예요. 그래서 나한테 막 나무라고 난리가 났어요. (서울시에) 가서 일하라고 했더니 엉뚱한 짓하고 다닌다고. 그래서 그 양반은 (명단에서) 빼기로 했어요. 우리 밑에 간부들은 우리가 짠 대로 하기로 해서 내가 서울시에 가게 되었죠. 그리고 당시 서울시 운수과장 하시다가 어떤 사정으로 대기 상태에 있던 분이 박종문 씨였는데, 그 분이 새로운 소장으로 되었어요.

1966년 6월 1일자로 서울시에 옮기신 건가요?

네. 6월 1일자로. 내가 보직을 받아가지고 (옮겼어요). 그러니까 일종의 특채를 한 거죠. 그렇게 해서 우리는 시험을 봐서 합격을 해서 세 사람은 사무관이 되고, 나머지는 주사 채용 절차를 밟아가지고 임명을 받았어요. 이런 식으로 행정직이 상당히 많이 갔어요. 기능직 중에도 행정 능력이 있는 사람은 (행정직으로) 채용해주었어요. 그때 서울시에서 아주 잘해 줬어요.

전차사업 이관의 주요 이슈

전차사업 인수인계할 때 가장 중요했던 문제는 무엇이었나요?

인수인계 작업 가운데 가장 중요한 문제는 사업용 자산의 실태 파악과 2,000명 정도에 달하는 종업원의 인사문제였어요. 사업용 재산에 대해서는 한국전력에서 전차사업용 재산이 비교적 명확하게 구분되어 있었기 때문에 크게 문제될 것이 없었습니다.

전차사업을 이관할 때 특별한 문제없이 아주 조용하게 잘 지나갔다고 들었습니다. 노동조합 반발이 만만치 않았을 텐데 어떻게 해결하셨나요?

종업원의 인사문제가 정말 난제였어요. 당시 전력노조의 핵심은 (전차)운수노조였는데, 강성노조로 소문났어요. 왜냐하면 전력노조는 다 분산되어 있잖아요. 사업장이 전국에 있으니까. 그런데 여기(전차노조)는 2,000명이 딱 집합되어 있으니까 한 번 나가면 꼼짝 못하는 거예요. 제복에다가 제모를 딱 쓰고 나오니까 말이에요. 그래서 강했던 거예요. 그 전차노조가 (전차)사업의 이관을 반대했어요. 이 문제가 정말 난제였어요. 한 번은 (전차사업) 인수인계가 끝나기 전에 (한국전력의) 박영준 사장이 왔어요. 그런데 그 양반은 군 출신이니까 노동조합이 어떤지 잘 몰라요. 그러니까 (전차사업소에) 왔다가 붙들려 가지고 꼼짝 못해서 우리가 가서 다 빼내고 그랬다니까요. 그게(전차 이관작업) 아무나 하는 게 아니에요.

그래서 어떻게 했냐면 노조의 집행부 5명은 예외적으로 한국전력에 남게 하고, 새로 노조 집행부를 구성했습니다. 기존 지도부는 다 시위를 하고 그랬거든요. 그래서 내가 불러가지고 "당신들은 다 신분을 보장하겠다. 한국전력에 남게 하겠다."고 그랬어요. 그리고 새 노조 집행부는 비교적 젊은 층으로 구성

김현옥 서울시장과 박영준 한국전력 사장이 전차사업 양도협정서에 서명하는 모습 (서울역사박물관)

했어요. 그러니까 전차 운전하던 사람 가운데서 그 전에 하던 그런 스타일이 아니라, 그래도 대학을 나온 그런 사람을 노동조합장으로 선임했어요. 거기(운수노조의) 노동조합장이 된다는 것은 대단한 거였어요. 정대천[1] 같은 사람이 다 전차 출신이에요. 전차 운전수 출신이라고요. 그러니까 대화가 되는 거지. 이 사람들은 새로운 시대에 적응하면서 진로를 개척해야 한다는 데 공감해주었지요. 그리고 우리는 (노조에) 직업 전환을 알선해 줄 테니까 저항하지 말라

1 정대천은 광복 이전부터 경성전기에서 근무했으며, 광복 이후 좌익계 노동조합연합체인 조선전국노동조합평의회(전평)에 대항하는 활동을 전개하다가 해고를 당한 바 있다. 이후 1946년 조선공산당과 전평 등에서 주도한 9월 총파업에 대한 경찰과 우익청년단의 탄압으로 세력이 약해진 틈을 타 정대천은 다시 경성전기에 복직하였고, 1946년 11월에 경성전기자치노조를 결성하였다. 이후 우익계 노동조합 연합체인 대한노동조합총연맹에 가담하였다. 이승만 정권기에 정대천은 자유당 내 2인자인 이기붕의 최측근으로서 자유당의 비호를 받으며 대한노총 최고위원에까지 오르기도 하였다(임송자, 『대한민국 노동운동의 보수적 기원』, 선인, 2007 참고).

고 설득하고. 그렇게 서로 협조한 덕분에 (이관작업을) 무사히 처리할 수 있었어요. 사람이 하는 일이라는 게 아무리 숫자가 많은 일이라도 원칙을 지키고, 자기가 사심 없이 일하면 다 따라오게 되어 있어요.

전차노조가 그렇게 강성했는데, 그런 풍토는 광복 이후부터 만들어진 건가요?

뭐, 그런 사상적인 문제는 없었어요. 다만 그 집단력이 대단히 강했어요. 무서울 정도였어요. 지금도 '내가 그걸(전차 이관 작업) 어떻게 했지?' 하면서 생각을 해요. 노조 문제가 정말 어려운 문제였는데, 그걸 해결했잖아요.

행정직으로 옮겨 가신 분 말고 기능직으로 계신 분들은 모두 서울시로 이직했다고 하셨는데, 얼마나 됐나요?

거기 인적 구성이 어떻게 되었냐면, 1,200명은 운전하는 분들이었고, 그리고 공작창이라고 있어요. 거기에서 수리하는 기술요원이 800명 정도 됐어요. 지금 동대문종합시장 있는 데에 차고하고 전차 수리공장이 있었어요. 거기에 800명 정도 근무하고 있었어요. 그리고 나머지 200명은 행정직 인원이고. 그래서 2,000명이 좀 넘었어요. 그 사람들이 다 서울시로 소속이 바뀐 거예요.[2]

운전하는 분들이 1,200명이었다고 하셨는데 구체적으로 어떻게 되었는지 여쭙고 싶습니다. 전차운전수 말고 차장들도 있었나요?

예. 운전수하고 차장도 있었죠. 운전수가 제일 많았을 거예요. 그리고 운전

---

2 언론보도에 따르면, 서울시는 1966년 6월 1일부로 한국전력의 전차 203대를 무상으로 인수하고, 전차종업원 1,600여 명을 그대로 시 직원으로 채용할 방침을 세웠다(『동아일보』 1966년 5월 19일). 그리고 1966년 6월 1일 서울시는 전차 인수와 함께 종업원 1,600여 명을 시 직원으로 발령하고 운수사업과를 새로 신설했다(『경향신문』 1966년 6월 1일).

1966년 전차사업소 개소식 (서울역사박물관)

수하고 차장이 아마 반반이었을 거예요. 그러니까 앞문은 운전수가 관리하고, 차장은 뒷문을 관리했어요.

운전하는 분들이 꽤 많았네요?

지금처럼 8시간 근무하는 게 아니라 새벽 4시부터 시작해서 밤 12시까지 하고 그랬어요. 그러니까 교대가 필요했다고요. 그래서 인원이 더 필요했죠.

전차사업용 재산으로는 어떤 것들이 있었나요?

(전차사업용) 재산이 제일 큰 게 동대문에 있던 차고예요. 그 다음이 (차

고) 건너편에 있던 운영본부이고, 또 제기동에 큰 창고가 있었어요. 다음으로 삼각지, 영등포, 마포에 차고지가 있었어요. 밤에 (운행을 마친 후) 들어가서 전차를 세워 뒀던 곳이죠. 그 외에 여러 가지 조그만 부속재산들이 있었어요.

◇◇◇◇◇◇◇◇◇◇ 서울시에서 전차사업을 폐지하게 된 이유 ◇◇◇◇◇◇◇◇◇◇

서울시에서 한국전력으로부터 사업을 인수한 후에, 선생님께서는 서울시로 옮기신 후에도 전차사업이 폐지될 때까지 계속 사업 관리를 하셨지요. 그렇다면 서울시에서 전차를 인수한 지 3년 만에 폐지한 이유는 무엇인가요?

네. 3년 동안 운영을 하다가 자동차가 늘면서 전차를 철거했지요. 자동차가 없을 때는 전차가 괜찮은데, 자동차가 많으면 노면전차라는 것은 어려워요. 그러니까 차선을 제대로 못 쓰거든. 전차가 왕복노선 2개 하면 그 폭이 한 15m 안되겠어요? 예를 들어 종로가 (도로폭이) 15m이고, 가운데 노면전차가 있다고 생각해 보세요. 교통이 안 될 겁니다. 그래서 3년 동안 전차 운영을 하면서 무엇을 했냐면, 그 전차를 종료시키는 프로그램을 했어요.

서울시로 전차사업이 이관된 후에 신규직원은 따로 채용하지 않았나요?

없었죠. 서울시에 오면 (전차사업을) 철거할 것이기 때문에 신규직원은 없었어요. 있는 인력을 최대한 활용하는 것을 원칙으로 했어요. 그래서 젊은 사람들은 별로 없었어요.

당시 신문기사를 보니까 도심 전차궤도를 뜯어서 시 외곽에 부설하겠다는 계획도 냈던데요?

철거였어요. 외곽으로 이전하는 게 아니고 완전 철거였어요. (전차를) 이전

한다는 것은 전혀 모르는 이야기에요. 전차 궤도를 철거해서 옮긴다는 것이 당시에는 불가능했어요. 왜냐하면 전차(사업)를 한 것이 10~20년이 아니거든요. 일제강점기 때부터 했기 때문에 철도가 낡을 대로 다 낡아가지고 철거하는 거였으니까 어디다 쓰지도 못했을 거예요. 그리고 내가 기억나는 게, 그 궤도는 고철하는 업체하고 우리가 계약을 해서 바로 팔았어요.

자료를 보니까 윤치영 시장 때인 1965년에 고속전차를 놓겠다는 계획이 있었어요. 그런데 계획만 있고 실행은 되지 않았더라고요.

그때는 재정 여건도 좋지 않았어요. 돈이 있어야 뭘 하지, 돈이 없는데 어떻게 하나요.

◇◇◇◇◇◇◇◇◇◇◇ 전차 운영·정비 직원들에 대한 사후대책 ◇◇◇◇◇◇◇◇◇◇◇

일반 종업원들도 전차사업이 폐지될 것에 대해서 알고 있었나요?

서울시에서는 종업원들의 심리적 안정을 위해서 전차의 철거 문제는 거론하지 않았어요. 그렇지만 당시 서울시의 교통사정이 매우 안 좋았기 때문에 노면전차가 더 이상 효율적인 대중수단이 될 수 없다는 것은 (다들) 공감하는 문제였어요. 그래서 종업원들 문제를 해결하는 게 아주 중요했습니다.

전차사업이 폐지된 후에 직원들에 대한 사후대책은 있었나요?

그럼요. 2,000명의 직원들을 그냥 해고할 수가 없잖아요. 이제 대책으로 그 사람들에게 (자동차) 운전을 가르친 거예요. 그래서 중부사업소, 남부사업소

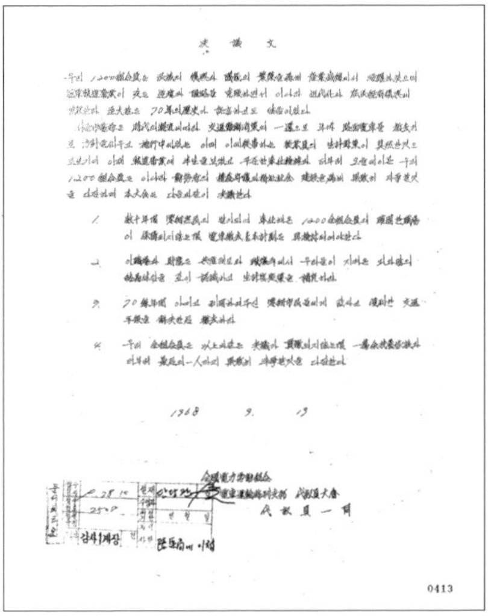

決議文

1968. 9. 13

0413

鍾路區 安宗路 一番地

交通部長官 閣下

全國電力勞組電車運輸特別支部

支部長 ○○ 鉉 澤

0415

0414

전차 철거 사후대책을 요구하는 전차노조의 결의문 (국가기록원)

해서 버스회사를 2개 만들었어요. 그 다음에 IM[3] 이라고 택시회사를 하나 만들었어요. 이제 이 사람들을 쓰도록 하기 위해서 택시회사를 만든 거예요. 그렇게 해서 이 사람들을 취업을 시켰어요. 그리고 1968년 11월 29일에 전차가 없어집니다. 우리(행정직)는 시 본청으로 발령을 받았어요.

운전교육은 별도로 시에서 학원 같은 데에 직원들을 보내준 건가요?

서울시에서 한 게 아니라 우리(전차사업소 측)가 다 했죠. 그러니까 (전차사업소 측에서) 전체 계획을 만들어서 그대로 한 거죠. 그때는 일정에 맞춰서

3 서울시는 전차종업원들을 위해 공영택시회사를 설립하였다. 이렇게 설립된 택시회사는 상호를 'IM'으로 했다고 하는데, 'I'는 인태식印泰植, 'M'은 민병권閔丙權의 이니셜이었다. 인태식은 일찍이 재무부장관을 지냈고, 당시는 국회 예산결산위원장이었다. 민병권은 1963년 육군 중장 예편 후 줄곧 민주공화당 국회의원을 지낸 박정희 대통령의 측근이었다. 서울시에서 이들을 설득해서 두 사람이 공동 출자하는 형태로 택시회사를 설립하게 한 것이다(손정목, 『한국도시 60년의 이야기』 I, 한울, 2005, 167쪽).

전차 철거 대책으로 증차된 버스(위)와 택시(아래) (서울역사박물관)

전부 전업轉業을 했기 때문에 관심들도 많았어요.

시에서 버스사업소를 만들었다면 시영버스를 운영한 건가요?

시영버스지요. (전차사업 폐지 후) 인력을 소화하기 위한 대안이었어요. 버스회사는 노선 때문에 항상 갈등이 심해요. 적자냐 흑자냐 그것 때문에 항상 비리사건이 생기고 그랬어요. 전부 노선 싸움 때문에 그런 거예요. 그런데 시영버스는 시영이기 때문에 좋은 노선으로 갈 수는 없지요. 그래서 시영버스는 상당히 적자가 났어요. 그렇게 몇 년 하다가 (운영이) 안 되어가지고 폐쇄해 버렸어요. 그렇게 취업을 시키고, 그 외에도 상당한 수를 구청 공무원으로 채용했어요. 그렇게 해서 인적 · 물적 정리를 다 한 거예요.

이제 전차가 멈추고 안다니게 되면, 그 빈자리를 메우기 위해서 여러 가지 조치를 취해야 되잖아요. 그럼 전차 폐지 후 교통대책으로 시영버스를 활용한 건가요?

시영버스보다도 일반버스로 했어요. 서울시 관광운수국에서 교통대책을 따로 세워가지고 한 거예요. 노선을 변경한다든지 그런 걸 통해서 수송력을 보완한 거죠.

그러면 전차가 멈추고 지하철 개통할 때까지 약 3~4년 동안 대중교통이 무척 힘들었던 시기였겠네요.

힘들었던 시기죠. 전차는 크니까 수송력도 크잖아요. 버스보다 훨씬 크잖아요. 그게 없어지고 버스로 다 하려니까, 그때 생각하면 아주 지옥이었죠. 러시아워 때에는 앞에 운전수가 (승객이 다 탔는지) 보이지 않으니까 버스 차장이 막 두드리고 해야 (버스가) 출발했어요. 아마 제일 최악의 시기였을 거예요.

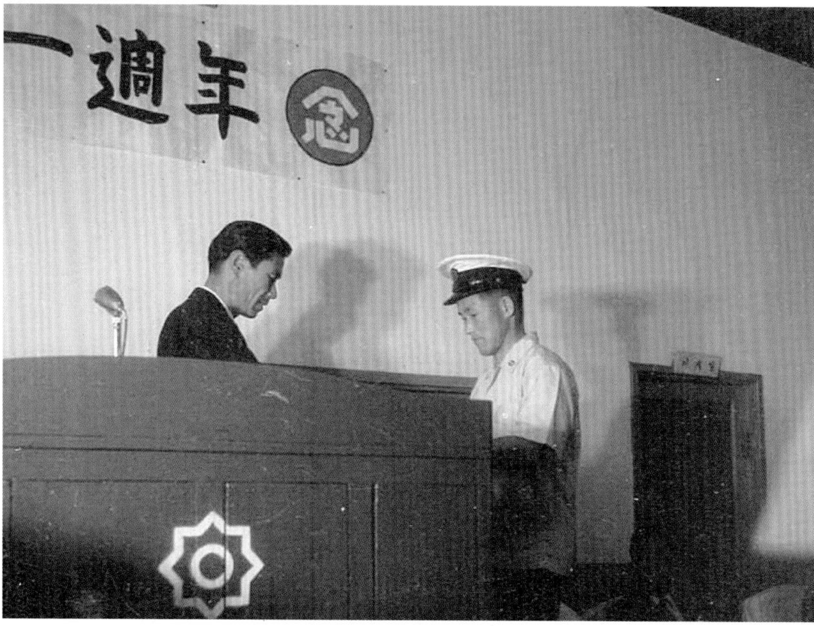

1967년 서울시 전차사업소 개소 1주년 기념식 (서울사진아카이브)

전차운전수들에 대한 기억

전차운전수들은 어떤 분이셨나요?

당시에는 전차운전수가 아주 인기가 많았어요. 일제강점기에는 기생들이 그렇게 좋아했다고 해요. 돈도 많이 받았죠. 일제강점기 때는 전차운전수라고 하면 대단했대요. 아주 우수한 직종으로 알려져 있었다고 하더라고요. 그리고 그 사람들은 무조건 군대식이었어요. 위계질서가 정확해서 상사를 보면 먼저 경례하고 나서 보고하고 그랬어요. 그래서 우리가 젊었을 때지만, 아주 마음으로 존경했어요. 그리고 개인적인 자리에서는 형님처럼 모시고 그랬죠. 그 사람들한테 부하라고 하대하고 그러면 안 된다고요. 그러면 마음으로 따르겠어요?

전차운전수를 선발할 때 경쟁률이 엄청 치열했지요?

엄청 치열했어요. 들어가기 쉽지 않았죠. 그리고 (운전수 중에서) 거기서 발탁해서 감독이 된 분들이 있어요. 나이가 50~60세 정도 돼서 머리 하얀 감독들이 100명 정도 있었어요. 그 양반들은 아주 인품도 좋고 점잖고, 다 잘 생겼어요. 이런 분들이 있으니까 운영을 했지요.

당시 전차운전수들의 신분은 계약직이었나요?

아니요. 다 정규직이었어요. 차장들도 다 정규직이었어요. 그냥 정규직으로 채용했어요. 월급도 많이 받았어요.

감독이 하는 역할이 무엇인가요?

감독들은 왕십리면 왕십리, 을지로6가면 을지로6가 이렇게 교통 혼잡지역에 가서 교통정리도 하고 그랬어요. 또 직원들 근무 지도를 했어요. 당시에 지도반이 있었어요. 전차 장비를 훔쳐가고 그러면 안 되잖아요. 일종의 전차사업소 형사반이 있었어요. 차장들이 전차표 하나라도 훔쳤다가 이 사람들한테 걸리면 그걸로 그냥 '모가지'였어요. 표가 돈이었거든요. (지도반이) 한 10명에서 15명 정도 있었어요. 무서운 사람들이었죠. 그런 사람들이 노조에 있었어요.

지도반은 다 남자들이었죠? 그런데 1970년대에 버스 같은 경우 차장들이 요금 횡령하고 하면 몸수색하고 그런 문제들이 인권유린이라고 나오던데요. 전차에는 그런 문제가 없었나요?

다 남자들이죠. 그렇지만 우린 그런 일이 없었어요. 그리고 인권유린이라고 이야기할 수 없는 게, 이 사람들이 함부로 하는 게 아니에요. 완전히 민완형사(일종의 사복경찰)예요.

감독 위에 다른 직급이 있었나요?

그러니까 감독 위에 주임이 있어요. 7명인가 있었어요. 이 사람들이 그 조직에서 왕초였어요. 전부 백발이 된 그런 분들인데, 상당히 리더십이 있는 사람들이었어요. 그러니까 자기 밑에 있는 종업원들한테 트집도 안 잡히고 그런 데까지 올라간 거지.

전차운전수들은 어느 정도 학력이 있으셨던 분들인가요?

공부를 많이 한 사람들은 아니었어요. 내가 보기에 대개 초등학교 정도 나온 사람들일 거예요. 그렇지만 공부 잘하는 것하고 사람이 품위가 있는 것하고는 차이가 있어요. 나도 깜짝 놀란 것이 그 사람들의 조직력이 정말 엄청나요. (감독이나 주임급의) 부하에 대한 영향력은 굉장히 컸어요. 그러니까 그 사람들이 다 이해하면 걱정 안 해도 돼요. 어떤 일을 하더라도 그 사람들이 봐주면 돼요. 그 대신 내가 주의했던 것은 그 사람들이 하는 이야기를 하나하나 아주 깊이 듣고, 그 사람 이야기가 맞다고 생각되면 이유 여하를 막론하고 다 들어주고 그랬죠. 정말 그 사람들이 다 해준 거예요. 그래서 아무 문제가 없었어요. 나중에 내가 서울시에 가서도 노조하고 잘 지냈어요. 내가 (서울시에서 전차사업을 운영했던) 3년 동안 상당히 많이 배웠어요.

전차사고에 관한 기억

서울시에서도 전차사업을 관리하셨는데, 기억에 남는 사건 같은 것은 없었나요?

기억나는 것이 그 (전차)사고 같은 거예요. 한 번은 이런 일이 있었어요. 옛날에 서울사대 있던 자리가 용두동이었는데, 그 앞이 (전차가 지나는) 청량리선이에요. 그런데 전차가 가다가 사람 하나를 치어서 죽었어요. 당시 죽은 사람이 61세였어요. 그 전차운전수가 유 씨라는 사람이었는데, 구속됐어요. 그런데 이 사고의 목격자가 있었어요. 그 목격자가 우리 사업소에 와가지고 그 사람(전차운전수)은 억울하다고 제보를 했어요. 그래서 우리가 왜 억울하냐고 물었죠. 그러니까 그 사람이 말하길, 어떤 트럭이 오다가 이 사람을 치는 바람에 이 사람이 (전차)철로로 튕겨 나갔다는 거예요. 그런데 이것(전차)은 제동거리 내에 있었기 때문에 도저히 어쩔 수가 없어서 이 사람을 치어서 죽이게 되었다는 거죠. 그래서 이 사람(전차운전수)은 억울하다는 거예요. 그런데 이런 이야기를 툭 던지고 가버렸어요.

그러면 트럭은 도망 가버린 건가요?

예. 도망 가버렸죠. 화물차였어요. 내가 그 목격자 이름도 잊어버리지도 않아요. 그런데 이 사람이 그 이야기만 하고서 그냥 가버린 거예요. 내가 이 이야

<우악스런「뻐스」에받쳐 코가 비뚤어진 전차 전면>

電車와「뻐스」直角으로衝突

乘客넷入院

1일아침8시20분쯤 서울中구南大門로타리에서麻浦에서 洗劍亭으로 달리던 서울영一七一〇「뻐스」(운전수 李在鎬‖33)와 서울역으로 향하던韓電소속三三一호전차(운전수 李龍雨‖31)가 직각으로 충돌、전차와「뻐스」전면이 반파되었다 사고원인은「뻐스」의「부레키」고장이며 전차에 탔던 승객金福南(28‖女·상업·仁峴市場一七二)씨외 三명이 경상을입고 韓電병원에서가료를받았다

전차 사고에 관한 기사 (『동아일보』 1962년 9월 1일)

기를 누구한테 들었냐면, 지 주임이라고 사고처리 반장하는 주임이 있었어요. 그 당시에는 이런 사고처리 주임쯤 되면 교통경찰의 사후처리반도 이 사람한테 와서 물어보고 그랬어요. 그만큼 경험이 많은 사람이에요. 그런데 이 주임이 없을 때 (목격자가) 와서 이야기하고 그냥 가버렸단 말이에요. 그러니까 이 주임이 말이지, 이 사람을 어떻게 하든지 찾아야 하지 않겠어요. 그래서 그 이야기를 들은 사람이 서너 사람 정도 있는데, (그들에게서) 그 사람이 어떻게 생겼는지부터 마장동에 산다는 것까지 알아냈어요. 왜냐하면 마장동에서 전차 타고 다니니까…. 그래서 우리 사람(직원)들이 인상착의를 포착해서 그 사람을 찾았다고요. 그러니까 상당한 거지. 그 사람(목격자)을 졸졸졸 따라가 보니

까 대한체육회 건물로 들어가는 계단 밑에서 라이터 장사를 하는 사람이었어요. 그런데 이 사람이 좀 괴상한 사람이 되어서 일절 자기 신분을 밝히지 않고 도망 다니는 거예요. 그래가지고 사고처리반에서 그 사람이 어디에서 무슨 일 하는지 알아봤던 거예요.

그럼 그 사람을 다시 찾아서 설득하고 진술을 받은 건가요?

예. 이제 그 사람을 알았으니까 불러서 설득을 해가지고 본대로 얘기를 해라. 그래서 진술을 받았어요. 그 트럭의 (차량)번호는 본 것이 없느냐고 했더니 '29…' 이라고만 하는 거예요. 이 사람이 번호 전체를 기억하는 것은 아니었어요. 그중에 세 글자나 네 글자를 기억하는 거야. 그래서 그 차를 보니까 그런 차다 이거죠. 이제 그걸 갖고 전국에 등록된 화물차 중에서 유사한 번호 있는 것을 찾아보니까 동양정기화물이라고 대구에 본사가 있는 화물차였어요. 이 회사는 지금도 있어요. 그래서 내가 개인적으로 동대문(경찰)서의 교통형사들을 몇 사람 불러서 "아무 얘기도 하지 말고 이 차가 지금 어디로 운행 중인지 봐라." 그렇게 해서 보니까 속초에서 건어물을 실고 서울에 오는 화물차더라고요. 그래서 (화물차의) 일정을 알아냈지요. 그런데 그때는 화물차에 운전수하고 조수라는 게 있었어요. 혼자 타고 다니는 게 아니에요. 그래서 (경찰에다가) 우선 (화물차가) 서울에 와서 짐을 부리거든 그 자리에서 연행을 해라. 아무 이야기 하지 말고, 이상한 소리 일절 하지 마라. 그래가지고 동대문경찰서에서 그 사람을 (연행)했죠. 그러니까 조수하고 운전수를. 이 사람들은 갑자기 당한 거죠. 그 다음에 조수하고 운전수를 따로 분리시켜서, 조수한테는 "운전수가 다 불었으니까 사실대로 얘기를 해라." 그러고. 또 운전수한테는 "조수가 본 거 다 얘기했다."고 해서 자백을 받았어요. 그래가지고 전차운전수는 구속에서 풀려나고, 그 사람(화물차 운전수)이 딱 구속이 되었다고요.

진짜 어려운 일을 해냈네요. 어떻게 가능했을까요?

아! 어려운 일이죠. 그러니까 내가 예시를 들어 이야기하는 거예요. 이런 큰 기관을 운영하다 보면 굉장히 어려운 일이 많았어요. 그래도 그런 일에 대해서 굉장히 섬세하고 열정적으로 하다 보니까 구성원들이 단결을 하게 되는 거죠. 그래서 신뢰가 생기는 거예요. 나도 마찬가지예요. 믿음이 없으면 안 되는 거예요. '무신불립無信不立'이라고 그러잖아요.

그 사고처리반이 몇 명이나 있었어요? 하루에도 몇 번씩 일어날 텐데요.

사고처리반에 있는 사람들이 한 6명 정도 있었죠.

이런 일이 굉장히 많을 텐데, 6명으로 이렇게 큰일을 할 수 있었네요.

그럼요. 현장일은 감독이나 이런 사람들이 다 하니까요. 사고처리를 정확하게 하면 서로 뭐 할 일이 없어요. 책임질 사람 책임지게 하면 되는 거지.

전차사고는 어떤 사고가 많았나요? 전차랑 사람이 부딪치는 경우가 많았을 것 같은데요.

그때가 한참 서울이 팽창하고 있을 때였기 때문에, 도로사정이라는 게 그렇게 좋지 않았어요. 그런데 거기 한복판에다가 (전차)선로가 두 개나 놓여 있으니 사고가 많았죠.

그런데 전차 속도가 꽤 되잖아요. 그러다보니까 (전차가) 사람하고 부딪치면 무조건 사람은 다 즉사하지 않았을까 싶어요.

그럼요. 전차인데, 큰 사고가 나죠. 지금 정확히 속도는 기억을 못하는데, 전차 속도가 시속 30~40km는 더 됐을 거예요.

마지막으로, 전차사업 이관하면서 서울시로 옮기신 것이 선생님의 인생에서 어떤 의미였을까요?

전환점이 된 거죠. 요즘 내가 어쩌다 한국전력 사람들 만나면 말이죠. 우리가 70명이 (한국전력에) 들어왔는데, 그중에서 전무까지 지낸 사람이 한 사람밖에 없어요. 전부 부장에서 끝나고 그랬다고요. 그러니까 나는 선택을 잘 했다고 생각하는 거죠.

감사합니다.

제2장

임경선

"난 서울시에서 전차를 인수받은 사람인데, 한국전력 사람으로 오해받았어요"

1932년	강원도 춘천 출생
1957년	서울시 수도국에서 근무
1964년	서울시 관광운수국으로 발령 후 전차사업 이관업무 담당
1970년	서울시 경리과 조달계장
1980년	서울시 경리과장
1983~1989년	성북구 재무국장, 중구 총무국장, 동작구 부구청장
1991~1995년	도시개발공사 총무이사, 서울시체육회 사무처장 등 역임

면 담

면 담 자 최인영(서울시립대학교 서울학연구소)
면담주제 서울의 전차와 교통
면담일시 2016년 6월 20일(1차)
면담장소 분당 스타벅스

◇◇◇ 서울시 관광운수국에서 전차 이관 업무를 맡게 된 과정 ◇◇◇

본 면담은 서울역사편찬원에서 시행하는 서울역사구술채록사업 중 '서울의 전차와 교통'을 주제로 실시하는 면담입니다. 안녕하세요. 몇 년도부터 서울시에서 근무하셨나요?

1957년부터 서울시에서 근무하게 되었어요. 제가 예전에 수도 관계로 근무했어요. 그 우리나라에 철도나 체신 같은 것을 공기업에서 하잖아요. 그 공기업법이 1962년에 생겼어요. 그러니까 철도청이나 체신부는 기업예산회계법이라는 것이 생겨서 만든 거예요.[4] 그리고 1962년에 서울시 수도국장으로 33살의 젊은 사람이 왔어요. 미국에서 공부한 사람이에요. 그 양반이 수도국을 공기업으로 전환하라고 하는 거예요. 그런데 서울시에서도 (공기업을) 운영하려면 법이 있어야 되지 않습니까? 그런데 전 공기업이 무엇인지도 몰랐어요. 공기업이 무엇인지도 모르는데, 만들라는 거예요. 그럼 법 없이 어떻게 만들었느냐? 서울시는 1964년에 조례를 만들어서 했어요. 그러니까 (근거가 되는 법도 없이) 조례를 가지고 만든 거예요.[5] 그래서 사기업법에 따라 했어요. (서울시에서) 수도국을 그렇게 만들었는데, 내무부에서 보니까 기가 막힌 거죠. 지방공기업법은 우리 한 다음에 10년 후에 생겼어요.[6]

---

4 구술자가 설명하는 법은 〈기업예산회계법〉으로 1961년 12월 31일 법률 제928호로서 제정되었다. 〈기업예산회계법〉은 우편사업, 우체국예금사업, 양곡관리사업과 조달사업 등 기업형태로 운영하는 정부사업을 합리적으로 경영하기 위해 만든 법률로, 2009년부터 〈정부기업예산법〉으로 바뀌어 시행되고 있다.

5 〈서울특별시수도사업소설치조례〉가 처음 제정된 것은 1957년이었다. 이 조례는 1963년 1월에 개정되었으며, 이어 10월에는 〈서울특별시수도사업특별회계조례〉가 제정되었다.

6 〈지방공기업법〉은 지방자치단체가 직접 설치, 운영하거나 법인을 설립해 지방공기업의 운영에 관해 필요한 사항을 규정한 법률로, 이 법이 제정된 것은 1969년이다. 이 법은 수도사업, 공업용수사업, 궤도사업, 주택사업, 의료사업 등과 지방공사·지방공단에 적용된다.

그렇다면 전차 이관 업무는 어떻게 맡게 되셨나요?

제가 수도국에서 (공기업을 만들고) 했으니까 (맡은 거예요). 그… 1963년인가 1964년인가 저를 관광운수국으로 발령을 내더라고요. 왜냐면 한전에서 전차를 받아와도 (서울시에서) 운영할 근거가 없어요. (전차사업이) 공기업으로 들어왔거든요. 그래서 (관광운수국으로) 가서 보니까 한국전력에서 전차를 인수받으라는 거예요.

관광운수국으로 옮겨가서 전차 이관 업무를 맡게 되셨군요?

네. 그러니까 제가 관광운수국에 가서 보니 운수4과를 (새로) 만들었어요.[7] 무엇을 하나 했더니 한전에서 전차를 인수받으면 (그것을) 운영하도록 한 거예요. 그러니까 (전차를 운영하려면) 공기업이 필요하지 않습니까. 그런데 공기업을 할 사람이 없으니까 내가 (관광운수국으로) 간 거예요.

전차 이관 업무를 맡게 된 과정에 대해서 좀 더 자세히 이야기해주십시오.

당시에 제가 사무관이었어요. 제가 깜짝 놀란 것이 (시장을 만난 자리에서) 시장이 (전차를) 인수받아 오라고 그래요. 그래서 제가 무엇을 하느냐고 물었죠. 그랬더니 "계약을 하나 해라." 제가 "계약을 하면 돈을 줘야 될 것 아닙니까?"하고 물으니, (시장이) "그 돈이 얼마인지 다 네가 계산해서 알아서 해라." 그래요. 그러니까 나한테 전권을 줬어요. (나는) 전권을 주고 (전차사업을) 받아오라는 것이 도무지 이해가 안돼요. 그리고 (시장이) "한전에서 요구

---

7 서울시에 관광운수국이 신설된 것은 1962년 2월 1일자 시규칙 제229호를 통해서였다. 관광운수국 산하에는 관광과, 차량과, 운수과 등 모두 3개 과가 설치되었다. 관광운수국이 4개 과 체제로 개편된 것은 서울시로 전차사업이 이관되기 직전인 1966년 5월 25일이었다. 구술자가 이야기하는 맥락으로 보아 1966년을 전후한 시기에 발령을 받은 것으로 생각된다.

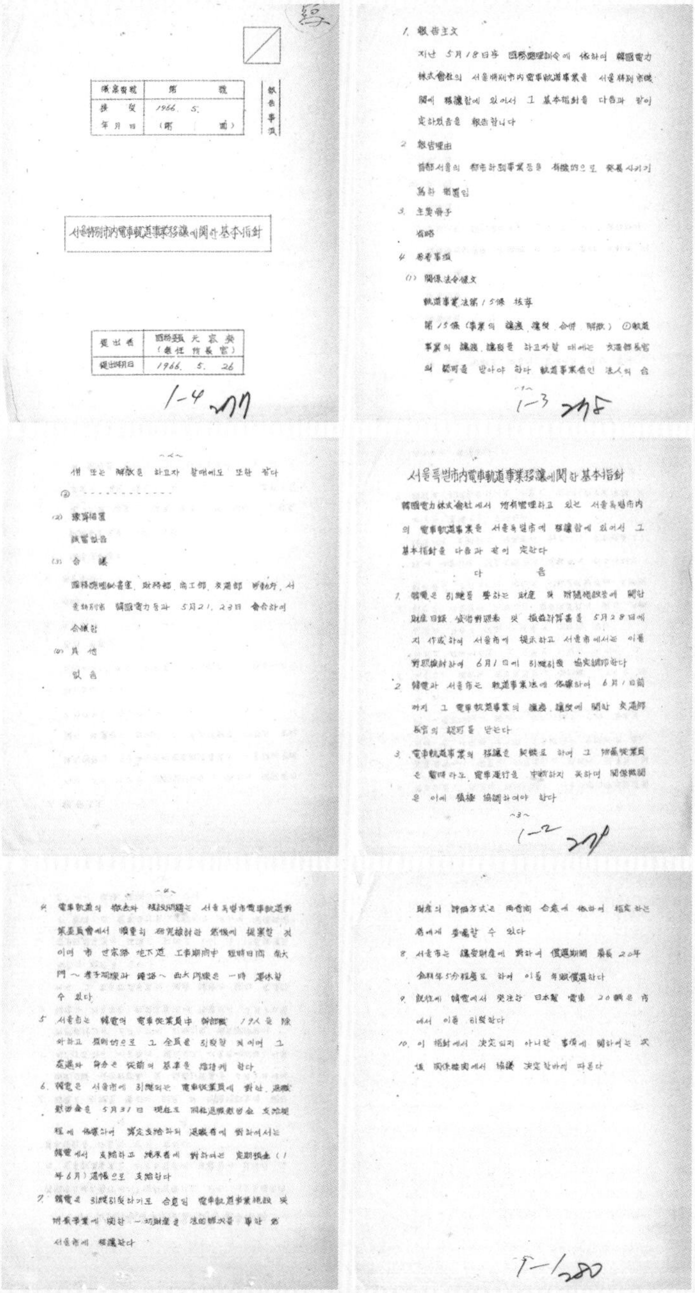

報告事項

議案番號	第　　號
接受年月日	1966. 5.　（第　　回）

서울特別市內電車軌道事業移讓에關한基本指針

提出者	國務委員 天寬宇（無任所長官）
提出年月日	1966. 5. 26

1-4 277

1. 報告主文

지난 5月18日字 國務總理訓令에 依하여 韓國電力株式會社의 서울特別市內電車軌道事業을 서울特別市當局에 移讓함에 있어서 그 基本指針을 다음과 같이 定하였음을 報告합니다

2. 報告理由

首都서울의 都市計劃事業등을 有機的으로 發展시키기 爲한 措置임

3. 主要骨子

省略

4. 參考事項

(1) 關係法令條文

軌道事業法第15條 拔萃

第15條（事業의 讓渡. 讓受. 合併. 解散） ①軌道事業의 讓渡. 讓受를 하고자할 때에는 交通部長官의 認可를 받아야 한다 軌道事業者인 法人의 合

~1~

1-3 278

~2~

併 또는 解散을 하고자 할때에도 또한 같다

② - - - - - - - - - - - - - -

(2) 豫算措置

該當없음

(3) 合　議

國務總理秘書室. 財務部. 商工部. 交通部. 勞動廳. 서울特別市. 韓國電力등과 5月21. 23日 會合하여 合議함

(4) 其　他

없음

서울특별市內電車軌道事業移讓에關한基本指針

韓國電力株式會社에서 所有管理하고 있는 서울특별市內의 電車軌道事業을 서울특별市에 移讓함에 있어서 그 基本指針을 다음과 같이 定한다

다　　음

1. 韓電은 引繼를 要하는 財産 및 附隨施設등에 關한 財産目錄 貸借對照表 및 損益計算書를 5月28日까지 作成하여 서울市에 提示하고 서울市에서는 이를 對照檢討하여 6月1日에 引繼引受 協定調印한다

2. 韓電과 서울市는 軌道事業法에 依據하여 6月1日까지 그 電車軌道事業의 讓渡. 讓受에 關한 交通部長官의 認可를 받는다

3. 電車軌道事業의 移讓은 契機로 하여 그 所屬從業員은 罷業하고 電車運行을 中斷하지 못하며 關係機關은 이에 積極 協調하여야 한다

~3~

1-2 279

~4~

4. 電車軌道의 撤去와 複線問題는 서울특별市電車軌道對策委員會에서 愼重히 研究檢討한 然後에 提案할 것이며 市 世宗路 地下道 工事期間中 短時日間 南大門～孝子洞線과 鍾路～西大門線은 一時 運休할 수 있다

5. 서울市는 韓電의 電車從業員中 副職 19人을 除外하고 原則的으로 그 全員을 引受할 것이며 그 處遇와 身分은 從前의 基準을 維持케 한다

6. 韓電은 서울市에 引繼되는 電車從業員에 對한 退職對備金을 5月31日 現在로 同社退職對備金 支給規程에 依據하여 算定支給하되 退職者에 對하여서는 韓電에서 支給하고 繼承者에 對하여는 定期預金（1年6月）通帳으로 支給한다

7. 韓電은 引繼引受하기로 合意된 電車軌道事業施設 및 附帶事業에 關한 一切財産을 法的節次를 畢한 後 서울市에 移讓한다

財産의 評價方式은 兩者間 合意에 依하여 指定하는 者에게 委囑할 수 있다

8. 서울市는 讓受財産에 對하여 償還期間 最長 20年 金利年5分程度로 하여 이를 年賦償還한다

9. 既往에 韓電에서 發注한 日本製 電車 20輛은 市에서 이를 引受한다

10. 이 指針에서 決定되지 아니한 事項에 關하여는 其他 關係機關에서 協議 決定한바에 따른다

1-1 280

국무총리실에서 발표한 전차사업 이양에 관한 기본지침 (국가기록원)

한 것을 가급적이면 받아들여서 하라."고 그래요. 도대체 미치겠는 거예요. 저는 일개 사무관이잖아요. 과장도 있고, 국장도 있는데, 제가 이것(전차사업 이관 업무)을 맡아야 한다니까. (알고 보니) 그때 관광운수국장님이 힘이 있던 분이에요. 그러니까 국장님이 김현옥 시장에게 임경선이를 보내겠다고 하니까 (시장이) 받아준 거예요. 그래서 (시장이 구술자에게) 전권을 주는데, "가급적이면 부드럽게 한전 말을 다 들어주고 하라."는 거예요. 그런데 저는 실무자니까 돈이 얼마나 중요합니까? 전차사업을 이관하는데 백억을 줘도 좋다, 천억을 줘도 좋다는 게 말이 됩니까? 그래서 나도 각오하고 (한전으로) 갔어요. 저쪽(한전 측)도 실무자이지만, (제가) 돈을 한 푼이라도 덜 주려면, 그 사람하고 싸워서 이겨야 될 것 아닙니까?

그렇게 해서 전차 이관업무를 맡게 되셨군요. 그런데 당시 서울시에서 한전으로부터 전차사업을 인수하게 된 이유는 무엇인가요? 1963년에 경제기획원에서 서울시에 전차사업을 이관받으라고 했을 때는 거절했었거든요? 이전 시장들과 달리 골치 아픈 일에 굳이 나선 이유가 뭘까요?

보세요. 차가 자꾸 늘지 않습니까? 도로는 한정되어 있고 빨리빨리 가야하는데, 하루 종일 (차들이) 좁은 길을 천천히 가고 있어요. 왜냐하면 바빠 죽겠는데, 전차가 안 가요. 교통체증이 (심각했어요). 그래서 김현옥 시장이 이것(전차사업)을 받아서 없애려고 그런 거예요.

혹시 정부로부터 (전차사업을 이관 받으라는) 압력을 받은 것은 아닐까요?

아닐 겁니다. 그 당시에 김현옥 시장이 대통령 말은 듣지만, 다른 (정부) 부처의 말은 절대 듣지 않았어요. 이제 김현옥 시장이 봤을 때는 (당시 서울의) 길이 마비되었다고요. 매일 전차가 천천히 다니니까.

고속전차 운영계획

김현옥 시장 당시에는 전차를 폐지하고 지하철에 대한 계획은 하나도 이루어지지 않았는데요. 복안이 있었나요?

계획은 있었어요. 그때 관광운수국으로 발령을 받아서 갔는데, (시장이) 도시계획국하고 관광운수국에서 (고속전차) 계획을 만들어서 보고하라고 했어요. 그때 저는 당시에 일본에서 (전차에 관한) 자료를 받았어요. 그래서 홋카이도의 자료를 보니까 이것은 간단하다. 그래서 내가 450억인가 필요하다고 (계획을) 만들었을 거예요. 그런데 도시계획국에서는 150억이 필요하다고 냈어요. 그래서 제가 얼마나 혼났는지 아세요. 시장이 막 소리 지르고 나가라고. 아니, 우리도 차량 가격도 다 조사를 했거든요. 그렇지만 시장이 봤을 때 400

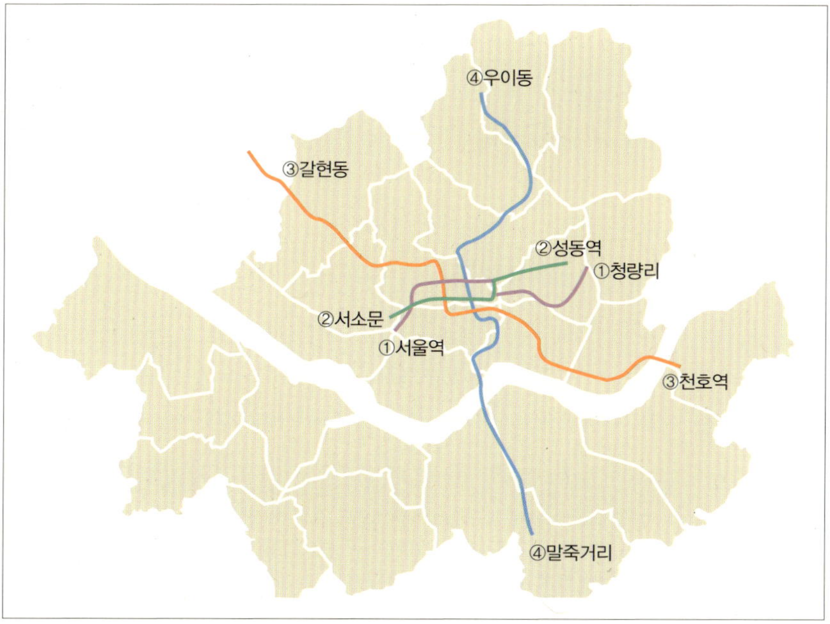

『시정요람 1966』에 수록된 지하철 건설계획 노선도

억이 넘게 (계획)했으니, 혹시 돈을 받은 게 아니냐. 그렇지만 내가 전혀 근거 없이 만든 것이 아니고 홋카이도의 자료를 가지고 계산해서 했는데…, 그렇지만 이야기를 하면 안 되겠다 해서 (450억 예산안은) 빠졌어요. 그래가지고서 시장이 지쳤는지 그것(고속전차 계획)을 중지했어요.

그 계획안이 언제 마련되었나요?

1964년인 것 같아요. 그게 왜 기억이 났느냐면, (시장이) 한강에 둑이 있지 않느냐면서, 둑을 전부 도로로 만들어서 (고속전차 운영을) 하면 (400억이라는) 돈이 왜 필요하냐고 그랬거든요.

그런데 윤치영 시장 때에 선생님께서 말씀하신 고속전차 계획이 발표되었거든요. 그때 노선도 나왔는데, 서울역에서 청량리까지 한다고 되어 있었어요.

맞아요. 그 도면이 지금 지하철 1호선하고 비슷하게 나왔어요. 그래서 우리가 다 놀랬어요.[8]

---

8 구술자는 이 사례를 1964년 혹은 1965년에 있었고, 김현옥 시장 재임 시의 일로 기억하고 있다. 관련 기록을 찾아볼 때 윤치영 시장 때 지하철 건설 계획을 발표한 기사에서 비슷한 노선을 확인할 수 있으며, 1966년 김현옥 시장 취임 이후에 발간된 『시정요람』에도 수록되어 있는 것으로 보아 이후 계획에 큰 변화는 없었던 것으로 보인다. 앞서 살핀 것처럼 구술자가 서울시 관광운수국으로 발령받은 것은 전차사업 이관이 본격화된 1966년 무렵의 일로 생각되는바, 구술자가 지하철 건설 계획을 인지한 것은 윤치영 시장 재임시절일 수 있으나 노선도를 확인한 것은 관광운수국으로 발령 온 이후의 일로 생각된다. 서울시의 지하철 건설계획은 『동아일보』 1965년 11월 27일에 보도된 바 있다,

한국전력과의 전차 이관 협상 과정

한국전력 측과 전차 이관 협상하실 때는 주로 무엇이 쟁점이었나요?

앞서도 말했지만, 김현옥 시장이 한전의 이야기를 가급적 들어주도록 하라고 했어요. 대신 조건이 있었어요. 뭐냐면 협약을 빨리 하고, 동시에 등기 이전을 빨리 하라는 거였어요.

전차사업의 소유권을 빨리 서울시로 넘기라는 건가요?

그렇지요. 조건은 들어주되 빨리 (협약을) 해오라. 김현옥 시장이 (교통)국장한테 (그렇게) 전화를 했어요. (시장의 지시를 바탕으로 이관 협상을) 하는데, 물론 금액부터 이야기하는 거죠. 저는 (전차사업에 대한 보상)금액을 장부가액으로 하자고 했어요. 반면에 한전 측에서는 감정을 해서 결정하자고 했지요. (한전 측의 입장이) 그게 맞는 얘기지요. 장부가액이란 옛날에 장부로 한 것이니까, 현재(이관 협상 당시)로 봤을 때는 굉장히 싸요. 그래서 저는 장부가액을 이야기한 것이고, 한전에서는 감정으로 하자는 것이죠. 그런데 그 많은 것을 다시 평가하려면 돈과 시간이 얼마나 많이 필요하겠어요. 시장이 빨리 해서 오라고 했는데….

서울시와 한국전력 사이에 입장 차이가 컸는데, 어떻게 풀어내셨어요?

이거와 관련해서, 제가 그 전에 공기업 문제로 경제기획원에 자주 갔어요. (전차사업 이관 업무를 맡은 뒤에) 한 번은 경제기획원에서 오래요. 그런데 우리가 상부 기관이 아니고, 경제기획원에서 협조를 많이 받아야 하니까 말을 잘 들어야 할 것 아니에요? 그런데 제가 이 문제(전차 이관 협상)로 갈 수가 없었어요. 그랬더니 (경제기획원 측에서) "당신이 서울시 일 다 해?"라고 하면

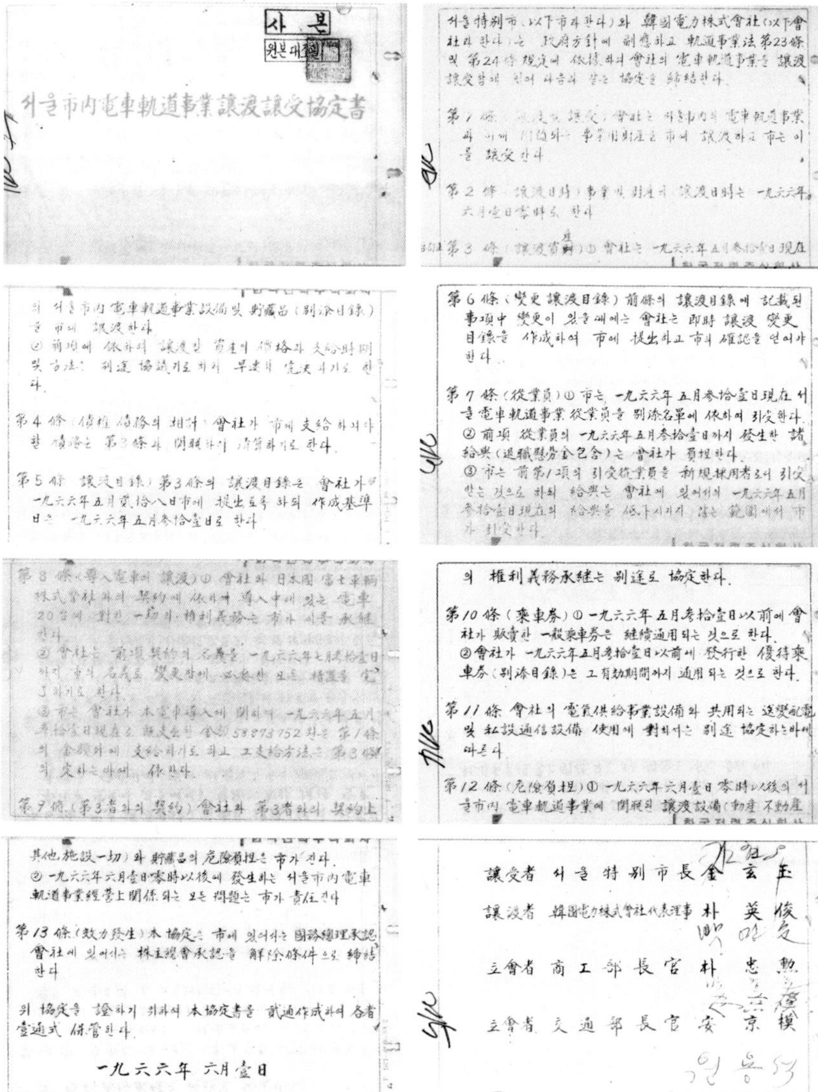

사본

원본대조필

서울市內電車軌道事業讓渡讓受協定書

서울特別市(以下市라 한다)와 韓國電力株式會社(以下會社라 한다)는 政府方針에 副應하고 軌道事業法第23條 및 第24條 規定에 依據하여 會社의 電車軌道事業을 讓渡讓受함에 있어 다음과 같은 協定을 締結한다.

第1條(讓渡및讓受) 會社는 서울市內의 電車軌道事業과 이에 附隨되는 事業用財産을 市에 讓渡하고 市는 이를 讓受한다.

第2條(讓渡日時) 事業및財産의 讓渡日時는 一九六六年六月壹日零時로 한다.

第3條(讓渡資産) ① 會社는 一九六六年五月參拾壹日現在의 서울市內電車軌道事業設備및 貯藏品(別添目錄)을 市에 讓渡한다.
② 前項에 依하여 讓受한 資産의 價格과 支給時期및 方法은 別途 協議키로 하되 早速히 完決하기로 한다.

第4條(債權債務의 相計) 會社가 市에 支給하여야 할 債務는 第3條와 關聯하여 淸算하기로 한다.

第5條(讓渡目錄) 第3條의 讓渡目錄은 會社가 一九六六年五月貳拾八日市에 提出토록 하되 作成基準日은 一九六六年五月參拾壹日로 한다.

第6條(變更讓渡目錄) 前條의 讓渡目錄에 記載된 事項中 變更이 있을 때에는 會社는 即時 讓渡變更目錄을 作成하여 市에 提出하고 市의 確認을 얻어야 한다.

第7條(從業員) ① 市는 一九六六年五月參拾壹日現在 서울電車軌道事業從業員을 別添名單에 依하여 引受한다.
② 前項 從業員의 一九六六年五月參拾壹日까지 發生한 諸給與(退職慰勞金包含)는 會社가 負担한다.
③ 市는 前第1項의 引受從業員을 新規採用者로서 引受받는 것으로 하되 給與는 會社에 있어서의 一九六六年五月參拾壹日現在의 給與를 低下시키지 않는 範圍에서 市가 引受한다.

第8條(導入電車의 讓渡) ① 會社와 日本國富士車輛株式會社와의 契約에 依하여 導入中에 있는 電車 20台에 對한 一切의 權利義務는 市가 이를 承継한다.
② 會社는 前項契約의 名義를 一九六六年七月末日까지 市의 名義로 變更함에 必要한 모든 措置를 完了하기로 한다.
③ 市는 會社가 本電車導入에 關하여 一九六六年五月參拾壹日現在로 既支出한 金 58,873,752원을 第1條의 金額外에 支給키로 하고 그 支給方法은 第3條의 定하는 바에 依한다.

第9條(第3者와의 契約) 會社와 第3者와의 契約上의 權利義務承継는 別途로 協定한다.

第10條(乘車券) ① 一九六六年五月參拾壹日以前에 會社가 販賣한 一般乘車券은 継續通用되는 것으로 한다.
② 會社가 一九六六年五月參拾壹日以前에 發行한 優待乘車券(別添目錄)은 그 有効期間까지 通用되는 것으로 한다.

第11條 會社의 電氣供給事業設備와 共用되는 送變配電 및 私設通信設備 使用에 對하여는 別途 協定하는바에 따른다.

第12條(危險負担) ① 一九六六年六月壹日零時以後의 서울市內電車軌道事業에 關聯된 讓渡設備(動産 不動産 其他施設一切)와 貯藏品의 危險負担은 市가 진다.
② 一九六六年六月壹日零時以後에 發生하는 서울市內電車軌道事業經營上 關係되는 모든 問題는 市가 責任진다.

第13條(效力發生) 本協定은 市에 있어서는 國務總理承認, 會社에 있어서는 株主總會承認을 解除條件으로 締結한다.

위 協定을 證하기 위하여 本協定書를 貳通作成하여 各者壹通式 保管한다.

一九六六年 六月壹日

讓受者 서울特別市長 金 玄 玉

讓渡者 韓國電力株式會社代表理事 朴 英 俊

立會者 商工部長官 朴 忠 勳

立會者 交通部長官 安 京 模

한국전력-서울시 전차궤도사업 양도양수 협정서 (국가기록원)

서 구박을 받았어요. 그래서 제가 "지금 한전에서 전차를 인수받으려고 한다." 고 이야기했지요. 그랬더니 (경제기획원 측에서) "기어코 하는구먼." 그러는 거예요. 내가 그 꼬투리를 딱 잡았잖아. 내가 "그게 무슨 소리냐?"고 그랬더니, (경제기획원 측에서) 3년 전부터 한전에서 (전차사업 때문에) 골치가 아프니까 서울시에 떠넘기려고 했다는 거예요. 강제로. 한 푼도 안 받고 서울시로 넘긴다고 하면서, (한전에서) 경제기획원에 (서울시로 전차사업을 이관하려고) 작업을 한 거예요. 그래서 (구술자가) 그 서류를 좀 보여 달라고 해서 봤어요. (보니까) 두 번에 걸쳐서 서울시에 이것(전차사업) 좀 떠넘기게 (한국전력 측이) 경제기획원에 힘써 달라고 한 거예요.

저도 신문에서 보았습니다. 경제기획원에서 한국전력은 전력개발을 해야 하니까, 서울시와 부산시에서 적자투성이인 전차사업을 가져가라고 하는 기사가 있었어요.

네. 아무튼 (구술자가) 그 서류를 복사하겠다고 했어요. 그랬더니 (경제기획원 측에서) 안 된다고 그래요. 안되나 마나 내가 빨리 (전차이관 협상을) 해야 여기 일 도와줄 것 아니냐고 해서 사본을 받았어요. 그래서 (사본을) 주머니에 넣고 (협상장에서) 제가 배짱을 부렸죠. "나는 장부가액 아니면 안 한다." 그러니까 한전에서는 "안 된다. 장부가액은 (옛날 가격과) 똑같으니까 감정해야 한다."고 그러고, 저는 "No. 나는 서울시장의 전권을 받아왔으니까, 누가 오든지 내가 있는 한 절대 안 된다."고 그랬어요. 그리고 경제기획원에서 복사한 문서를 보여줬어요. 읽어 봐라. (한국전력에서) "서울시에 강제로 떠넘기고 무상으로 가져가십시오." 할 때는 언제고, 이제 와서 시가로 평가해서 달라는 것이냐? 그러고 나서 (구술자가) 시장한테 가서 (이관협상을) 안하겠다고 그랬어요. 그러니까 (한국전력 측에서) 양보해 달라고 하면서, 장부가액으로 해주겠다는 거예요. 그제서야 저는 (시장으로부터) 한전 이야기 들어주라고 했으니까

(장부가액으로) 딱 했어요. 그리고 협약을 먼저하고 일주일 내에 (전차사업에 관한) 등기 이전을 하는 것으로 합의를 했어요. (협상을) 마치고 시장한테 보고했더니, (시장이) 얼마나 기분이 좋은지 표창을 주려고 그러더라고요. 나중에야 알았어요. 왜 김현옥 시장이 (전차사업 이관 협상을 서둘러 하려고) 그랬는지를. 김현옥 시장이 이것(전차사업)을 받아서 없애려고 그랬던 거예요.

당시 전차사업이 적자였다고 했는데, 그렇게 심했나요?

예. 한전에서 전차를 (운영)했어요. 그런데 전차를 타면 전부 그냥 공짜로 타요. 경찰이든지, 신문기자든지 무조건 이러면서 (지갑에서 신분증을 보여주는 척하면서) 막 타요. 운전수가 그걸 어떻게 봐요? 그러니까 (승객들이) 전부 공짜로 타는 거예요.

경찰이나 신문기자는 공짜로 전차를 탈 수 있었나요?

네. 공무로 봤거든요. 그러면 (신분증을) 봐야 할 텐데, 운전하는 사람이 언제 이걸 봅니까? 다들 휙 보여주는 척만 하고 타요. 그래서 보니까 한 80%가 전부 무임승차에요. 그래서 제가 (전차사업을) 인수받으면서 딱 제안했어요. 제복 입은 사람, 경찰이나 기자 모두 똑같이 (요금을 받는 것으로). 앞으로 이건 절대 안 된다. 안 그러면 운영이 되나요?

당시에는 전차에 운전수 말고 차장도 있지 않았나요?

없었어요. 그때는 자꾸 인건비를 줄여야 했기 때문에 (차장도) 없었어요. 그리고 그때는 저도 전차를 탔지만, 전차가 지나가면 (사람들이) 달려가서 타고 그랬어요. 밖에서 문을 열어서 막 타고….

한국전력 출신 직원들과의 관계

전차 이관 후에도 전차운영에 관계하셨죠. 당시 한국전력 측에서 일부가 서울시로 옮겨 온 것으로 알고 있는데, 그분들과는 어떻게 지내셨어요?

참 가까이 지냈어요. 그때 (전차운수사업소에서) 김의재 씨가 업무과장하고, 제가 경리과장을 했거든요.[9] 그런데 김의재 씨는 한국전력에서 전차를 인계할 때 (서울시로) 왔고, 난 서울시에서 전차를 인수받은 사람이에요. (한국전력에서 직원들이 옮겨올 때) 김의재 씨가 중심이 되서 왔어요. 그런데 그때 서울시의 계장들이 전부 나이 많은 사람들이었어요. 웬만한 사람은 사람 취급도 안했어요. 그러니까 (한전에서) 사람들이 왔어도 상대를 안 해요. 만나주지도 않았어요. 결국 내가 제일 막내니까, (한전에서 온 직원들과) 만나주는 사람은 나 하나였죠. 그래서 (서울시에서 근무하던) 어떤 사람이 나보고 "당신도 한전에서 왔지?"라면서 물어요. 나를 한전에서 온 사람으로 알았다니까요.

전차노조에 대한 기억

전차사업을 서울시로 이관한 뒤에, 사업 폐지는 어떻게 이루어졌나요? 기사를 보니까 당시에 전차 노조가 무척 세력이 강해서, 노조에서 반발할까봐 조금 더 연장 운행한다고 하다가 기습적으로 1968년 11월 29일에 전차 운행을 멈추기도 하던데요.

옛날에 한전에서 제일 무서운 게 '까망이'라고 그랬어요. (전차노조원들

9 전차운수사업소 개소 당시 구술자의 직책은 관광운수국 운수사업과 재무계장이었다(장경훈, 『서울특별시 운수행정약사』, 교통공론사, 1978, 428쪽).

이) 까만 조끼를 입고 나타나면 아무도 건드리지 못했어요. 그런데 당시 (전차)노조위원장이 이현택 씨였어요. 한 번은 (시에서) 교육이 있었어요. 제가 김정수 씨하고 교육을 신청해서 들어갔다가 왔더니, 이현택 씨가 (우리에게) 왔어요. "도저히 안 되겠다. 내일 데모한다." (노조원들의 반발 때문에) 자기도 죽을 것 같으니까 어쩔 수 없이 한다고 그래요. 그런데 이현택 씨가 (시위가 일어나면) 자기는 꼼짝 안하고 붙들리겠다고 그래요. 그래서 데모를 일으켜 놓고선 자기는 자리에 가만히 있다가 동대문경찰서로 잡혀갔어요. 그런데 (노조원들은) 전부 숨어 있는 거야. 그래서 행정직이지만, 우리가 (경찰서에 가서) 데리고 왔어요. 그렇게 해서 해결되었지요. 데모는 한 번밖에 안 했어요.[10]

궁금한 것 중에 하나가 전차가 일제강점기부터 운영되어 온 교통수단인데요. 마지막에 시에서 이걸 운영하다가 없애게 되면 시민들로부터 불만의 소리가 나오지 않았나요? 또 전차정류장 근처에 집을 갖고 있던 사람들의 경우에 시세가 떨어져서 불만스러워한다던가 그런 건 없었나요?

그런 문제가 있기는 있었겠지요. 그렇지만 크게 문제는 없었어요. 그때는 사람들이 전부 온순했잖아요.

10 구술자가 이야기하는 내용은 1967년 8월에 일어난 파업으로, 8월 26일 오전 임금인상을 요구안으로 내걸은 이 파업은 27일 오후 경찰에 의해 진압되었다. 파업을 주도한 이현택 전차노조 지부장 등 14명은 노동쟁의조정법 위반 혐의로 불구속 입건되었다(『경향신문』 1967년 8월 28일).

극심한 민영버스 노선 경쟁과 시영버스 운영

다른 질문을 드리겠습니다. 1960년대에 시영버스가 운행된 것으로 알고 있는데요. 전차 철거에 대비해서 이루어진 조치였나요?

아니에요. 당시에 관광운수국에는 관광과, 차량과, 운수사업과, 운수행정과 이렇게 있었어요.[11] 아침에 간부회의를 하는데, 운수행정과 때문에 한 시간씩 호출이 와요. 당시 버스회사가 200개였어요. 그런데 맨날 (버스회사들이) 싸우는 거예요. 미도파(백화점) 앞으로 꼭 가게 해달라고. 그런데 한 군데로 몰리면 교통이 마비되잖아요. (안 된다고 그러면) 버스회사들이 전부 나자빠지고. 그런데 제가 가만히 보니까 회사가 문을 닫는다고 관광운수국장에게 꼭 심각한 문제는 아니에요. 세계를 다녀보면, 큰 도시에는 시영버스가 있어요. 그런데 우리는 시영버스가 없잖아요. 시영버스를 운영하는 목적은 뭐고 하니, (시내 곳곳을 연결하는) 교통은 반드시 있어야 한다. 그런데 기업은 (적자 노선을 운영하면) 망한다고 하면서 나자빠져요. 그러니까 시에서 (버스를) 인수받아 가지고 손해나더라도 운영해야 하는 것이 아니냐. 그래서 (제가) 행정연구서를 썼어요. 그랬더니 이규효 관광운수국장이 시장한테 가서 (시영버스 운영에 대한) 보고를 한 거예요. 그러니까 시장이 하라고 했어요. 저는 국장님 붙잡고, "아니, 왜 제가 합니까? (시영버스 운영은) 운수행정과 소관이지, 왜 나를 가지고 그럽니까?"라고 했어요. 그러니까 국장님이 "당신이 이야기했으니까, 당신이 가서 해야지." 그래가지고 버스 50대를 사서 시작한 거예요.

---

11 관광운수국이 차량과, 운수과, 관광과 등 3개 과에서 차량과, 관광과, 운수사업과, 운수행정과 등 4개과로 개편된 것은 전차사업을 한국전력으로부터 이관받기 직전인 1966년 5월 25일(시규칙 제560호)이었다.

1967년 상계동 시영버스 개통식 모습

시영버스가 운행된 게 선생님께서 전차를 인수한 1966년이지요?

그 다음해예요. 1967년. 근데 (버스) 50대를 샀더니, 10개 노선을 준 거예요. 그중에 (기억나는 노선이) 어디냐면 성남이에요. 거기가 청계천에 살던 업자들을 다 거기다가 데려다 놓았어요.[12] (시영버스가) 성남에서 (사람들을) 꽉 태워서 동대문까지 오가는데, 하루에 두 번 (운행)했어요. 그런데 성남에서 (버스가) 꽉 차서 한 명도 안 내려요. 동대문까지. 게다가 (시영버스가) 사방으

12 청계천변 주변에 살던 무허가주택민들을 광주대단지로 이주시킨 사실을 가리킨다.

시영버스 여성 차장의 모습

로 다니고 관리를 못하니까 (운전수·차장들이) 삥땅을 해먹어요. 그러니까 운영이 됩니까? 그래서 사표를 냈어요. 그랬는데 이규효 국장이 절대 안 된다고, 죽으면 같이 죽자고 (붙잡았죠).

예전 사진을 보니까, 시영버스에도 여성 차장이 있는데 다른 버스와는 좀 다르더라고요.

김현옥 시장이 수송장교 출신입니다. 그래서 매일 계획적으로 버스를 점검해요. 그런데 (어느 날에는) 시장이 저보고 비행기 타보았냐고 그래요. 그래서 타봤다고 했더니, 시장이 스튜어디스를 봤냐고 그래요. 그 스튜어디스가 얼마나 멋있느냐 이거야. 그런데 버스 (차장들을) 봐라. 이게 여자냐? 거지지. 그러니까 스튜어디스처럼 옷을 해 입히고 해서 돈을 벌어오라는 거예요. 아니 말이 돼요? 돈을 버는 것은 버스회사가 버는 거예요.

지하철 1호선 건설 관련 에피소드

전차가 없어진 뒤에 서울 시내가 엄청 혼잡해졌겠어요. 당시 교통상황은 어땠습니까?

아니요. 그 당시에 승용차가 몇 대나 있었겠어요. (전차 없어진 후) 버스가 쭉쭉 다니니까 교통이 좋았지요. 그러다 자동차가 늘어나니까 차가 막히기 시작한 거죠.

그렇군요. 그런데 김현옥 시장 후임인 양택식 시장 때 바로 지하철 1호선 건설에 착수했습니다. 혹시 지하철 건설에도 참여하셨나요?

그럼요. (도시의) 인구가 300만 명 내지 400만 명이 되면 지하철을 만드는 게 원칙이에요. 그래서 지하철 본부가 생겼는데, 거기는 나 같은 사람은 '빽' 없이는 못 간다고 그랬어요. 그런데 내가 거기에 들어갔어요. 그때 지하철 1호선 놓을 때 (비용이) 330억 원 들었어요. 국가에서 그중에 30억을 주겠다고 했는데, (결국) 1억 5,000만 원 받았어요.

나머지 비용은 어떻게 한 건가요?

하나도 못 받았죠. 그때 정부에서 지하철을 (건설)하게 되면 서울시가 부담하라고 했어요. 그런데 이건 정부에서 부담해야 해요. 그 다음에 인근 도시에서 부담해야 해요. 왜냐면 지하철 타 봐요. 누가 타나? 전부 경기도민이 타요. 서울로 와야 하니까. 하여간 제가 경제기획원과 보통 싸운 게 아니에요.

1965년에 한일회담을 하고 외교관계가 회복되잖아요. 혹시 한일회담 후에 국내에 돈이 풀릴 테니까 지하철 건설하는데 그 돈을 투입하려고 했던 일은 없었나요?

그런 것은 없어요.

선생님께서 서울시를 나오시게 된 건 언제였나요?

1995년이에요. 제가 47년 동안 공직생활을 했어요. 서울시 체육회 사무총장도 하고, 주식회사 한성 사장까지 해봤어요. 그러니까 서울시에서 경험이란 경험은 다 거쳤어요.

감사합니다.

제 3 장

김정수

"차 수리하는 공무과에서 근무했지요. 그때는 용어가 모두 일본말투성이였어요"

1935년	황해도 장연군 출생
1955년	인하대학교 공과대학 기계공학과 입학
1959년	경성전기주식회사 운수사업소 공무과 입사
1961년	전력 3사 통합에 따라 한국전력으로 소속 변경
1962년	한국전력 복직을 조건으로 군 입대
1965년	군 제대 후 한국전력 복직
1966년	서울시 전차운수사업소 사무관으로 특채
1978년	서울시 수도국 기전과장

면 담

면 담 자	이연식(일본 소피아대학), 최인영(서울시립대학교 서울학연구소)
면담주제	서울의 전차와 교통
면담일시	2016년 7월 8일(1차), 8월 22일(2차)
면담장소	분당구 정자동 음식점

◇◇◇◇◇◇◇◇◇◇◇◇◇◇◇ 경성전기 입사 이전 구술자의 활동 ◇◇◇◇◇◇◇◇◇◇◇◇◇◇◇

본 면담은 서울역사편찬원에서 시행하는 서울역사구술채록사업 중 '서울의 전차와 교통'을 주제로 실시하는 면담입니다. 안녕하세요. 선생님께선 고향이 어디신가요?

황해도 장연군 신화면이에요. 장산곶 지나면 바로 위에 있지. 옛날에 다닐 적에는 우리 집에서 인천까지 하루면 왔어요.

제가 해방 직후에 내려오신 분들 이야기를 듣다 보니까 해방 직후에 오신 분도 계시고, 6·25전쟁 이후에 오신 분들 계시던데 선생님께선 언제 내려오셨나요?

그게 두 가지로 나누어지는데, 해방 직후에 월남한 사람들은 소위 이북에서 '빨갱이'들이 죽이겠다고 한 사람들이 태반이에요. 지주나 옛날에 일본 사람 밑에서 고위 관직한 사람. 이 사람들은 이제 완전히 북에서 못살겠으니까 해방되자마자 피난 나온 거고, 그렇지 않은 사람은 이북에서 살다가 6·25전쟁 나고서 이리로(남쪽으로) 다 넘어온 거죠. 우리 집은 두 가지가 다 있어요. 형님은 그야말로 '빨갱이'들한테 살 수 없어서 해방된 다음에 바로 월남했고, 우리는 형님 없이 이북서 살다가 6·25전쟁이 터지는 바람에 형님 찾아 내려가자고 하면서 내려왔죠. 또 우리는 '빨갱이'들한테 그렇게 괄시를 받고 살 수 없으니까, 우리 집하고 땅 다 뺏기고 도저히 살 수 없으니까 넘어온 거지요.

월남하셨을 당시 선생님께서는 연세가 어떻게 되셨나요?

내가 열여섯이요. 일제시기에 국민학교를 다녔어요, 해방 전에.

그렇다면 해방 이후에 내려오신 형님과는 몇 살 터울이셨어요?

형님이 맨 맏이고, 저하고 형님 사이에 누님이 두 분 계셨어요. 그리고 우리 어머님이 우리 작은 누님을 낳고 9년이 지나서 어떻게 내가 태어났대요. 나하고 형님네 조카하고 한 살 차이였어요. 그러니까 우리 어머니가 밤낮 얘기하는 것이 "내가 너 낳고 창피해서, 내가 마흔셋에 널 낳았으니 못 살겠다."는 말씀이었어요.

당시 이북에서는 학제가 어떻게 되었나요? 고등보통학교라고 했나요?

소학교를 거기서(이북에서) 인민학교라고 그래가지고 6년제 하다가 5년제로 바뀌었어요. 5년제로 해서 공부를 시켰지요.

월남하신 게 전쟁난 후니까 195…, 몇 년도쯤이죠?

(국군이) 쭉 올라왔을 적에 피난할 수 있으니까 (월남)한 거예요. 전쟁 났을 때는 못하고 이제 국군이 이북을 차지하니까 내려왔죠. 난 1950년 12월에 내려왔어요. 그때 우리 고향에서 육지로 오면 머니까 배를 타고 진남포 앞 초도로 들어갔어요. 그때만 해도 며칠만 피해 있으면 다시 국군이 올라온다고 해서 그렇게 하려고 초도에 들어갔는데, (남한) 정부에서 도저히 안 된다. 자기네들이 금방 못 올라올 것 같으니까 미군 LST(상륙함)[13]를 동원해가지고 초도에다가 배를 대고 "피난민은 먼저 타라."고 하면서 막 태웠어요. 그래서 그 LST를 타고 오는데, (LST가) 백령도에 들러서 군대 갈 사람은 다 군대 가라고 내려놓고, 그리고 군대 가지 않을 사람은 군산으로 데려가서 잠깐 풀어놓았죠.

---

13 LST는 Landing Ship Tank의 약자. 미국의 상륙 작전용 함정으로 선수문船首門이 열려 선창이나 상갑판에 실은 병력·탱크·물자를 양륙할 수 있으며, 2차 세계대전 중에 양산되었다.

그때부터 피난민이 되고 말았어요.

온 가족이 월남하신 건가요?

부모님은 못 나오셨어요. 왜 못나왔냐면 재산 때문에 못 나온 거예요. 그리고 이제 연세가 예순이 되셨으니까 "내가 가봐야 뭐 얼마나 살겠다고 가겠느냐."고 하시는 것이 이유에요. 그러니까 그때만 해도 얼마 안 있으면 다시 (국군이) 올라온다는 희망을 가졌으니까 구태여 노인까지 갈 필요가 없지 않느냐고 생각해서 그렇게 된 거예요. 완전히 이렇게 (남북이 분단)될 줄은 꿈에도 생각 안 했지요.

그러면 선생님과 형제분들만 내려오신 건가요? 형제분들이 어떻게 되시죠?

우리가 4남매예요. 그런데 형님은 월남했고. 그 다음에 나하고 누님이 두 분 계신데, 누님 한 분은 못 넘어 오셨어요. 그리고 다른 누님 한 분하고 매형하고 조카들하고 해서 같이 넘어왔어요. 우리 형수님도 나중에 넘어왔고, 또 조카 둘이 넘어왔어요. 그러니까 (월남한) 우리 가족은 형님네 형수하고 아들 딸해서 네 식구에 나까지 다섯 식구고, 누님네는 매형하고 누님하고 아이들 둘하고 네 식구예요. 그렇게 해서 왔어요.

월남한 뒤에 형님과는 만나셨어요?

이제 (군산으로) 내려가서 3월, 4월이 될 때까지 어느 학교에서 겨울 내내 지냈어요. 그때 12월이 눈이 무척 오고 추웠다고. 그런데 학교에서 그야말로 이불도 없이 피난민들에 주는 담요 하나로 겨울을 나고, 봄에는 우선 배급을 주니까 먹고 살지만 어떻게 꼼짝을 할 수가 없었어요. 그래서 뭐든지 해서 벌어서 살아야 된다고 해가지고 그때 군산비행장에 가서 일도 하고 뭣도 하고 살고 있었어요. 그런데 하루는 인천에서 사람이 와서는 나하고 내 조카를 찾는다는 거예요. 그래서 그 사람을 만났더니, "아무개 아느냐?" 그래요. 그래서 "저의 형님입니다."라고 하니까 그 사람이 말하길, "그분이 나를 시켜서 여기를 내려왔다. 그분이 올 수 없어서 (대신) 여기 내려왔는데 빨리 전부 다 짐 싸가지고 인천으로 올라오라고 한다."는 거예요.

형님께서 선생님 가족이 군산에 계신 것은 어떻게 아셨을까요?

아마 우리 고향에서 군산으로 피난 왔다는 걸 (정부에서) 공포하니까는 알았겠죠. 그게 뉴스에 나오고 했던 모양이에요. 그래서 형님 덕으로 1951년 10월에 인천으로 올라왔어요. 그런데 인천에 무슨 집이 있습니까? 그래도 (형님이) 직장을 구하고 셋집을 얻어 놔서 형님하고 나하고 형수하고, 조카딸하고 넷만 있었어요. 남자 조카는 다행히 군산에서 미군부대 취직이 되었어요. 당시만 해도 미군부대는 하늘에 별따기였어요. 그것도 미국 식당에 취직해서 우리한테 밤낮 빵 갖다 주고 고기 갖다 주고 해서 내가 잘 먹었다고요. 그래서 (조카는) 직장에 다닌다고 그래서 형수하고 조카딸하고 세 식구만 올라와서 형님하고 5~6개월 같이 살았지요. 그렇게 지내다가 형님이 도저히 안 되겠다면서 나보고 우선 학교를 다니라고 그래가지고 형님 덕으로 인천에서 고등학교를 나왔어요. 그리고 인천에 인하대학교가 생겼잖아요. 인하대학이 하와이 동포들이 세운 거예요. 그래서 인천에서 '인'하고, 하와이에서 '하'를 따서 '인하'라고 그랬던 거예요. 학교 땅도 인천시에서 기증도 하고 그랬어요.

그렇지요. 그래서 인하대학교에 들어가셨군요?

예. 1954년부터 1회를 뽑았는데, 나는 1955년에 들어갔으니까 2회지요. 그래가지고 인하대학을 다니다가 졸업해가지고 운 좋게 경성전기에 입사를 해가지고 큰 덕을 보게 된 거지요. 그때 나는 '공부 안하면 죽는다. 내가 해야 된다.'는 각오로 하루에 서너 시간 이상을 자보지 않았어요. 고등학교도 그렇고, 대학교도 그렇고. 내가 고등학교도 2년 밖에 못 다녔거든요.

인하대학교 공과대학에 2회로 들어가셨으면, 이제 막 학교가 생겼는데 부족한 것들이 있잖아요. 역사가 오래된 학교랑 다르니까 그런 어려운 점은 없으셨어요? 책도 많이 모자랐을 텐데요?

그때 당시에는 웬만한 대학이 다 그랬어요. 왜냐면 다 피난 갔다 와서 그럴 때니까 서울대도 그렇고 어수선하고 그랬어요. 지금처럼 질서정연하게 가르치고 하진 못했어요. 아무래도 다 그런 영향이 있었지. 비단 인하대학만 그런 게 아니에요. 그리고 교과서라는 것도 전혀 없었고, 다 프린트해서 공부했어요. 한 5년간은 그렇게 다 하다가 5년 후부터 책도 나오고 그랬어요. 책 같은 게 어디 있어, 다 프린트로 했지. 그때 당시에 공부는 참 힘들게 했어요.

아, 당시에도 이북하고 이남하고 교육내용이 많이 달랐었나요?

그럼요. 이북에서는 러시아말만 가르쳤지, 영어 하나도 안 가르쳤어요. 그래서 영어는 전혀 못 배우고 (남한으로) 온 거예요. 내가 중학교를 졸업하고도 영어를 몰랐어요. 그런 처지에 여기(남한에) 와서 고등학교를 다니니까 뭘 알겠어요. 역사도 이북에서는 안 가르쳤다고요. 지리도 안 가르치고. 일절 그런 거 없었어요. 그저 러시아어 가르치고, 공산주의 사상만 가르치고 그랬지, 제대로 공부 안 시켰거든요. 다만 수학 하나는 그래도 조금 알았어요. 내가 오죽하면 담임한테 낙제시켜달라고 그랬겠어요. 그러니까 담임 선생님이 나를 부르더니 "네가 지금 반에서 중급 이상은 된다. 그러면(구술자가 바라는 대로 낙제를 시킨다면) 지금 80명 중에 40명이 다 낙제해야 될 것 아니냐? 그러면 안 되니까 그건 못하고, 무조건 올라가라. 2학년에 올라가서 공부 열심히 해 봐라.

그러면 될 거다."라고 하셔서 할 수 없이 2학년으로 올라가서 공부했어요. 그래도 3학년 졸업할 때는 내가 아마 반에서 5등 안에는 들었나 봐요. 그래가지고 인하대에 입학한 거죠. 우리 반에서 그때 인하대학에 스무 명인가, 스물다섯 명인가 지원했는데, 세 사람인가 밖에 못 되었다고요. 세 사람 (인하대학교에) 들어갔어요. 나는 기계과에 들어가서 4년 동안 죽어라 공부해서 경성전기에 시험 봤어요. 우리 기계과에서도 (경성전기에) 다섯 명 정도 넣고, 나머지 과에서 스무 명 정도가 시험을 봤는데, 나 혼자 딱 되었잖아요.

경성전기 입사와 전력 3사 통합

아, 당시 인하대학에서는 선생님 혼자 경성전기 입사시험에 합격하신 건가요?

예. (경성전기) 면접 볼 때 면접관들이 그러더라고요. "인하대학도 하나 되었네." 이러더라니까. 전교에서 나 혼자되었으니까.

다른 학교에 비해 학교의 역사가 짧아서 합격자가 적었던 건가요?

역사가 짧기도 하지만, 그때만 해도 경성전기에서 우리 22명 뽑을 적에 서울대학 출신이 13명이었어요. 절반이 서울대 출신이에요. 나머지는 한양대 한 명, 인하대 한 명, 고려대 한 명이었어요. 고려대 출신이 하나밖에 안 되었다니까요. 우리 졸업할 때 경성전기, 조선전업, 산업은행 같은 곳에 취직한다는 것이 하늘에 별따기였어요. 그리고 이 정도가 공대 나온 사람들 중에서 가는 직장이었어요.

경성전기 주식회사 깃발
(『경성전기주식회사60년연혁사』)

남선전기나 조선전업이 모두 서울에 있지는 않았죠?

다 서울에 있는 거지. 본사는 서울에 있는데, 남선전기는 (사업대상 지역이) 남쪽이니까 (발령지가) 남쪽으로 가야지. 조선전업은 또 발전소니까 (직원들이) 다 시골로 가야하고. 그때 나하고 같은 과에서 공부 잘하던 놈들은 미리 다 조선전업도 봐서 합격했고, 남선전기도 시험 봐서 합격했고, 산업은행도 시험 봐서 다행히도 합격이 되었어요. 나는 솔직히 대학원에 가려고 했어요. 지도교수 두 분이 "너는 무조건 내가 조교로 쓰겠다. 대학원 가라."고 하셔서 그렇게 마음을 먹었어요. 그런데 공교롭게도 나를 그렇게 신임하고 키워주려고 하던 분이 갑작스럽게 병에 걸렸어요. 또 한 분은 독일로 유학을 가셨고요. 나를 키워주겠다던 분들이 전부 그렇게 되니까, 할 수 없이 직장에 가야 되겠다고 결심한 거죠. 그런데 취직을 하려니까 (기업들이) 다 시험보고 남은 건 경성전기 하나였어요. 그리고 내가 경성전기에 가겠다고 그러니까 학교에서 끝까지 말리는 거예요. 왜? 그때는 경성전기가 서울, 인천, 수원을 영업지역으로 했는데, 인하대학을 인천에 세우면서 전기 문제로 말썽이 되었어요. 무슨 이야기냐면 이승만 대통령이 세운 학교니까 그 배경만 믿고 경성전기의 인천 지점장을 막 가지고 놀았대요. 그러니까 (학교 관계자가) "경성전기에서 인하대 출신은 도저히 사람 취급을 안 한다면서 거긴 백발백중 떨어지니까 무조건 가지 마라. 딴 데로 가라."고 그러는 거예요. 그러나 딴 데 어디 갈 데가 없잖아요. 그래가지고 우리 학과에서 다섯 명 정도가 (경성전기에) 지원했어요. 결국 나 혼자 되고 (다른 친구들은) 안 되었는데, 나중에 발표 날 때 보니까 기계과에서 두 사람을 뽑았는데, 나하고 서울대 공대 나온 사람하고 두 사람만 합격되었더라고요.

졸업하자마자 경성전기에 입사하셨는데 군대 문제는 어떻게 해결하셨나요?

그렇죠. 그때 경성전기하고 (조선전업과 남선전기가) 3사 통합해가지고 한국전력이 될 적에 나는 군대 안 갔다고 해서 "군대 갔다 오면 다시 복직시켜 주겠다."는 조건이 있었어요.

그런 조건이 있었나요?

그럼요. 그때는 군대에 안 간 놈들이 수두룩하잖아요. 나도 군대를 안 갔으니까 나쁜 놈이지만, 군대 안 나간 사람이 수두룩했거든. 그런데 이제 '5·16' 터진 후에는 군대 안 갔다 온 사실이 걸려서 결국 다 군대 갔다 왔어요. 그래서 나도 군대 갔다 왔지요.

그럼 언제 군대에 입대하신 거예요?

30대에 갔어요. 할 수 없잖아요. 군에서 3년간 꼬박 하고 왔다니까. 그래도 (제대 후에) 한국전력에서 복직시켜 줘서 전차사업으로 다시 가고, 그러다 서울시로 넘어가가지고 2계급씩 특진해 가지고 사무관이 된 거예요.

고등학교 월사금이나 대학교 등록금 같은 것은 형님이 좀 도와주셨던 거예요?

형님이 내내 내줬지요. 내가 어떻게 할 방법이 없잖아요. 그때 형님이 직장 다니면서 장사도 하셨어요. 겸직을 할 수 있는 직장을 다녔기 때문에 (가능했어요).

선생님께서 들어가실 당시에 경성전기는 어떤 회사였어요?

좋은 회사였지요. 경성전기가 왜 좋고 대우가 잘 해줬냐면, 경성전기는 전기사업을, 경전은 서울시하고 인천시하고 수원하고 알짜만 가지고 있었다고요. 그리고 당시 남선전기는 전기를 파는 것은 경전하고 똑같지만, 나머지를 전부 남전이 다 했어요. 그게 해방되기 전에 일본인들이 남전하고 경전하고 이북 그렇게 셋을 나눠서 했어요. 그런데 그 중간, 아주 알짜배기를 경성전기에 맡긴 거지. 전기가 얼마나 장사가 잘돼요. (면담자: 그렇지요.) 그러니까 전기장사 잘 되어가지고 돈이 엄청나게 많으니까 전차도 (직원이) 2,000명이 되지만 잘 대우해 주고 한 거예요. 또 경성전기가 (전차나 전력사업이나) 같은 회사니까 누군 많이 주고 누군 적게 주고 못하잖아요. 그리고 전차 외의 직원은 500명밖에 안 되니까 (전차 쪽) 2,000명을 감당 못하잖아요. 이제 (전차 종업원) 2,000명이 쥐고 흔드니까 봉급을 똑같이 안주면 안 되거든요.

전차 종업원들의 힘이 그렇게 셌나요?

(경성전기) 노조가 있었어요. 그런데 (경성전기) 노조가 왜 셌냐면 '빨갱이' 때려잡은 것이 경전 노조라고요. 이승만 대통령도 그렇고 '경전노조' 하면 '빨갱이' 때려잡은 근본이다. 그야말로 애국자라고 인정했어요. 그래서 그런 힘을 가지고 있지요.

경성전기에서 근무하시면서 어떤 점들이 좋았나요?

(월급이) 쌀 열 가마니였어요. 그러니까 난리가 났어요. 우리 집에서 난리가 났다니까요. 또 내가 (경성전기에) 입사하고 나서 집에 왔더니, 집에 전기가… '특전'이 들어 왔어요. 그때는 '특전'이라는 게 있었어요. 그땐 전기를 저녁에만 공급하고 낮에는 다 끊었거든요. (일반 가정에) 전기가 들어오지 않았거든요. 그러니까 '특전'이라는 것은 낮에도 (가정집에서 전기를) 쓸 수 있는 거예요. 마음대로 쓸 수 있는 거죠. 이제 (경성전기에) 입사하니까 (회사에서) 집주소를 알아가지고 (지역사무소에) 통지해가지고 바로 놔 준거죠. 그렇게 대우를 받았다니까요.

그런 대우는 부잣집 아니면 힘들다는 것 아닌가요? 당시 낮에 라디오를 틀지 못한 것도 전기가 들어오지 않아서 그렇다고 하던데요?

그럼요. 웬만한 집은 '특전' 못 끌었어요. 그렇게 대우를 잘 해준 거예요. 그러니까 우리 형님뿐 아니라 인천의 우리 사는 부락에서 난리가 났어요.

입사했다고 특전까지 줄 정도면, 경성전기에서 사원들에 대한 대우가 굉장히 좋은 거네요. 경성전기가 국영기업이었나요?

국영이지. 그때는 경성전기, 남선전기, 조선전업 모두 완전히 국영기업체였어요. 그리고 산업은행, 은행 중에는 산업은행이 국영 기업이었어요.

당시 서울시 공무원은 월급을 어느 정도나 받았어요?

(쌀) 세 가마 정도요. (경성전기에서 받는 월급의) 1/4인가 1/3 정도였죠.

확실히 경성전기가 이익이 많이 남았나 봐요?

왜 (경성전기의 수익이 많고) 그러냐면 (사업지역이) 서울, 수원하고 인천이니까 그래요. 전기세가 얼마나 많이 나와요. 그리고 전기를 100원에 사가지고 1,000원에 파는데 안 남을 게 어디 있어요.

경성전기는 어디에서 전기를 샀어요?

조선전업에서 발전(전기를 생산)하면, 그것을 사서 판매한 거죠.

그런데 전차사업은 적자사업이었잖아요? 그게 적자사업이 된 게 손정목 선생님 이야기이기도 하지만, 수년 동안 물가상승에 비해서 전차요금을 올리지 못하게 묶어 놓으니까 적자가 심할 수밖에 없었다고 하던데요? 정말 그랬나요?

맞아요. 못 올려요. 국가에서 못 올리게 했거든요. 물가가 뛰는데 못 올리는 것은 시민들이 돈이 없는데, 그거(전차요금) 올리면 난리 나잖아요. 그 대신 국가에서 "너희(경성전기)는 전기사업에서 이익이 많이 나니까, 전기사업에서 남는 것을 거기에 투자해라. 그럼 되지 않냐."고 하는 정책이었죠. 그러니까 그런 정책 때문에 (경성전기에서) 전차요금을 맘대로 올리지 못했어요.

선생님께서 경성전기에 입사하시고 회사 생활하시다가 군에 가셨는데, 그러면 복직하신 것은 언제지요?

내가 1959년에 (경성전기에) 들어가서 1961년까지 2년을 다녔고, 군대에 가서 3년하고 나왔어요. 그리고 1966년에 복직을 해가지고 (서울)시로 넘어온 거예요. 그러니까 내가 햇수로는 (경성전기에서) 7년간 군대까지 갔다 오고 하면서 근무했지만, 실제 근무한 것은 3년 정도밖에 안 되는 거죠.

◇◇◇◇◇◇◇◇◇◇◇ 경성전기 전차사업소 공무과로 배치되다 ◇◇◇◇◇◇◇◇◇◇◇

경성전기에 처음 입사하실 때 희망했던 부서는 있었나요?

그건 난 전혀 모르고, 그저 우선 '돈 많이 주는 국영기업체를 가야 되겠다.' 하는 생각으로 경성전기에 처음 시험본 거죠. 내가 어디 가서 뭘 한다는 것은 생각도 못했어요. 그래가지고 입사를 했어요. 그때는 스물 너댓 명을 뽑아서 발령을 냈는데, (인사담당자가) 나하고 서울대 법대 나온 구자익이라는 양반하고 또 서울대 공대 나온 사람하고 세 사람을 데리고 전차를 타더라고요. 그래서 내린 데가 동대문이었어요. 동대문에 전차사업소가 있는데, 지금 동대문 바로 옆에 빌딩 올라갔잖아요, 그 구석에 있었어요. 그 옆에 4층 건물, 3층 건물이 있었어요. 지금은 다 없어졌지만, 그 사무소로 데리고 가서 그곳에서 인수인계를 하는 거예요. 새로 채용한 사람들이니까 오늘 배치를 받아라. 그래 그리로 가 가지고 나는 공무과로 발령을 받았어요.

공무과요?

공무과. 거기가 뭐 하는 곳이냐면, 전차 수리하는 공장이에요. 그리로 배속을 받았는데, 여기는 완전히 전차 수리하는 곳이에요. 그리로 배치를 받았고, 서울대 법대 나온 친구는 거기(전차사업소)에 또 행정(직)이 있으니까, 업무과에 배속을 받았어요. 또 전기하는 사람도 나하고 같이 전차 수리하는 쪽으로 처음 배치를 받았어요. 그리고 그 다음에 한양대 토목과 나온 사람이 있어요. 이 사람은 그러니까… 전차도 궤도라는 게 있어요. 지금 우리가 지하철 타보면 철로가 다 위로 올라와서 보이지만, 전차는 전부 자동차랑 같이 다녀야 하니까 (궤도가) 평평해야 되니까 전부 아스팔트로 메꿔놨어요. 그래서 평평하게 하면서 이쪽 '후렌지(flange)' 쪽만, (전차바퀴가) 나가는 쪽만 요렇게 홈만 파여

옛 동대문 전차사업소 전경(『경성전기주식회사60년연혁사』)

동대문 JW 메리어트 호텔로 변한 전차 차고지

있지, 나머지는 완전히 평평하게 포장을 해놓았어요. 근데 그 사람은 토목과를 나왔으니까 그리로 배치되었어요. 그러니까 전차사업소로 자그만치 네 사람이 배속된 거네요.

선생님께서는 전차사업소에서도 공무과로 배속되었군요. 그래도 갓 대학을 졸업한 사람들이니까 비교적 잘하는 전문 분야로 맞춰서 배정시켜 준 거네요?

그렇죠. 그렇게 나하고 전기과 나온 친구하고 공장으로 배속되었는데, 그야말로 눈물겨울 정도로 일하는 곳에 갖다 쓸어 넣은 거예요. 다음날 아침에 출근하니까 차량공장으로 가라고 해서 갔더니, 차량공장 내에 40~50명 정도의 직원이 있어요. 그런데 거기에 옷 박스가 있어서 공장 내에서는 (직원들) 전부 옷을 벗어서 거기다 넣고, 작업복으로 완전히 갈아입어요. 그리고 작업복도 다 무료로 줘요. 이제 (작업복으로) 갈아입고 뭘 하냐면, 직원들과 똑같이 망치, 스패너 들고 전차 수리하는 걸 같이 하는 거예요.

바로 업무에 투입된 건가요? 아니면 어떤 수습과정이었나요?

실습이죠. 말은 실습인데, 이게 일본 사람들이 과거부터 그렇게 시켰다고 해요. 그러니까 소위 공채로 들어왔던, 뭐로 들어왔던 간에 "이 사람은 앞으로 간부급으로 시켜야 될 사람이다."고 해서 들어온 사람들도 무조건 바닥부터 하나에서 열까지 다 배워야 한다면서 시켰어요. 그리고 그때 (전차를) 수리하는 공장이 7개가 있었어요.

7개 공장이요? 구체적으로 어떤 공장들이 있었는지 기억하세요?

수리공정을 보면, 첫째가 검차(공장). 이제 전차가 (공장으로) 들어오면 이게 제대로 갈 수 있는지 우선 검사를 해야 돼요. 그걸 검차(공장)라고 그래요.

전차 차고지로 들어가는 전차 (서울역사박물관)

전차를 검사한다는 얘기죠. 그 다음에 정수공장이 있었어요. 뭘 하냐면 차량 수리하는 거예요. 어디 나사가 풀렸다던가, 어디가 잘못되어 있으면 1일 근무를 데려와 가지고 공장에서 간단히 될 것은 하고, 오래갈 것은 오래가는 데로 수리하고 해서 다시 내보내는 일을 맡은 것이 정수공장이에요. 그 다음은 기계(공장). 여긴 무엇이냐면, 볼트든 뭐든 간에 다 깎아서 끼워 맞추고 하는 것을 일일이 사올 수가 없으니까 여기 공장에서 선반 놓고 웬만한 건 다 만들어서 했어요. 그러니까 기계 공장에서 부품들을 제작해 가지고 공급을 해 줬어요. 수입을 할 수가 없었거든요. (값이) 비싸고, 할 수가 없었어요. 그 다음에 전기공장이라는 게 있어요. 이것은 뭐냐 하면, 전기가 고장 나면 아무데서나 (수리)할 수가 없어요. 오로지 전기 공장에서만 하는 거예요. 전차를 보면 모터가 돌아가지고 바퀴를 돌리는 거잖아요? 그래서 그 모터를 수리한다던가 하는 것을 모두 다 전기 공장에서 수리하고 해서 공급하는 거죠. 이제 전기 계통은 전기 공장에서 몽땅 맡아서 하는 거죠. 그 다음으로 도장.

전차도 1년에 한 번이나 2년에 한 번씩 칠을 해야 되잖아요. 더러워지니까. 그러니까 정기적으로 2년에 한 번이든, 3년에 한 번이든 도장을 해요. 또 (칠이) 벗겨지면 우선 조금이라도 칠을 해야 하니까 도장공장이라는 게 있었어요. 그 다음에 단야鍛冶공장. 뭐냐면 대장간이죠. 속되게 얘기하면 망치로 두드려서 쇠 달궈가지고 담금질도 하고, 큰 것을 작게도 하고, 작은 것을 크게도 하는 것을 단야라고 해요. 우리말로는 대장간이라고 그래요. 마지막이 차량공장이에요. 그게 제일 큰 건데, 차량공장에서 다 하는 거예요.

차량공장에서 다 한다고요?

전차가 일단 들어오잖아요. 그럼 검차에서 검사를 하는데, 어디어디 문제가 있고 그런데 이건 우리가 할 게 못되니까 차량공장으로 넘겨요. 그럼 차량공장에서 전차를 들어가지고 위에 본체는 본체대로 달아매어 놓고, 그 밑에 바퀴가 있는 부분을 '츄럭'이라고 그래요. 그게 두 개가 있어요. 우리 지금 타고 다니는 지하철도 그 바퀴 4개씩 달린 것이 있어요. 하나에 바퀴가 4개씩 붙어 있어요. 앞에 하나, 뒤에도 똑같은 게 하나가 있다고요. 그러니까 이걸 들어가지고 모터를 떼어서 볼 수 있도록 하는 거예요. 그리고 브레이크를 무엇으로 잡느냐 하면 컴프레샤(compressor, 공기 압축기)로 잡아요. 그러면 (전차는) 모터가 돌아서 바퀴를 돌려주는 거고, 또 컴프레샤가 작용을 해서 브레이크 잡는 거예요. 전차가 큰 것은 모터가 2개가 달려 있어요. 그러니까 차량공장에서는 이런 저런 것을 전부 들어내 가지고 수리하는 곳이에요. 제일 힘든 데에요.

전차사업소 공작창을 시찰하는 김현옥 시장 (서울사진아카이브)

그러면 선생님께서 제일 처음 배정받은 곳은 어딘가요?

바로 내가 처음 들어간 곳이 차량공장이에요.

이곳은 정말 전문지식 없으면 못할 텐데요?

그럼요, 그리고 힘이 있어야죠. 힘이 없으면 못 해요. 밤낮 망치질하고, 뭘 하고 끌고 다니고 하면 웬만한 힘으로는 못 해요. 그러니까 나같이 약한 사람은 할 수가 없다니까요. 내가 그래서 매일 병원을 다니면서 치료 받고 그랬어요. 아침에 (공장으로) 출근해서는 병원부터 갔다 와서 일하게 했어요. 하도 힘들고 아파서요. 7개 공장 중에 제일 힘든 것이 차량공장이었어요.

동대문 외에 다른 곳에도 공장이 있었나요?

아니요. 동대문에만 (공장이) 7개 있었어요. (전차는) 다른 데서는 수리 못 했어요. 전부 동대문에서만 했지요.

전차 정비업무가 7개 공정으로 이루어지고 있었군요. 그럼 혹시 직원들은 순환근무를 했나요?

아, 직원들은 안돌아요. 거기 있으면 붙박이야. 왜냐면 그게 전문지식이 있어야 하거든요. (여러 공장을) 왔다 갔다 해서는 안 되거든. 단, 나 같이 공채로 들어온 사람들은 앞으로 계장도 되고 과장도 되고 하니까 모든 걸 다 알아야 된다고 해서 7개 공장을 다 돌아다녔어요.

공무과는 전체 인원이 어떻게 되나요?

공무과가 직원이 450명이었어요. 450명이 7개 공장을 맡아서 한 거지요.

그럼, 각 공장에 인원 수는 비슷비슷하게 배치가 되었나요?

아니, 그렇지는 않아요. 제일 많은 것이 차량공장이에요. 차량공장이 한 30명 되었을 거예요. 그리고 단야(공장)하고 도장(공장) 같은 데는 10명 미만이에요. 기계 공장하고 정수(공장), 검차(공장)은 20명 조금 넘는 곳도 있고, 30명 되는 데도 있었어요. 그리고 그것 외에 전차선계하고 궤도선계가 있었어요. 그러니까 (전차) 위에 전력선하고 또 밑에 (전차가 달리는) 레일. 그거는 별도로 부서가 또 있어야 됐어요.

여기(전차선계와 궤도선계)는 얼마나 사람이 있었나요?

전차선계에 약 20명 있었고, 궤도선계도 20명 정도 있었어요.

이 부서들도 다 공무과에 있는 거지요?

그렇죠. 공무과 내에 다 포함되어 있는 거예요. 그 450명 중에 다 포함되어 있는 거지요. 공무과 내에 부서가 셋이었어요. 공무계, 전차선계, 궤도선계.

꽤 많은 사람들이 있었네요. 그럼 선생님께선 이런 실습을 얼마나 받으셨어요?

내가 실습 받은 것이 약 2년 정도였어요.

그러면 지금 다 생생하게 기억나시겠네요?

기억나는 정도가 아니죠. (웃음)

군 제대 후 한국전력에서의 근무 생활

실습 받으신 다음에는 어느 부서로 이동하셨나요?

실습 받고 나서 내가 군대를 다녀왔어요. 그러고 복직을 하니까 공장본부란 것이 생겼더라고요.

공장본부요?

예, 본부. 그거는 이제 전차가 너무 낡고 골치를 썩히니까 (전차 정비에 대한) 전문적인 것만 다룰 수 있는 조직을 공장본부라고 하는 하나의 기구를 만든 거예요. 그래서 거기에서 웬만한 것은 다 컨트롤했어요. 뭐 조사하고 통계 내고 다 거기서 한 거예요.

공장본부가 생긴 건 한국전력으로 통합된 이후이죠?

그럼, 한국전력(에 통합된) 때지요. 내가 다시 복직한 것은 한국전력으로 통합된 후에요.

한국전력으로 복직하신 다음에는 어떤 업무를 하셨어요?

공장본부에 배속되었죠. 그 전에 각종 공장에서 내가 실습한 사항들을 갖고 내가 수장이 되어 가지고 전부 조사하고, 지시하고 다 한 거죠. 그때부터 (한국전력에서) 나를 이용한 거죠. "너는 과거에 교육을 그만큼 받았으니까 이제는 네 일을 맡아서 해라."는 식으로 나한테 일종의 지시를 내린 거죠. '이제 나는 과거에 배운 것을 활용해서 내가 실력을 발휘해야 된다.' 그게 내가 2년간 경성전기에 다니면서 뼈저리게 느낀 것이거든요. 나를 가르쳤던 사람이 전부 일본 사람들한테 배운 사람이고, 또 (전차 관련) 명칭도 일본식으로 했어요.

선생님 배울 때는 다 일본 용어로 배우신 거예요?

아니지. 나는 그런 것은 전혀 몰랐어요. 내가 경성전기에 들어갔는데 (전차) 차량에 대한 부속이론이 전부 일본말 투성이었어요. 그런데 가령 '젓가락'이라고 그러면, 젓가락을 영어로 어떻게 쓰는지 아는 사람이 아무도 없었어요. 나는 그래도 대학 졸업하고 공채로 들어왔으니까, 또 내가 누군가 가르쳐야 하기 때문에 이제 '(전차 용어를) 원어로 알아야하지 않나.' 하고 생각했어요. 그러려면 (전차 용어의) 철자를 알아야 될 것 아니에요. 그래서 내가 이리저리 물어보는데 아는 사람이 없어요. 그래서 '이건 방법이 없다. 내가 그렇다고 어디 가서 뭘 할 수도 없으니 방법이 없다.'고 생각해가지고 동대문 일대에 있는 책방이라는 책방은 다 뒤졌어요. 그때는 일요일, 토요일도 없이 근무해야 하니까, 시간이 날 때마다 어디든 책방을 뒤지고 봤어요. 다행히 일본(어로 된) 책에 전차에 대해 나와 있는 책이 있더라고요. 그 책이 사람 살려준 거예요.

그 책이라는 것이 전차 용어를 일본말로 해놓고, 괄호 안에 영어철자가 쓰여 있는 것이었나요?

그럼요. 일본 사람들도 전부 영어와 일본어로 했지. 그 책도 광복 전에 발간된 책이었어요. 지금은 그래도 영어로 된 책이 나오고 있어요. 그때부터 내가 책을 가지고 싶은 대로 열심히 모으고 공부했어요.

내가 전차(업무)하다가 서울시 수도국으로 왔고, 나중에 내가 기전과장까지도 했어요. 그래서 수도에 대해서도 내가 무려 한 10년간 공부를 했어요. 그래서 그야말로 백지상태에 있던 모든 것을 내가 체계화했다고요. 그 덕분에 내가 인정을 받고 지금도 불려 다니고 있어요. 누가 나를 뭐 서기관을 시켜주고 그럽니까? 남보다 그런 것을 더 아니까 그래도 이만큼 사는 거지요.

각 공장에 있던 직원들과는 어떻게 지내셨어요?

거기에서 내가 그 사람들하고 같이 술 먹고, 담배 피우고, 밥 먹고 안 하면 못살아요. 그 사람들하고 같이 동고동락해야 살지요. 그리고 나는 저 사람들의 종노릇을 하든, 뭘 하든 간에 당신이 최고요하고 나는 섬겼어요. 그러면서 나는 "저 사람들의 기술을 내 것으로 만들어야만 산다."고 작심을 했어요. 그래서 누가 뭐라고 하든지 간에 (직원들을) 따라다니면서 매일 술 먹자고 하면 술 먹고, 그야말로 별 짓 다하자고 하면 다 하면서 따라다녔어요.

그 분들하고 연배 차이는 얼마나 됐나요?

모두 나보다 10년 이상은 차이가 났지요. 당시에 내가 20대였을 적에 주임 양반은 50대였으니까 30년 차이가 났죠.

선생님께서 대학을 나왔다고 고개를 버젓이 들고 다닐 수 있는 그런 분위기가 아니네요. 그러면 함께 배치 받은 동기들 가운데는 그런 문화에 적응하지 못한 사람도 있었나요?

나하고 같이 들어온 사람은 한 명이었어요. 그 사람은 동아일보사 기자로 합격해서 결국 기자되고 말았어요. 그리고 전기과로 하나 온 사람이 전북 사람인데, 서울대 공대 나왔어요. 그 사람은 끝까지 하다가 (전력) 3사 통합되고 나서 나처럼 군대 다녀왔어요. 그러고서는 (한국전력) 본사로 들어가 버리더라고요. 나 혼자만 다시 또 동대문(전차사업소)으로 배치된 거야. 나도 그때는 군대 갔다 와서 "발전소로 보내 달라."고 인사과에 가서 사정했다고요. 그런데 (인사과의) 그 사람들은 "네가 그만큼 고생하고 있었으면 앞으로 계장, 과장 되어야지."라고 하는 판단 하에 또 거기로 발령을 내더라고요. 그래서 할 수 없이 거기 또 갔는데 일은 안 시키고, 행정요원으로 배치를 해주더라고요. 이제 행정요원으로 내가 배운 거 그대로 하나하나 하면서 전차 수리하는 계획, 뭐 (부품) 바꾸는 계획, 또 (전차의) 문짝 없애는 것 같은 것들을 다 계획했어요. 그런 것들을 나한테 맡기더라고요.

그렇다면 일제강점기부터 근무하셨던 분들은 전차의 원리에 대해 모두 알고 계셨던 건가요? 아니면 배운 분야에 대해서만 알고 계셨던 건가요?

그냥 배운 것으로 하는 거죠. 자기 배운 것으로 하는 거죠. 어떤 것을 갖고 무엇이라고 하는지 알아야겠다고 하는 것은 먼데(관심 밖으로) 가 있었어요. 그러니까 나는 그런 것을 (직원들에게) 자꾸 물어서 배우는 거죠. 이제 이것은 뭐 하는 것이라고 하면서 요령을 설명해 주면 난 계속 적는 거예요. 하나하나 적어서 남기지 않으면 나도 잊어버리니까요. 그래서 노트 갖고 다니면서 적었지요.

공장 직원들이 잘 가르쳐 주던가요?

알려주는 사람도 있지요. 또 (자신이) 모르는 것을 물어보면 싫어하니까 그런 사람한테는 묻지를 말아야죠. 대답해주고 하는 사람한테 물어야지. 거기서도 고등학교 나오고 대학교 나온 사람도 있었거든요. 내가 (전차사업소에)

갔을 때 계장이나 과장된 분들은 대학교에 가본 적도 없고, 그래도 고등학교 나와서 어떻게 하다가 계장도 되고, 과장도 되고 그랬어요. 부장쯤 되면 대학 나온 사람이 있었어요. 경성전기의 부장급들은 대학 나온 사람이 많았어요. 특히 일본에서 나온 사람들이 많았어요.

◇◇◇◇◇◇◇◇◇◇◇◇ 해방 직후의 전차 운영과 미제 전차 도입 ◇◇◇◇◇◇◇◇◇◇◇

궁금한 것이 있는데요. 해방 직후에 일본하고 관계가 끊어지면서 이제 (전차) 기술자도 없고, 부품도 없었잖아요. 그런데 자료를 보니까 해방되었다고 사람들은 좋아가지고 전차 위에 뛰어오르고 그래서 하루에도 몇 대씩 부서뜨리고 하더라고요. 그래서 이제 미국에서 전차를 갖고 오는데, 처음에는 규격이 안 맞아서 안 된다고 하다가 어쨌거나 전차를 가지고 왔잖아요. 그런데 당시 전차를 가져와서 운영할 때 매뉴얼 같은 것 전혀 없이 그냥 일본식으로 운영을 했던 건가요?

아니에요. 미국에서 (들여온 전차는) 본래 미국인들이 고철로 다 없애려고 했는데, 우리나라에서 필요하다고 그러니까 원조 명목으로 준 거예요. 두 가지 종류가 들어왔어요. 새로운 것은 '신新' 미제차라고 하고 과거의 것은 '구舊' 미제차라고 했어요. 내 기억에 '신' 미제차는 40대 정도 받은 것 같아요. 그리고 '구' 미제차는 약 20대 받은 것 같아. 그런데 '구' 미제차는 그야말로 오래되었으니까 더 낡았어요. 모터도 '신' 미제차는 40마력짜리인데, '구' 미제차는 20마력짜리밖에 안 됐어요. 어쨌든 그렇게 미제차를 원조로 받아서 했지요. (전차는) 구조적으로는 다 일본제하고 대동소이해요. 모터도 그렇고, 콤프레샤도 그렇고, 원리는 다 같아요. 다른 것은 (부품이) 10개 들어가느냐, 20개 들어가느냐. 또 수리할 적에 5개 들어가느냐 이런 것들만 조금 틀리지 원리는 같아

한국에 도입된 미국제 전차 전경 (동아대학교박물관)

한국에 도입된 미국제 전차 내부 (동아대학교박물관)

요. 그러니까 특별히 따로 교육받고 그러지 않아도 운영을 할 수 있었다는 것이 (전차의) 장점이죠.

그런데 이런 어려움은 있지 않았을까요? 가령 일제시기부터 쭉 근무하셨던 선배님들 같은 경우에는 일제 전차만 다루다가 갑자기 미제차가 들어오면 당황하잖아요?

당연하죠. 그런데 그게 우리나라 사람들이 참 머리가 좋은 거예요. 전차는 말씀드린 대로 대동소이해요. 특별히 다른 게 없거든요. 그러니까 (전차를) 전부 분해해 보면 다 알아요. 그러니까 한 번 겪어보는 거예요. 이거 되는지 안 되는지를. (분해한 다음에) 만들어가지고 안되면 다시하면 되니까. (회사 측에서도) 그런 인센티브는 줬어요. "네가 하다가 잘못 되어도 아무 상관없다. 그러니까 해봐라."고 하는…. 얼마든지 하게 해줬어요.

또 한 가지 궁금한 것이 있는데, 일본하고 관계가 끊어지고 미국에서 전차를 들여오잖아요. 1950년 봄인가부터 들여오기 시작하다가 전쟁으로 끊겼다가 다시 원조로 1950년대 중반까지 들어오거든요. 그런데 재밌는 게 한국전력으로 3사 통합한 이후에 일본하고 수교하기 전에 일본에서 전차를 새로 들여오더라고요. 혹시 그 내막에 대해서 좀 아시나요?

해방 후에 일본에서 들어온 것은 없어요.

제가 조사해 보았는데 1963년 6월 3일에 한국전력에서 일본 후지차량회사로부터 최신 전차를 도입하더라고요.

아, 후지 차 들어온 것 있어요. 8대인가 몇 대 들어온 것 있어요.

네, 10대를 들여왔는데 그중에 8대가 서울로 왔고요. 2대가 부산으로 갔습니다.

그래요? 내가 지금 기억은 8대 밖에 없는 것 같은데…. 내가 기억이 나는 것이 그게 후지 전차라는 것 때문에 알아요.

일본하고 수교가 안 되었는데, 이걸 어떻게 가져왔을까요?

그것도 우리나라가 해방되고 나서 일본이 (우리한테) 뭐 갚는 명목으로 아마 원조로 줬을 거예요. 일본에서 우리에게 배상해주는 명목으로 준 것으로 알고 있어요. 우리가 사고 싶어서 산 게 아니고, 일본에서 '너희가 필요하니까 이

돈 원조해주는 그것으로 가져가라.' 한 걸로 기억하고 있어요.[14]

당시 도입된 전차는 새 전차였나요?

예, 굉장히 개량이 되었어요. 나무가 아니고 철판으로 제작된 아주 깨끗한 차가 들어왔었어요. 새로 개발한 것이어서 차가 굉장히 예뻤다고요.

이 전차는 지금도 남아 있나요? 서울역사박물관 앞에 전차 한 대가 전시되어 있던데요.

없어요. 전시하고 있는 것은 제일 많은 보기차에요. 후지 전차는 최신 일본 것이라 좀 기분 나쁘니까 옛날 거로 남겨 놓은 거죠. (웃음) 일본 것은 무조건 싫어했거든요. 그런 무엇이 있어요. 괜히 쓸데없는 자존심이지.

후지 전차는 신형이잖아요. 그 전차는 보니까 어떠셨어요?

이것도 근본원리는 똑같아요. 다만 더 예쁘게 (만든 거죠), 우리 자동차 개발되는 것처럼 더 보기 좋게…. 전차 동체도 예쁘게 잘 했고요. 그것뿐이에요. 기본은 다 똑같아요.

승차감은 어떤가요?

아, 승차감. 그건 아무래도 조금 낫지요. 스프링을 (새롭게) 개발했으니까. 옛날 것하고는 좀 다르지요. 옛날 것은 (스프링이) 두껍고 뚱뚱한데, 후지 전

---

14 당시 기사에는 "7일 상오 한국전력에서는 이 회사에 박영준 사장과 일본 후지[富士] 차량 사장 이시하라 주타로[石原重太郎] 씨 사이에 도입계약이 체결되었다. 이 계약에 따르면 후지 차량은 대한철광의 철광석 약 582만 달러에 해당하는 분량을 수입하는 한편 그 대가로 전차를 값으로 치르는 것"으로, "이 전차는 일본의 후지 차량회사와 250만 불의 철광석과 연불延拂 구상무역으로 도입키로 된 80대 중에서 들어온 10대다."라고 도입 이유를 밝히고 있다(『동아일보』 1962년 8월 8일).

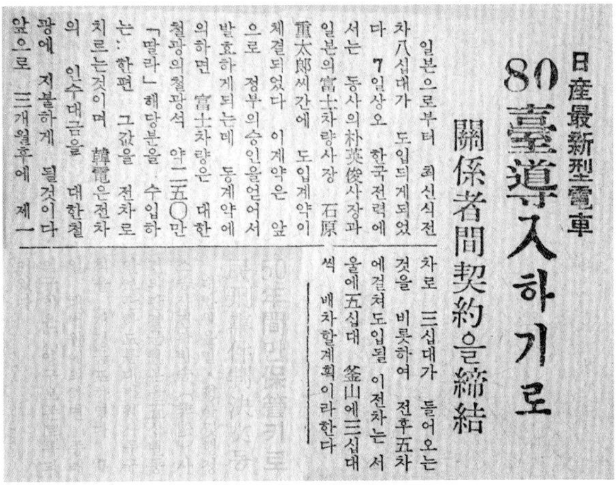

日産最新型電車
80臺導入하기로
關係者間契約을締結

일본으로부터 최신식전차八십대가 도입되게되었다 7일상오 한국전력에서는 동사의朴英俊사장과 일본의富士차량사장 石原重太郎씨간에 도입계약이 체결되었다 이계약은 앞으로 정부의승인을얻어서 발효하게되는데 동계약에 의하면 富士차량은 대한철광의철광석 약二五〇만 「말라」해당분을 수입하는: 한편 그값을 전차로 치르는것이며 韓電은전차의 인수대금을 대한철광에 지불하게 될것이다 앞으로 三개월후에 제一차로 三십대가 들어오는 것을 비롯하여 전후五차에걸쳐도입될 이전차는 서울에五십대 釜山에三십대씩 배차할계획이라한다

일본제 신형 전차 도입 기사 (『동아일보』 1962년 8월 8일)

차는 이게(스프링) 좀 좋으니까 승차감이 좀 좋았죠.

미제 전차하고 일제 전차하고 비교하면 어떤가요?

미제 전차는 '신'미제차든 '구'미제차든 근본적으로 일본제보다도 더 오래된 차예요. 그러니까 50년, 70년 된 전차인데도 근본적으로 크고 튼튼했어요. 그러니까 미국하고 일본하고는 상대가 안 돼요.

아, 확실한 차이가 있어요?

예. 두 가지를 딱 대놓고 보면 미국제는 완전히 틀려요. 항상 노는 것이 크게 놀아요. 그러니까 일제 전차보다도 거의 50%는 컸어요. 높이도 높고, 너비도 넓고.

전차사업소 내 직원들의 분위기

아, 선생님, 일제시기부터 먼저 계셨던 선배님들하고의 세대차이 같은 것은 없었나요?

있지요. 그 사람들은 일본 사람에게 철두철미하게 배운 것이 '무조건 하라면 하는 거'였어요. 거의 군대식이에요. 그리고 "하나에서 둘이라는 것은 없다. 하나는 하나다." 그러니까 "이거는 이것이라고 하면 (그대로) 가야지, 이것을 다르게 바꿔보자." 하는 것은 통하지 않았어요. 가령 무언가 새롭게 해 보겠다고 달려들면 호응을 안 해줬어요. (일제시기에 취업한 사람들은) "너는 하면 실패다. 그건 안 된다."라는 생각을 먼저 했어요. 그게 나쁜 생각이거든요. 좋은 예로, 내가 헌책방에서 (전차에 관한) 일본 책을 사가지고 공부해서 어떤 것을 갖고 "이것은 일본어로는 무엇이라고 하지만, 그건 잘못 부르는 것이다. 원어로는 이러한 거다." 이렇게 이야기해주면 (그들은) 그걸 알려고 하는 게 아니라, "네가 뭔데."라면서 그런 생각부터 하거든요. 그러니까 함부로 말할 수가 없어요.

선생님께서 후배셨으니까 그랬던 거군요.

그럼요. 나 혼자 알고 있어야지. 잘났다고 해봐야 내가 손해지 소용 있나요? 그러다가 따돌림 받으면 그야말로 큰일 나는 거죠. 나는 나중에 수도국에 있을 당시에 전국 상수도 공무원을 (대상으로) 교육을 했어요. 한 예로, 부산에서는 약 500명씩 모인 데서 내가 8시간 강의를 했어요. 그러면 마지막 8시간째에는 일어설 수가 없어요. 너무나 힘들고 그래서 (사람들에게) 양해를 구하고 강의하고 그랬어요. 2년간을 그렇게 했어요.

그때만 해도 그렇게 교육받고 체계적으로 상수도 (운영을) 한 데가 없어요. 1970, 1980년대에 인구가 크게 늘면서 1인당 200리터씩 쓰던 물이 갑작스럽게 300~400리터씩 쓰니까 물이 굉장히 많이 필요하잖아요. 그러면 확장을 해야 하는데, 도저히 기술을 모르면 뭘 할 수가 없잖아요. 그러니까 공부시키고 가르치고 뭐하기 전에는 기본을 세워줄 수가 없는 거죠. 그러니까 내가 일생을 살아보니까 기술직이든, 행정이든 뭐든 간에 자기가 노력해야 해요. 우리들이 그냥 죽어버리면 뭐 남을 거야. 아무 것도 없잖아. 우리가 책이라도 남겨두면 누구라도 보고 무엇하고 하나씩 알지 않냐 이거죠.

경성전기 부속고등학교와 부속병원

선생님, 철도청 같은 경우에 철도고등학교 같이 중요 인재들을 양성하는 기관이 있었잖아요. 경성전기에서는 이런 학교가 없었나요?

있었죠. 경성전기도 고등학교가 하나 있었어요. 전기 계통으로. 그 사람들은 (경성전기에서) 100% 채용해줬어요. 다 장학금도 주고 그랬어요. 함부로 못 들어갔어요. 그런데 (전력) 3사 통합되면서 그런 것 다 없어졌어요. (경성전기고등학교 출신 중에) 나하고 같이 입사해서 들어와서 다닌 사람도 있어요. 1960년까지도 경성전기고등학교 출신들이 나와서 경성전기에 다 취직되어서 다녔어요. 머리 좋은 사람들 많았어요. 내가 (경성전기에) 들어갈 적에도 동대문(전차사업소)에 3명인가 같이 들어왔어요.

경성전기에 부속으로 고등학교도 있었고, 병원도 있었지요?

그럼요. 동대문병원. 굉장히 컸어요. 그때 당시에는 (서울에서) 경성전기 부속병원이 제일 크다시피 했어요.

옛 경성전기병원 동대문분원 (『경성전기주식회사 60년연혁사』)

지금도 있나요?

지금도 그 병원은 있어요. 도봉구 쪽으로 가서 지금도 한국전력 병원으로 되어 있어요. 이름이 바뀐 거지죠. 옛날에는 동대문에 있었어요. 내가 매일 다니다시피 해서 잘 알지요.

아, 선생님도 부속병원을 자주 가셨군요. 그런데 이렇게 기관이나 기업에서 부속학교를 만드는 것이 일본에서 하는 방식 아닌가요? 이야기를 들어보니까, 일본이 서양 제국주의 국가들을 따라잡기 위해서 특정 분야를 발전시킬 때 기관이나 기업에 인재를 육성하는 학교를 반드시 두었다고 하더라고요.

그렇죠. 일본 사람들의 생각도 있지만, 미국이나 영국, 그런 나라들이 다 발전할 적에 그렇게 해가지고 발전을 시켰기 때문에 그걸 배워온 거예요. 그리고 그걸(기간산업) 개인에게 맡길 수가 없어요. 그러니까 국가에서 맡아서 국가기업으로서 육성하니까, 인재 키우고 하는 것도 할 수 있잖아요. 그러니까 그야말로 발전이 되고, 잘 된 것이죠. (경성)전기학교 출신들은 안하는 것 없이 다 배웠어요. 그 대신에 일반으로 들어온 사람보다 조금 빨리 출세하고, 또 많이 혜택도 받았고. 과장이나 계장도 그 사람들이 먼저 다 되었어요.

그렇다면 파벌도 형성되었겠네요?

파벌 정도가 아니죠. 막말로 이 자리는 경전 출신 아니면 안 된다는 것까지도 있었어. 그게 심했어요.

전력 3사 통합된 다음에도 그런 게 있었나요?

3사 통합된 다음에는 그런 것이 다 없어졌어요. (규모가) 너무 크니까 할 수가 없었죠.

전차사업 이관과 서울시로의 이직

선생님, 입사동기가 22명이시죠? 그중에 서울시로 옮기신 분은 모두 몇 분이시죠?

예, 22명이에요. 그 스물두 명 중에는 하나도 없어요. 함께 서울시로 옮겨 온 사람은 김의재 씨하고, 박종문이라는 사람인데, 이분들은 전력 3사 통합된 다음에 들어오신 분들이에요. 경성전기 때 들어온 사람들이 아니에요.

서울시로 옮겨 오실 때 직급은 어떻게 되셨나요?

두 계급 특진해서 서울시로 갔어요. 그렇지만 월급은 1/3으로 깎였어요. 많이 깎였지. 내가 1966년에 5월에 결혼하고 한 달도 못되어서 서울시로 옮겼어요.

그러면 사모님 입장에서는 서울시로 옮긴 것이 좋다고만 할 수 없었겠네요?

그때 공교롭게도 내 마누라가 선생을 했어요. 초등학교 선생님. 인천사범고등학교를 나와 가지고 결혼할 적에 선생을 했거든요. 그래서 둘이 사는 데 걱정할 필요는 없었어요. 그리고 내가 과장으로 2계급 특진해가지고 인천에서 2년 동안 통근했어요.

인천에서 서울까지 통근하셨다고요?

그럼요. 새벽에 아침도 못 먹고 인천에서 기차를 타고 서울역까지 왔어요. 그러면 서울역으로 관용차가 나왔어요. 내가 과장이니까 차를 줬죠. (면담자: 지프차요?) 그때는 주로 지프차였어요.

선생님, 1966년 관광운수국 조직도가 있는데요. 여기 보시면 선생님께서 말씀하신 박종문 선생님도 계시고, 선생님 성함도 있더라고요. 그런데 선생님 직함이 공작창장으로 되어 있는데 전차사업소와는 별개 조직인가요?

공작창장. 이게 공무과였는데 왜 공작창으로 됐느냐면, (서울시) 본청에서 (전차사업소) 조직을 만들 적에 공작창은 별도로 해야지 운수사업소 직속으로 넣어서는 안 된다고 했어요. 그래서 본청에서 이렇게 조직을 해줬어요. 그래서 처음에는 내가 단독 사업소장이나 다름없었어요. 이제 박종문 씨하고 직급은 틀리지만, 같은 사업소장으로서의 권한을 가졌었죠. 그런데 내가 한두 달 지내면서 이규효 관광운수국장 계실 적에 몇 번 찾아가서 사정을 했어요. "우리가 한전에서부터 (전차사업소 내) 공무과로 있었지, (개별 조직으로서의) 공작창이라는 것으로 내려오지 않았습니다. 이렇게 해봐야 이로운 게 아무것도 없습니다. 제 스스로 전차사업소로 들어갈 테니 공무과로 바꿔주십시오."라고 사정을 했어요. 그러니까 이규효 국장께서 알겠다고 해서 다시 공무과로 바뀌었지요.

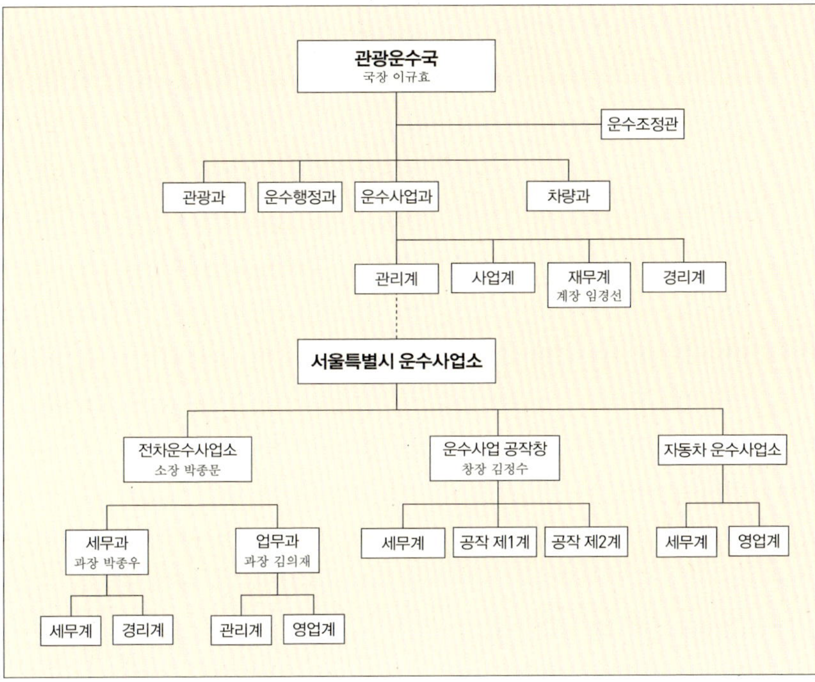

1966년 6월 서울특별시 관광운수국 조직도

선생님께서 서울시로 옮기면서 사무관으로 2계급 특진했을 때 시청 직원들 가운데서 질투하는 사람들 많이 있었겠네요?

서울시 사람들도 왜 질투하냐면, (구술자에게) 사무관 주면 자기 자리가 없어지잖아요. 내가 될 것을 네가 차지했다는 것이 첫째예요. 그리고 "너희들이 뭔데? 직원이 과장으로 올 수 있나?"하는 것이 굉장히 컸지요. 그런데 거기에서 (한국전력에서 함께 서울시로 옮긴) 김의재 씨하고 박종문 씨 덕분에 내가 덕을 많이 봤어요. 김의재 씨하고 박종문 씨가 서울대 출신인데, 시 본청에 그 사람들 2년, 3년 선배들이 주사였어요. 그러니까 (서울대 출신 선배들이 김의재·박종문에 대해) "까마득한 놈이 사무관이야."라면서 막 싸운 일도 있었어요. 그래서 김의재 씨하고 박종문 씨는 모략을 많이 당했어요. 그런데 데려다 놓고 일을 시켜보니까 (일을) 정말 잘하거든요. 그래가지고 전차사업이 없어지면서 김의재도 그렇고, 박종문도 모두 본청으로 들어가서 다 계장이었잖아요. 그리고 과장, 국장들이 다 인정해 줬다고요. 그렇게 인정을 해줘가지고 승승장구해서 김의재 씨는 그야말로 부시장까지 되었죠. 박종문 씨도 인천시장까지 했죠.

김의재 씨하고 박종문 씨는 그때 어떤 일을 하신 거세요?

김의재 씨는 업무과에서 전차사업소의 전체 종업원을 관리했고, 박종문 씨는 소위 행정, 그러니까 총무, 인사, 서무, 이 모든 행정을 책임지고 했지요.

그렇게 세 분이 한국전력에서 서울시로 가셨던 건가요? 선생님하고 김의재 선생님, 박종문 선생님 이렇게 세 분(이 옮기신 건가요)?

(한국전력에서 서울시로) 사무관으로 간 사람은 셋이고, 그 밑에 주사로 간 사람은 9명이나 10명쯤 되었어요. 그중에 한 명이 이상훈 씨에요. 이상훈씨가 (공무과에서) 유일하게 나하고 같이 간 사람이지.

공무과 간부 중에서는 두 분이 같이 가신 건가요?

그럼요. 내가 이상훈 씨에게 "나하고 같이 하자. 죽으나 사나 같이 하자."라고 그래서 내가 끌고 간 사람이에요. 그 사람은 한국전력에 남게 되어 있었어요.

본인이 가지 않겠다고 하신 건가요?

네. 본인이 끝까지 안하겠다고 했어요. 그걸 내가 며칠 동안 붙잡고 사정하니까 할 수 없이 "한 번 가보겠다."고 그러고서 같이 왔어요. 그 후에 나한테도 얘기 몇 번 했지만, (이상훈 씨가) "내가 서울시로 왔기 때문에 국장, 부이사관까지 되고 출세했다."라는 이야기를 해요. 그러면서 (구술자에게) 감사하다고 그러더라고요. 사실 한국전력에 남아 있었던들 별 게 아니거든요. 그러니까 사람이라는 것은 가는 길이 다 그렇게 운이 끌어줘야 해요. 남이 끌어주기도 하고, 자기가 노력해서도 될 수도 있지만, 내가 일평생 살아보니까 다 하나님이 내려다보고 해줘야 되더라고요. 혼자서 하는 것은 힘들어요.

그렇다면 한국전력에서 서울시로 옮겨온 관리직 가운데 선생님하고 김의재, 박종문 선생님은 사무관으로 가셨고, 주사가 9~10명 정도 된다고 하셨는데요. 주사들은 어떻게 나누어졌나요?

내 밑으로 세 사람, 김의재 씨나 박종문 씨 밑에도 각각 세 사람씩 갔을 거예요. 그 외에 전차운수사업소 직원으로 간 사람들도 옛날에 한국전력에 있던 사람들이에요. (전차사업소의) 99%가 한국전력 사람들이었어요.

◇◇◇◇◇◇◇◇◇◇◇◇ 전차사업 폐지와 정비사들에 대한 대책 ◇◇◇◇◇◇◇◇◇◇◇

서울시에서 전차사업을 폐지할 때 선생님께서는 미리 알고 계셨나요?

과장쯤 되면 위에서 지시가 내려와요. 언젠가는 철거한다는 게….

전차사업 폐지에 대한 지시를 받으신 게 언제쯤이에요?

(전차사업이) 없어졌을 때가 11월 달 같은데, 그해 3월, 4월 되니까 그런 힌트를 줬어요. 앞으로의 갈 길은 이 길밖에 없다. 그러니까 미리 대책을 강구해야 한다. 이제 과장쯤 되니까 미리 알아서 준비를 하라는 거죠.

서울시에서 전차사업을 폐지하면서 공무과 직원들은 어떻게 되었나요?

내가 한국전력에서 서울시로 옮겨가지고 1966년부터 1968년까지 2년간 했어요. 그리고는 (전차사업을 폐지했는데) 이 기술자들을 당장 자를 수가 없잖아요. 그 많은 기술자들을…. 그때 서울시장이 김현옥 시장인데, 공교롭게도 수송장교 출신이에요. 서울시에서 시영버스도 만든 것도 김현옥 시장이 착안해서 만든 것이고. 우리 (전차) 없어질 적에 (김현옥 시장이) "서울시에 차량이 무려 몇 천대가 되니까, 자동차 수리는 일반에 맡기지 말아라. 우리가 공장을 세워서 직원도 살려주고 돈도 적게 들이고 그렇게 하자."고 해서 자동차사업소를 세웠어요. 서울시 자동차 정비창.

서울시 조직 안에 자동차사업소를 만들었군요?

예. 1968년에 관광운수국 산하에 (자동차사업소가) 설립되었어요. 전차(사업이) 없어지면서 차량정비사업소를 만들었어요. 그리고 나 같은 사람에게는 전차에 있었으니까 거기 가서 정비과장 맡아서 하라고 그랬어요. 그래서 내가 정비과장으로 발령 받아가지고 갔는데 오픈하지 못하고(개관하는데 참여는 못하고) 수도국으로 갔어요. 수도국 기전과 기계계장으로 가게 되면서 이상훈 씨한테 (자리를) 넘겨주었지요. (서울시에서) 자동차정비사업소를 오랫동안 유지했어요. 직원도 한 200명은 있었을 거예요.

200명이요? 그럼 전차 정비하시던 분들이 모두 넘어가신 건가요?

(주로) 거기로 넘어갔죠. 그리고 본청에도 기술직이 갈 데가 있으니까 많이 흩어졌죠. 수원지도 있고, 구청에도 가고. 구청에도 기술직이 많거든요.

자동차 정비사업소는 어디에 있었나요?

군자 쪽 지나가서 있었어요. (구술자가 있을 당시에는) 그냥 발족만 해서 본청 구석에 사무실만 있었어요. 그래서 나는 직접적으로 공장까지는 못 가봤어요.

전차 정비사하고 전차 운전수나 차장들과는 전혀 다른 직렬이었나요?

전혀 다르지요.

그러면 운전수나 차장들하고 정비사들의 관계는 어땠나요? 뭐 운전수들이 정비사들에게 전차의 어디가 이상하니까 고쳐달라고 요청한다든지 그런 건 없었나요?

그런 이야기는 일절 없었어요. 왜 그러냐면 그런 이야기는 각자 계통을 통해가지고 했거든요. 김의재 씨가 그쪽 담당자였어요. 그 운전수나 차장 관리하는 업무과 과장이 그 분이니까, 그쪽 2,000명은 김의재 씨가 관리한 거예요. 그러니까 그 분이 굉장히 힘든 일을 맡아서 한 사람이에요.

그 2,000명 안에 (공무과) 450명이 포함되는 건가요?

아니요. 450명은 공무과 소속 직원이에요. 2,000명은 전차 관계의 직원이에요. 거기에는 행정직도 있고, 운전수도 있고, 차장도 있어요. 공무과는 전차 수리하는 요원만 있지요.

전차가 아닌 전기 쪽은 직원 수가 얼마나 되었나요?

전차 말고 나머지 전기하는 쪽은 500명밖에 안 되었어요.

운전수하고 차장, 행정요원 이렇게 해서 2,000명이나 돼요?

왜냐하면 교대로 근무하니까. 8시간, (종일)근무가 아니잖아요. 3교대였거든요.

그래도 이 전차가 200대인데, 사람이 이렇게 많아요?

(전차는) 200대지만, (사람은) 교대근무를 하잖아요. 3교대니까 나누면 600명 정도 되죠. 그리고 한 차에 3명씩 탔어요.

한 차에 3명이 타요? 2명이 아니고요?

예전에는 3명이 탔어요. 중간 문에 한 명 있고, (앞쪽은) 운전수 하나, 뒤에 하나 있고. 그렇게 세 명씩 탔어요. (전차는) 문이 셋이에요. 그래서 탈 때 운전수도 표를 받고, 또 뒤에 있는 차장도 표를 받고. 중간 문에 있는 사람은 내려주는 사람, 하차 요원이에요. 그렇게 셋이 있었어요. (면담자: 요즘 같으면 하차는 그냥 알아서 할 텐데요.) 그렇지. 예전에는 차장들이 다 보호해줬어요.

전차궤도 철거에 얽힌 이야기들

전차사업이 폐지되고 노면에 놓은 궤도를 철거하는 건 선생님들께서 하신 건가요?

그건 업체에 하청 줘가지고 철거했지요. 그런데 (전차궤도를) 철거하는데 제일 값이 잘 나가나는 것이 구리에요 구리. 그게 지하에(궤도 밑에) 전기가 통하는 구리선이 쫙 깔렸어요. 그 구리선을 1미터만 가지고 나가도 몇 만원 받을 정도였어요. 그런데 이것을 횡령하는 문제가 있었어요. 그래서 그걸 잡으려고 경찰이 쫙 깔렸어요.

1969년 전차궤도를 철거하는 모습 (서울역사박물관)

하청업체들이 구리선을 빼돌렸나요?

업체도 할 수 있고. (업체와 전차사업소 직원들이) 담합할 수도 있고, 직원들도 할 수 있고. 또 잘라 놓으면 도둑놈이 와서 가져갈 수도 있었어요. 별의별 짓을 다 할 수 있는 게 정보가 자꾸 새어 나갔거든요. 그래서 동대문경찰서하고 종로경찰서에서 다 동원이 되어가지고 난리였어요. 그러니까 이상훈 씨하고 나하고 둘이서 밤낮으로 어떻게 하면 이것을 잡느냐? 또 도둑질 못하게 막느냐? 어떻게 하든지 경찰에 문제가 되지 않게 해가지고 정말 책임질 일은 없어야 된다는 고민을 많이 했어요. 또 전차에서도 구리선이 많이 나와요.

부속을 빼돌리기도 했군요.

그럼. 돈 나오는 것은 다 빼먹으려고 난리죠.

그런데 전차궤도를 걷어내려면 도로를 다 파헤치고 또 재포장해야 해서 민원도 많았겠네요?

민원 많은 정도가 아니죠. (민원 나올 때마다) 따라다니면서 엎드리고 사정하고 봐달라고 그런 거죠. 책임을 져야 하니까. 그리고 (궤도) 철거를 할 때에는 직원들도 그렇고 모두가 "이제는 끝났다."라고 생각하니까 말을 잘 안 듣거든요. 이제 "네가 과장이면 뭐하고 계장이면 뭐야?" 이런 거예요. 어쨌든 전차 200여 대를 부수면서 고철로 팔아야 되고, 또 전차궤도 연장이 장장 4만 575km예요. 장난 아니죠. 그래도 도둑질해서 잡혀 들어간 사람 하나도 없었어요. 경찰에도 불려가지 않고. 그렇게 깨끗이 정리해서 불하하고 끝나니까 그렇게 참 고마울 수가 없었어요.

전차 운전수와 차장들에 대한 기억

그래서 전차노조에서는 2,000명 조직이 운전수하고 차장들 힘이 셌군요.

그럼요. 전차 운전수나 차장이 정복 입고 동대문을 다니면 누가 함부로 건드리지 못했어요. 동대문 바닥에서는 건드렸다 하면 죽어요. 술집에 가든, 어디를 가든 누구도 건드리지 못했어요. 그래서 전차 차장이고 운전수라고 하면 무조건 사위 삼았다잖아요. 봉급을 잘 주니까.

전차운전수들은 봉급이 많았나요?

그럼요. 한 번은 내가 (전차 운전수) 집에 갔더니, 그때 당시에도 텔레비전 없는 집 없고, 전축 없는 집 없고 다 잘 살았어요. 자랑스러운 이야기는 아니지만, 내가 (전차사업소에) 배치를 받아가지고 왔을 때 신고식을 해야 된다면서 제기동으로 데리고 가더라고요. (면담자: 제기동이요?) 그때 제기동에 '방석집'이 많이 있었어요, 기생집. 1950~1960년대에만 해도 그런 쪽은 기생이 있었거든요. 그래가지고 (구술자를) 데리고 가서 우리가 다섯 명이 쭉 들어가서 앉았는데, 여자 다섯 명이 다 들어와요. 그래서 여자 한 명씩 다 붙여줘요. 그리고 그때만 해도 술이 주로 정종이었어요. 안주도 모두 일류음식이고. 그때 내가 술을 배우기 시작했는데, 한 달이면 보통 20일 동안 술을 먹었어요. 봉급을 타면 보통 1/5은 술값으로 냈어요. 그래서 가령 같이 다니는 사람 중에 조장이 하나 있으면 이 사람이 (외상)장부를 만들어요. 그래서 당장 돈 없어도 가서 먹고, 봉급날에 다 모아서 주고 또 한 잔 얻어먹는 거죠.

전차사업이 폐지될 무렵에 전차운전수들은 나이가 어떻게 되셨어요?

40~50대가 2,000명 중에 30% 정도 됐어요.

전차가 없어진 다음에, 전차 운전하시던 분들은 예전처럼 월급도 받지 못하셨을 텐데 어떻게 지내셨을까요?

다 울며 겨자 먹기로 참고 살은 거죠. (면담자: 옛날 생각날 텐데요?) 그럼요, 옛날 생각나지요. 그렇지만 100원 받던 것을 80원 받고 살아야 한다고 각오를 했으니까 참고 살은 거죠. 어떻게 하겠어요? 그렇다고 데모를 할 거야, 뭘 할 거야. 해봐야 소용도 없는 거고. 이제는 세월이 해결한다. 이대로 참고 가자. 이만큼 살게 해준 것도 고맙다. 그렇게 마음 다 바꾼 거예요.

아, 조금 다른 질문입니다만 제가 유럽에 여행을 갔었는데, 거기에는 전차가 많이 다니더라고요.

그렇죠. 미국 지역에도 많고. 왜 그러냐면 거기는 인구가 적기 때문에 노면전차라도 충분히 (교통수요를) 수용할 수 있으니까. 지하철을 하면 공사비가 많이 들잖아요. 그렇기 때문에 그건 못하고, 노면전차라도 (수요가 해결)되니까 그렇게 하는 거죠. 우리도 노면전차를 없앨 적에 서울 인구가 앞으로 1,000만 명이 될 거라는 것을 예측해서 지상에 있는 전차로서는 안 된다는 연구결과를 갖고 없애버린 거예요. '노면전차로는 이제 한계가 왔다.' 그래서 지하철로 한 거예요.

선생님, 그런데 버스 가운데서도 전차처럼 전깃줄에 봉을 걸어가지고 다니는 게 있더라고요. 그건 무엇인지요?

그게 트롤리버스에요. 이제 노면전차 대신에 지하철 (건설)하려면 레일도 깔아야 하잖아요. 또 쇠로 된 전차 바퀴를 하면 진동이라든가 모든 것이 소리도 나고 안전하지 못해요. 그리고 (우리가) 전기는 있는데, 기름 살 돈은 없으니까 전기를 해가지고 버스를 하자. 그렇게 되면 사람이 타는 승차감도 그렇고, 꼭 자동차 탄 것이나 마찬가지니까 편리하다고 하는 얘기죠.

우리나라에서도 트롤리버스를 도입하려고 했더라고요. 그런데 그게 실현되지는 못하고 흐지부지되던데 왜 그렇게 된 건가요?

(도입 구상은) 했지요. 그런데 그게(트롤리버스) 지하철만큼 경제성이 없기 때문에 안 된 거예요. 따져 보면 다 나와요. 그건(트롤리버스) 혼자밖에 못 다니잖아요. 지하철은 10량씩 끌고 다니는데, 운전수는 한 명이면 되잖아요. 그런데 트롤리버스는 (버스마다) 운전수 하나면 수지타산이 안 맞죠.

인건비 문제가 걸렸군요.

그럼요. 인건비 문제가 크죠.

전차 차량과 부품들

(사업 이관 당시 전차 현황표를 보며) 선생님, 위 표에서 화차는 무엇인가요?

화차는 화물차에요. 석탄 나르는 것이었고, 살수차는 물 뿌리는 거, 꽃전차는 옛날 기념일에 서울시를 돌아다니면서 축하하는 전차였어요.

석탄을 옮긴다고요? 화력발전소로 옮겼나요?

아니요. 차고로 옮겼어요. 동대문이든 영등포든 돈암동이든 난로는 피워야 할 것 아니에요. 그걸 위해서 석탄을 실어다 주는 차예요. 그걸 화차라고 해.

혹시 용산에 있던 공작창도 아세요?

알지. 거긴 공작창이 아니고 삼각지 차고예요. 동대문(차고)으로 모든 전차를 갔다 넣을 수 없잖아요. 그리고 그게(삼각지차고) 있어야 영등포로 빨리 배차해가지고 (사람들을) 출퇴근시키죠. 동대문에서 영등포까지 두어 시간 걸려서 (아침에는 배차를) 할 수 없었거든요. 영등포에는 차고를 둘 데가 없어요. 땅이 없어서. 그래서 삼각지 차고가 굉장히 컸어요. 삼각지 차고에 30대 정도 세워뒀다가 새벽에 영등포로 가서 영등포에서 출차도 하고 그랬어요. (동대문 외에) 차고는 삼각지 하나만 있었어요. 나머지는 전부 동대문으로 들어왔어요.

1966년 광복절을 맞아 서울 시내를 운행하는 꽃전차 (서울역사박물관)

제가 일제시기 자료를 봤더니, 일본에서 (전차)차량을 가지고 오면 용산 공작창에서 조립을 해가지고 완제품으로 만들어서 사용을 했다고 해서 여쭤봤습니다. 해방 이후에는 없어졌나 보네요.

(조립이란 게) 전차를 했는지, 철도차량을 했는지는 모르겠는데, 용산 공작창은 철도청 소관이었어요. 서울시 전차를 거기서 했다는 소리는 못 들어봤어요. 용산 공작창이 굉장히 커요. 그래서 주로 철도차량을 했지요.

전차하고 철도하고 같이 썼을 수도 있겠네요?

같이 쓸 수도 있었겠지요. 그런데 나는 들어본 적이 없어요. 용산 공작창에서 전차를 조립했다든가 하는 이야기는 들어본 기억이 없어요.

표 1. 전차사업 이관 당시 전차 현황표

차량(전차)현황

구분 / 차종	보유대수	상태					비고
		내용년수	초과년수	수명	초과(%)	가동대수	
대형	106	20	5	84	80	106	
중형	17	〃	15	17	100	17	
소형	17	〃	32	17	100	17	
구 미제차	17	〃	20	17	100	17	
신 미제차	40	〃	21	40	100	40	
살수차	2	〃	31	2	100	2	
화차 및 꽃전차	2	〃	33	2	100	2	
일제(히타차)	20	〃					
	221				89	201	

출처 : 장경훈, 『운수행정약사』, 교통공론사, 1978, 428쪽.

선생님, 이제 전차 차량에 대해서 좀 자세히 여쭙겠습니다. 여기 서울역사박물관 앞에 전시된 전차 381호 사진이 있는데요. 이것을 보면서 질문을 드릴게요.

(전시된 전차 차량이) 이게 2대가 있었는데…. 그때 우리가 2대인가 기증한 걸로 알고 있거든요.

그렇습니다. 한 대는 서울역사박물관에, 다른 한 대는 국립서울과학관(현 국립어린이과학관)에 있습니다. 제가 부분부분으로도 사진을 찍었으니까 보시면서 말씀해주세요.

그래요. (사진을 보면서) 381호는 보기차예요. (전차번호가) 300번대는 다 보기차거든요. 그리고 400번대는 미제 동차로, '구'미제하고 '신'미제로 되어 있어요. 그리고 90번대 이하는 단차單車예요. '단차'라는 것은 보기차하고 다른 건데, 보기차는 '추럭'이 아래에 2개가 있어요. 바퀴 4개짜리가 앞에 하나, 뒤

서울역사박물관 앞에 전시된 전차

에 하나해서 2개가 있어요. 단차는 ('추럭'이) 하나 밖에 없어요. 그러니까 차(길이)가 짧아요. ('추럭'이) 2개씩 들어가지 못하니까 바퀴 4개짜리 하나밖에 없는 거예요. 그래서 (단차하고 보기차는) 바퀴로 구분하는 거예요. 그리고 이 (전차)번호만 보면 대체로 구미제차인지 신미제차인지 혹은 보기차인지 단차인지 준보기차인지 하는 것들을 알 수 있는 거죠.

준보기차는 무엇인가요?

준보기차는 보기차하고 단차하고 그 사이에 있는 건데, 단차는 아니에요. 그러니까 ('추럭'이) 2개는 2개인데, (동차 길이가) 짧은 거지. 그게 준보기차에요. 이거(전시된 차량)는 그냥 보기차에요.

그렇다면 준보기차는 정원이 70명 정도 되었나요? 보기차는 100명이 넘잖아요?

(보기차는) 100명 넘지요. 그런데 정원으로는 얼마 되지만. 정원이 있었나요? 막 타니까. (준보기차는) 이거(보기차)의 절반 정도 타는 걸로 보면 돼요.

그러니까 전차 정원이 단차는 50명이고, 준보기차는 70~80명, 보기차는 100명 정도 되는 거죠?

보기차가 120명 정도 그렇게 되지요.

실제로는 몇 명 정도 탔습니까?

300명 이상 탔어요. 여차하면 350명까지도 탔어요.

많은 승객을 태우고 달리는 전차 (한영수문화재단)

그래도 전차가 수용할 수 있는 한계가 있었을 텐데요?

이 전차의 특성이 고개 같은 데는 못 올라가지만 힘은 굉장히 세요. 왜냐하면 마찰이 없거든요. 일반 자동차처럼 (지면과의) 마찰이 심하면 힘이 많이 들겠지만. 그러니까 자동차는 200마력, 300마력짜리 엔진이 얹혀 있잖아요. 그런데 전차는 (동력장치가) 50마력짜리 2대 밖에 없어요. 100마력으로 된 거라고요. 그러니 얼마나 힘이 적게 들겠어요. 그게 전차나 철도차량의 장점인 동시에 단점이에요.

서울역사박물관에 전시된
전차 문의 바깥(아래)과
안쪽면(위)

사진을 보시면 전차의 문이 앞과 가운데 해서 2곳이 있는데요.

지금 (사진에는) 앞하고 중간에 (문이) 있는데, 원래는 문이 (앞뒤) 양쪽에 있고, 가운데에 하나 있었어요.

그렇다면 전차 문이 (앞뒤) 대칭으로 있던 건가요? 지금은 그렇게 되어 있지 않은데요.

그렇게 안 되어 있죠? 왜 그렇게 했냐면, 인건비를 줄이려고 그렇게 한 거예요. 차장 하나를 줄이려고. (사람을) 줄이기 위해서 문을 중간에 내고 한 쪽을 없앤 거예요. 앞쪽은 운전수가 있으니까 운전수가 차장 노릇을 같이 할 수 있거든요. 뒷문을 없앤 것은 다 개량한 거예요. 내가 (전차사업소에) 있을 때 개량했어요. 그래서 앞하고 중간에 하나만 남겼지요. 원래는 문이 셋 있었거든요.

전차 안에서 문을 찍은 사진을 보면, 이렇게 되어 있더라고요. 혹시 이 부분이 원래 문이 아니었을까요? 이런 식으로 문 한 쪽이 되어 있던데. 그건 아닌가요?

차 안에 들어갔었군요. 그런 것도 있을 수 있겠죠. 하여간 땜질로 다 막았어요.

이 사진도 봐주세요. 전차 운전석인데, 선생님께서 운행하실 때하고 같은 모양인가요?

맞아요. 이거(속도제어기)는 이렇게 제치고 해서 후진하고 전진했어요. 지금 노면전차도 그렇고, 지하철도 그렇고 앞뒤로 갈 수 있잖아요? 그것을 요놈으로 (조

전차 속도제어기

종)하는 거예요. 이걸로 전기를 바꿔주면 앞으로 가고, 이리 하면 뒤로 가는 거죠.

기어를 바꾸는 게 아니라, 전기 방향 자체를 바꾸는 거예요?

예. 이것이 돌아가는 모터의 회전 방향을 바꿔주는 역할을 하는 거예요. 전차의 모터라는 건, 직류모터여서 하나만 바꾸면 반대로 돌게 되어 있어. 자유자재로. 그러니까 이걸로 앞으로 가고, 뒤로 가고 해주는 거죠. 그리고 이것은 속도조절기죠. 자동차는 브레이크를 밟을 수도 있고, 기어도 바꿀 수도 있잖아요. 이것(전차)도 마찬가지로 속도를 빨리 해주기 위해서 이걸로 조절하고 그러는 거예요. 이거(방향제어기)는 한 번 놓으면 쭉 그대로 가기 때문에 그냥 놔두면 돼요. 이놈(속도제어기)은 속도를 조절하기 위한 거예요.

속도제어기는 몇 단까지 있는 거예요?

아마 4단일 거예요.

그렇다면 (전차) 안에서는 (방향조절기로) 방향을 조절하는데, 밖에서는 전차선을 바꾸어 주는 건가요? 위에 전차선이 연결된 것을?

이제 이렇게 갈 적에는 뒤에서 이렇게 끌고 가요, 반대쪽으로 가려면 돌려줘야죠. 그런데 이 사진에는 '트롤리'가 없네요. 아, 여기에는 뷰겔[15]이 달려 있네요. 이게 뷰겔이라고 그러는데, 옛날에는 '트롤리'라고 뽈대(pole, 막대기) 하나가 있어가지고 그 위에 뺑뺑 도는 활차가 붙어가지고 그걸 전차선에다가

---

15 뷰겔(bow collector, collecting bow, bügel): 노면전차에 사용되고 있는 틀 모양의 간이 집전장치이며, 활모양(궁형)으로 된 부분의 상단에 습판이 부착되어 있다. 방향을 전환할 필요가 없다.

서울역사박물관에 전시된 전차 상단의 뷰겔

옛 전차 사진의 트롤리 (미국국립문서기록관리청)

딱 대면 활차에 홈이 있어가지고 (전차선이) 밀려나지 않고 동그란 게 돌면서 전기를 통하게 했어요. 근데 이게 자꾸 빠지고 그래서 (전차)속도를 내려고 하면 쓰기가 힘들었다고요. 그래서 트롤리로는 속도조절도 잘 안되고 힘들고 골치 아프니까 이걸(뷰겔을) 개발한 거예요. 뷰겔은 넓고 길잖아요. 그래서 전차가 움직여도 (전차선이) 잘 이탈하지 않는다고요. 아주 편하고 좋아요.

선생님께서 근무하실 때 바뀌었나요?

그럼요. 나 있을 때 다 바꾼 거지요. 그러니까 그 집전장치를 뽈대로 되어 있던 트롤리에서 뷰겔로 다 바꿨던 거예요. 지금도 철도차량은 다 이거예요.

지하철도 다 이런 건가요?

예, 전부 다 이거예요.

그리고 전차 운전석을 보면 이런 것도 붙어있더라고요. 이것은 무엇인가요?

그건 압력계에요. 이렇게 전차 내에도 압력계가 있었어요. 전차도 그렇고, 지금 지하철도 그래요. 그러니까 콤프레샤가 전부 (전차의) 밑에 있어요. (전차의) 브레이크 잡는 것은 콤프레샤를 돌려가지고 그 힘으로 브레이크를 잡는 거예요. 자동차는 발로 밟아서 하는 걸로 되어 있지만, 이거(전차)는 전기로만 할 수 있는 브레이크 장치가 있어서 모터가 달려있는 컴프레샤 압력에 의해서 브레이크를 잡아주는 거죠. 그런데 브레이크 잡아주는 이 장치의 압력이 좋은지 안 좋은지를 알아야 될 것 아니에요?

콤프레셔의 압력이요?

예. 그래서 여기에 압력계를 달아서 (콤프레셔의) 압력이 4kg이면 4kg이

전차운전석 전경과 압력게이지, 브레이크

유지가 되었는지 점검하는 거죠. 그러니까 그건 점검하는데 필요한 압력계예요. 브레이크를 잡으려면 이것은 반드시 있어야 되는 거예요.

만약에 압력계가 고장 나면 큰 사고가 나겠네요?

그럼. (사람들을) 차에 태우지 말아야 해요. (고장난 채로 전차를) 움직였다가는 언덕에 올라갔다가 내려올 적에 큰일 나는 거죠.

여기에 전차를 보존처리 하기 전 사진이 있습니다. 사진을 보면 원래 이런 형태였었나 봅니다. 그런데 전차는 앞과 뒤 양쪽에 운전대가 있잖아요. 그러면 자리를 바꾸는 경우도 있었나요?

그럼. 그렇게 (양쪽이) 다 되게(운전할 수 있게) 되어 있었어요. 양쪽이 똑같이 되어 있었어요. 그래서 이 핸들만 가지고 가면 되는 거예요.

보존처리 이전의 전차 운전석
(서울역사박물관)

전차 내부의 모습

브레이크 손잡이만 떼서 가져간다고요?

아니. 핸들만이요. 이것만 왔다 갔다 하면 되는 거예요. 나머지는 앞과 뒤에 다 붙어있기 때문에 안 가져가도 돼요.

전시된 차량을 보면 '삼릉三菱'이라고 써있는데요. 이건 1930년대에 들어온 차죠?

맞아요. 일본회사에서 만든 거예요. '삼릉'. '미츠비시'라는 회사에서 만든 거예요.

그런데 왜 300번대 차량만 2대를 남겼을까요? [16]

왜냐하면 이 차가 제일 많았거든요. (당시 운행하던 전차) 197대 중에 이 차량이 거의 120~130대 정도 됐어요.

---

16 국립어린이과학관에 전시하고 있는 전차는 363호이다.

전차 내부는 다 나무로 되어 있더라고요.

다 나무에요.

혹시 나중에 미국에서 들여온 전차는 어땠나요?

그거는 차가 크고, 40마력짜리 모터 4개가 붙어 있었어요. 이거(전시된 차량)는 50마력짜리가 2개. 그래서 100마력이 들어 있지만, 미제 전차는 160마력이 들어 있었다고요. 왜 그러냐면 차체도 크고 힘이 더 드니까 40마력짜리 4개를 해놓은 거죠.

자료를 보니까 일제시기에는 일본사람들한테 불만이 많은 사람들이 전차에 달라 붙어가지고 확 밀어서 넘어뜨리기도 한 사건도 꽤 있었다고 하던데, 사람들이 밀어서 전차를 넘어뜨릴 수 있나요?

그건 잘 몰라요. 그런데 (전차도) 밀릴 수 있어요. 50~60명이 밀면 넘어갈 수 있어요. 레일 위에 바퀴 타고 서 있는 건데, 얼마나 힘이 받겠어요. 그까짓 것 금방이죠.

선생님, 그래서 여기 바퀴부분을 찍은 사진이 있는데요. 보면 앞과 뒤 양쪽에 축이 2개가 달려 있더라고요.

그럼요. 보기차에는 이게(축이) 2개 있다고 그랬잖아요. 앞에 있는 거에 바퀴가 (양쪽으로 2개씩) 4개가 붙어 있고, 뒤에 있는 것도 축 1개에 바퀴가 2개씩 붙어 있으니까 4개이고. 그렇게 8개의 바퀴가 이 (전시되어 있는) 보기차를 이끌어 주는 거지요. 그런데 미제 차는 모터만 4개예요. 이거(전시된 차량)는 이거(축) 하나에 모터 하나가 올라가지만, 미제 차는 이거(축) 하나에 2개 모터가 올라가 있어요. 그래서 모터 4개가 올라가는 거죠.

서울역사박물관 앞에 전시된 전차 전경(위)과
전차의 바퀴 부분(아래)

그러면 미제 전차는 힘이 더 좋은가요?

좋지요. '구' 미제차는 (모터가) 한 대씩이 있었어요. (전시된) 보기차와 같아요.

일제가 패망하고 한반도에서 떠난 뒤에 전차 부품들은 어떻게 마련하셨나요?

전차의 부속품들은 대체로 오랜 기간을 겪어왔기 때문에 국산으로 개발된 것이 태반이었어요. 그리고 국산으로 개발할 수도 있었어요. 벌써 우리가 해방되고 나서 5~6년 흘렀으니까, 경성전기를 다녔던 사람 또는 장사하는 사람들이 부속품을 개발했어요. 그게 100%의 완제품과는 좀 차이가 있지만, 부실하더라도 흉내는 냈거든요.

경성전기 내에서 부품 조달이 가능했던 것인가요?

업체들이 다 조달해 준 거죠. 그때 부품은 전부 사서 썼으니까. (경성전기) 자체에서 개발한 것은 별로 없어요.

선생님, (전차) 문을 찍은 사진을 보면 문이 여닫이가 아니고 옆으로 미는 거네요. 그리고 이 문이 그냥 열리는 거예요. 잠금이 없더라고요.

여닫는 문은 도저히 안 되고, 공간이 제일 적게 차지하는 것이 미닫이 문이잖아요. 그리고 열쇠로 잠글 필요가 없으니까 (열려 있지요). 거기(문에) 고리 하나만 붙어 있어요. 문고리로 잠그면 밖에서 안 열리는 것이죠. 굳이 열쇠를 잠글 필요는 없으니까요.

전차요금 받고 이럴 때 문제가 되지 않았을까요?

아니죠. 요금은 (전차를) 탈 때 받으니까 아무 문제가 없지요.

그러면 전차의 각 문마다 차장이 서 있어요? 차장들이?

그럼요. 차장들이 다 있었지.

전차 문이 (양쪽으로) 6개였다가, 4개가 되면 차장도 4명인가요?

문이 4개가 아니라 2개 됐지요. 앞에 하나, 중간에 하나. 그러니까 반대편은 차장이 필요 없지. 그리로는 못 타거든요. 한쪽으로만 타게 되어 있거든요.

그러면 차장은 한 명만 타겠네요.

예. (전차에는) 운전수 하나하고 차장 하나, 두 사람 밖에 없는 거죠. 그리고 표는 입구에서 내니까, 승차하는 데는 운전수만 있지요. 그래서 따로 표를 받는 사람 없으니까 인건비가 덜 드는 거죠.

내릴 때는 아무나 내릴 수 있는 거예요?

그럼요. 먼저 내리고 그 다음에 타니까. 우선 내리고 타니까.

전차와 철도의 차이

선생님, 제가 잘 몰라서 드리는 질문인데요. 노면전차하고 철도 기술하고 전혀 다른 기술인가요?

전혀 다르죠. 왜 그러냐면 노면전차는 속도가 빨라봐야 (시속) 60km예요. (면담자: 최고속도가요?) 최고속도는 (시속) 70km까지 놓을 수 있었어요. 그건 한강다리 건너갈 적에 그랬고, 서울시내에서는 달리려고 해도 달릴 수가 없었어요. 시속 30~40km 정도로 다니는 게 보통이었어요. 그리고 전차든 지하철이든 기차든 간에 어떻게 빨리 갈 수 있고, 또 50마력이나 100마력으로도 사람을 300명씩 태우고 다닐 수 있느냐면, 노면전차나 철도나 모두 바퀴하고 레일이 쇠로 되어 있잖아요. 그래서 마찰계수가 적어요. 굉장히 낮다고. 그러니까 (바퀴가) 돌아가는데 힘이 덜 들어요. 자동차는 타이어가 울퉁불퉁하고 도로도 미끄럽지 않고 딱딱하니까 마찰계수가 굉장히 높거든요. 그래서 같은 100명을 태워도 자동차는 100마력이 필요하고 전차는 30마력도 안 돼요. 마찰계수 때문에 그런 거예요. 그래서 속도를 내는 거예요. 그렇지만 고개를 못 올라가요. 미끄러지니까 12도 아니 15도 이상은 못 올라가게 되어 있어요. 그래서 지하철이든 뭐든 간에 경사각을 10도 이상은 안 해요. 지금 지하철도 굉장히 깊은 데도 있고 낮은 데도 있지만, 올라가거나 내려올 적에는 갑자기는 절대 못해요. 굉장히 긴 거리를 가면서 천천히 그렇게 올라가거나 내려가지요. 그런 특성이 있어요. 그리고 전차하고 철도하고 전혀 다른 것이 철도차량은 시속 200km나 300km씩 막 속도를 내잖아요. 그건 (전차하고) 기술적으로 달라요. 그리고 또 지하철이든 전차든 (가동하는) 전기가 직류에요.

직류 전기로 움직인다고요?

(전류에는) 직류하고 교류 두 가지가 있어요. 전차는 직류인데, 이게 플러스(+), 마이너스(-)로 따로따로 있어요. 그러니까 노면전차나 지하철은 (동체) 위에 있는 전선이 플러스(+)이고 레일에 있는 것이 마이너스(-)에요. 지하에 마이너스가 통하는 구리선이 쫙 깔려있었어요. 그렇게 둘이 통해 가지고 모터를 돌려주는 거예요. 그런데 철도차량은 교류에요. 그러니까 플러스(+), 마이너스(-)가 따로 없어요. 그러니까 흐르는 전기의 작동방식이 달라요. 노면전차하고 철도 차량하고는 전기 자체가 다른 거예요.

제가 듣기에 해방 이후에는 속도를 너무 못 내서 시속 7km나 10km를 넘기 쉽지 않다고 들었는데 그보다 빨리 달릴 수 있었다고요?

아니야, 그렇지 않았어요. 그런 건 절대 아니었어요. 시속 30km 정도는 다 냈어요. 사람이 많이 타고, 자꾸 (진로를) 방해하고 그러니까 못 다녔지. 뭐가 모자라서 못 다닌 건 아니에요. 그러니까 전차와 철도를 보는 시각이 벌써 비행기하고 자동차의 차이라는 생각을 가지고 있기 때문에 철도청 사람들은 전차는 취급을 안 해요. 그게 속도 때문에 안 되는 거예요. 딱 그것 때문에….

전차와 철도의 속도 차이가 연료에 기인하는 건가요? 아니면 전차가 시내교통이라서 그런 건가요?

시내교통이니까 그렇죠. 시내에서는 정거장이 가까워서 빨리 갈 수 없잖아요. 그러니까 어느 정도 이상 속도는 낼 수 없어요. (면담자: 지금 지하철은 시속 100km 정도는 가는 것 같더라고요.) 지하철? 지하철도 최대로 놓으면 시속 100km는 갈 수 있을 거예요. 내가 자세히는 모르겠지만. 그렇게 갈 수는 있을 거예요. 하지만 보통 시속 50km나 60km 정도 놓고 다니죠. 서울시내에 (정류장 사이의 거리가) 그야말로 1km도 안 되는 데는 속도를 못 내요. 그러니까 근본적으로 정류장 구간(거리) 때문에 속도를 낼 수가 없는 거예요.

◇◇◇◇◇◇◇◇◇◇◇◇◇◇◇◇ 1960년대 전차 운행에 대한 기억 ◇◇◇◇◇◇◇◇◇◇◇◇◇◇◇

전차 사고도 많이 일어났었나요? 사실 노면전차는 정해진 궤도 위를 달리는데 사고가 많이 날까하는 생각이 들더라고요.

많았지요. 교통사고라는 것이 전차가 잘못해서 일어날 수도 있고, 통행인이 잘못해서 일어날 수도 있지요. 그런데 그게 보통이 아니에요. 그래서 전차 사고 처리만 하는 부서가 따로 있었어요. 차량사고는 (전차가) 그렇게 속도가 빠르지 않으니까 접촉사고 나도 별거 아니지만, 인명 사고는 문제가 돼요. 사고가 났다 하면 (사람이) 죽거든요. (면담자: 보험처리라든가 인명구조 같은 거 담당하는 부서요?) 아니요. 사고가 나면 보험처리도 하지만, 왜 사고가 났는지 조사를 했지요. 또 경찰에 불려가서 조사도 받고 뭘 하고 그랬어요. 그 대책반이 10~20년 해왔기 때문에 아주 잘 처리했어요.

그런데 자동차하고 일어난 사고만 확대 해석이 되었더라고요. 전차 속도가 너무 느리니까 자동차가 먼저 앞으로 가려다가 부딪쳐서 사고가 났다고 그러더라고요.

다들 그렇게 했지요. 사람도 마찬가지예요. 사람들이 전차는 아무것도 아니라고 생각하면서 그냥 무시하고 막 추월하고 그랬어요. 그래서 사고가 무지하게 났어요. 어떤 때는 하루에 수십 건이 일어났어요.

휘어지는 구간에서 속도조절 잘 못해서 넘어가거나 하는 그런 사고는 없었나요?

그런 것은 많지 않았어요. 탈선한다든가 이런 것은 있었지만, 그렇게 사람이 몇 십, 몇 백 명 죽는 큰 사고는 많지 않았어요.

정전같은 문제는 어땠나요? 정전이 되면 전차는 못가잖아요.

(정전이 되면) 무조건 서 있는 거죠. (면담자: 승객들은?) 내려야죠. 이제 기다릴 사람은 기다리고요. (사람들이) 왜 내리냐면 혹시라도 사고 날까봐 그런 거예요. 혹시나 감전이 된다든지 할까봐 내리는 거죠.

정전이 되면 수리하는 사람이 고치러 오나요?

그건 연락이 돼서 금방 오죠. (전체가 다 정전되는 건 아니죠?) 전체가 다 (정전되는 것은) 아니에요. 전기가 공급되는 것이 구간별로 되어 있어요. 전체가 다 (정전)되면 큰일 나지요.

당시 전차를 탈 때 돈 안내고 타는 사람들이 많았다면서요?

그렇죠. 국가에서 유공자라고 우대해주는 것도 있고, 또 한국전력에서 (공짜표를) 주는 것도 있었어요. 많지는 않았어요. 그런데 공갈치는 놈들이 (우대증과) 비슷한 걸 갖고 이렇게(표를 보이는 시늉을) 하면 일일이 보자고 할 수 없잖아요. 그건 속되게 얘기하면 나쁜 사람이죠. 그런 것을 이용한 거니까. 또 전차 같은 경우에는 조금 나쁜 마음먹으면 올라탔다가 바로 내릴 수도 있어요. 그러다 보니까 유난히 소매치기가 많았어요.

문을 마음대로 열고 내릴 수 있었나요?

그럼요. 문을 밤낮 지킨다고 서 있을 수는 없잖아요. 그래서 쓰리꾼이 굉장히 많았어요. 왜 그렇게 많았냐면 (전차를) 서울 사람만 타는 게 아니잖아요. 대체로 당하는 것은 시골 분들이에요.

그런 경우도 있다던데요. 전차에 뛰어 올라서 타고, 또 뛰어서 내리고. 해방 직후에는 이게 만연해가지고 밖에 매달리기도 하고 그랬다고 하던데요.

해방 직후에 길지는 않았겠지만, 무질서할 때니까 누가 단속하고 그럴 게 별로 없었잖아요. 1950~1960년대에는 없었어요.

전차노선과 정류장

전차 정류장이 어떠했는지는 기억하시나요? 박물관 앞에 전차를 탈 때 보니까 생각보다 되게 높더라고요. 그냥 올라탈 수는 없었어요. 그리고 옛 사진을 보니까 길 가운데에 한 단 정도 높게 쌓아서 전차가 오면 내렸다 탈 수 있도록 해놓았는데, 정류장마다 그렇게 단을 쌓아 놓았나요?

그런 것이 어디 있었냐면 남대문이나 동대문 같은 데. 그런 걸 하더라도 교통에 지장이 없는데 그런데는 그렇게 안전지대를 해 놓은 데가 있었어요.

1960년대 초 남대문 앞 전차정류장 전경 (서울역사박물관)

(정류장이라면) 모두 설치해 놓은 것이 아니고요?

못하죠. 차량이 다니고 뭐 다니는데 노면을 어떻게 해요. 난리가 나지요. 그리고 길에 놓인 궤도가 너무 오래되니까 포장된 것이 다 까지기도 하고, 포장이 일어나기도 했어요. 게다가 겨울 지난 뒤에는 얼었다 녹으니까 (노면이) 일어나가지고 난리가 난 적이 한두 번이 아니에요. 그걸 수리해야 하는데 밤낮 수리할 수가 없잖아요. 나중에 서울시로 이관된 뒤에는 도로포장 관련 사업소가 있으니까 서울시장이 명령을 내려가지고 많은 도움을 받았어요. 그리고 1960년대 후반으로 들어서면 차도 많아지고 하니까 계속 전차노선이 파손이 되었다고요.

정류장에서 전차에 오르는 시민들 (미국국립문서기록관리청)

당시 전차 노선은 오늘날 버스전용차선처럼 가운데에 있었지요?

그럼, 완전히 가운데 있었죠. 4개 전차선이…. (면담자: 길가에 있는 건 없었죠?) 하나도 없었어요. 세계적으로도 어디든지 (노면전차 궤도는) 중간이에요.

요즘도 출퇴근 시간에는 무척 붐비잖아요. 그러면 지역마다 출퇴근 시간을 좀 달리하면 나았을 텐데 그런 고민들은 당시에 없었나요?

했지요. 이걸 어떻게 분산을 해볼까. 시간대로도 나누어 보고 막 해봤죠. 그런데 그게 안 돼요. 실질적으로 되지를 않아. (사람들이) 가고 싶은 대로 하지, 누구 말 듣나요? 외국이든 어디든 해서 성공한 데가 없대요.

가장 사람들이 많이 붐비는 노선은 어디였나요?

제일 골치 아팠던 데가 혹시 돈암동 쪽에 살았으면 알지도 몰라요. '창경원' 가는 노선. 벚꽃 (피는) 시절이면 난리가 나요. 이걸 어떻게 해결할 거냐? 소용없다. 몇 번 해봐도 안 되니까 포기하고 말았어요. 꽃 시절이 불과 보름인데 어차피 안 될 것을 (교통정리 시도는) 하지 말자. 불평이 있어도 넘어가자.

창경원 말고 복작복작한 노선이 또 있나요?

창경원 말고는 그렇게 복잡한 데는 없어요. 창경원도 꽃 시절 그때만 그랬지요.

남대문 쪽으로도 많이 다녔다던데요?

남대문은 원체 차가 많이 다녔어요. 남대문을 통과하는 노선이 을지로선하고 종로선, 또 경무대(오늘날의 청와대)로 가는 노선이 있었어요. 그렇게 3개 노선이 통과를 했거든요. 그게 복잡한 거야. 영등포에서 들어오는 사람, 삼각지에서 온 사람 전부 거길 통과해야 했거든요. 마포 쪽은 시청으로 들어오니까 남대문하고는 전혀 상관이 없었어요. 정거장은 교통 요소에만 있었어요. 정말 필요한 곳에만 정거장이 있었어요.

선생님 혹시 뚝섬으로 가는 궤도차에 대해서도 아세요?

뚝섬이요? 아 있지요. 그것은 다른 데서 운영했어요. 그 궤도차가 (동대문) 전차 차고까지 들어왔어요.

남대문 앞을 지나가는 전차 (국가기록원)

제1한강교를 따라 한강을 건넌 전차 (서울역사박물관)

전차사업소 맞은편에 있던 경성궤도회사의 표석

이 궤도차도 운영시스템 같은 것은 전차와 같았나요?

아니요, 운영하는 것은 저희들끼리 했지요. 전차하고는 전혀 무관했어요. 운영체계나 동력, 차량 같은 것은 다 똑같았죠.

그 궤도차도 1960년대 초반에 서울시에서 운영을 했던 것 같더라고요.

나는 그건 전혀 기억이 없어요. 있던 것만 알지, 기억은 전혀 없어요.

지하철 건설에 얽힌 뒷이야기

선생님, 레닌그라드(오늘날 상트페테르부르크) 같은 곳을 보면 노면전차도 있고, 지하철이나 트롤리버스도 있잖아요. 이 경우 우리하고는 경우가 많이 다른 것 같더라고요.

나도 모스크바 가서 타보고 여러 다른 데도 가서 타봤지만, 러시아는 지하철이 무조건 100m 들어가 있잖아요. 북한도 그걸 따라해 가지고 지금 지하

100m 밑에 (지하철이) 들어가 있어요.

아, 평양 지하철이요?

예. 그런데 우리가 그때(지하철 1호선을 건설할 때) 이북에서 지하철을 놓았기 때문에 '우리도 해야 한다.' 그래가지고 말썽이 많았어요. 북에서는 100m 지하에 (지하철을 건설)했는데, 우리는 어떻게 할 것이냐? 그건 아니다. 우리는 10m 지하에 정상적으로 건설하자고 그래가지고, '종로선' 할 적에 그렇게 해서 (건설계획이) 통과한 거예요. 그런데 그걸 보면 나는 잘 됐다고 생각해요. 왜냐면, 지금 이북에서 (지하철을) 지하 100m까지 팠다는 것은 폭격을 방지하기 위해서예요. 러시아도 그래서 그렇게 한 것이고. 그런데 지금 보면, 거의 70~80년이 흘렀더라도 전쟁이 일어난 적이 없잖아요. 만약에 전쟁이 일어난다 하더라도 거기 들어가서 살 사람은 아무도 없어요. 사실 아무 소용이 없는 거라고요. 그러니까 소위 정치가들의 판단이 중요해요. 판단을 잘하면 우리가 편히 이렇게 사는 것이고, 판단 못하면 망하고 마는 것이지. 우리가 1950년대, 1960년대, 1970년대를 살아오면서 오늘날 이렇게 우리 지하철이 세계적으로 유명하게 될 줄은 누구도 몰랐어요. 누가 알았겠어요. 지금은 우리가 세계적으로 최고잖아요.

전차가 없어지고 얼마 지나지 않아서 지하철을 건설했잖아요. 그런데 선생님께서는 왜 지하철로 가지 않으시고 수도쪽으로 가셨어요?

당시만 해도 지하철이 그렇게 빨리 (건설)될 거라고는 생각도 못했어요. 그리고 나는 노면전차를 할 만큼 했으니까 지하철을 배우고 할 욕심이 없었어요. 다만 내가 수도는 하고 싶었어요. 왜냐하면 수도는 전혀 다른 기술이고 새로운 것이니까 내가 해봐야겠다고 생각했어요. 그래서 수도국으로 간 거예요.

그렇다면 지하철 건설할 때 전차에 계셨던 기술자들은 얼마 안 갔나요?

150명은 갔을 거예요.

처음 지하철 건설할 때 그쪽으로 가신 분들이 선생님께 자문을 구하던가 혹은 '어떤 점이 무척 어렵더라'는 이야기는 많이 들으셨어요? 기술적으로는 어떤 점들이 제일 어려웠다고 하던가요?

많이 들었죠. 기술적으로는 차량 관계가 어려웠어요. 그게(지하철이) 노면전차하고는 전혀 틀리잖아요. 노면전차는 (동차) 한 량이 왔다 갔다 하잖아요. 그런데 지하철은 동차가 10량이라면 모터 달려있는 것은 3량 밖에 안 되고, 나머지 7량은 화차나 마찬가지여서 끌고 다니는 그런 차예요. 그러니까 이것을 조합하는 것이 그렇게 쉬운 게 아니거든요. 자동화도 다 되어야 하고, 여러 가지가 다 되어야 되니까 참 힘든 거예요. 그래서 제일 힘든 게 차량이에요.

긴 시간 동안 이야기해주셔서 감사합니다.

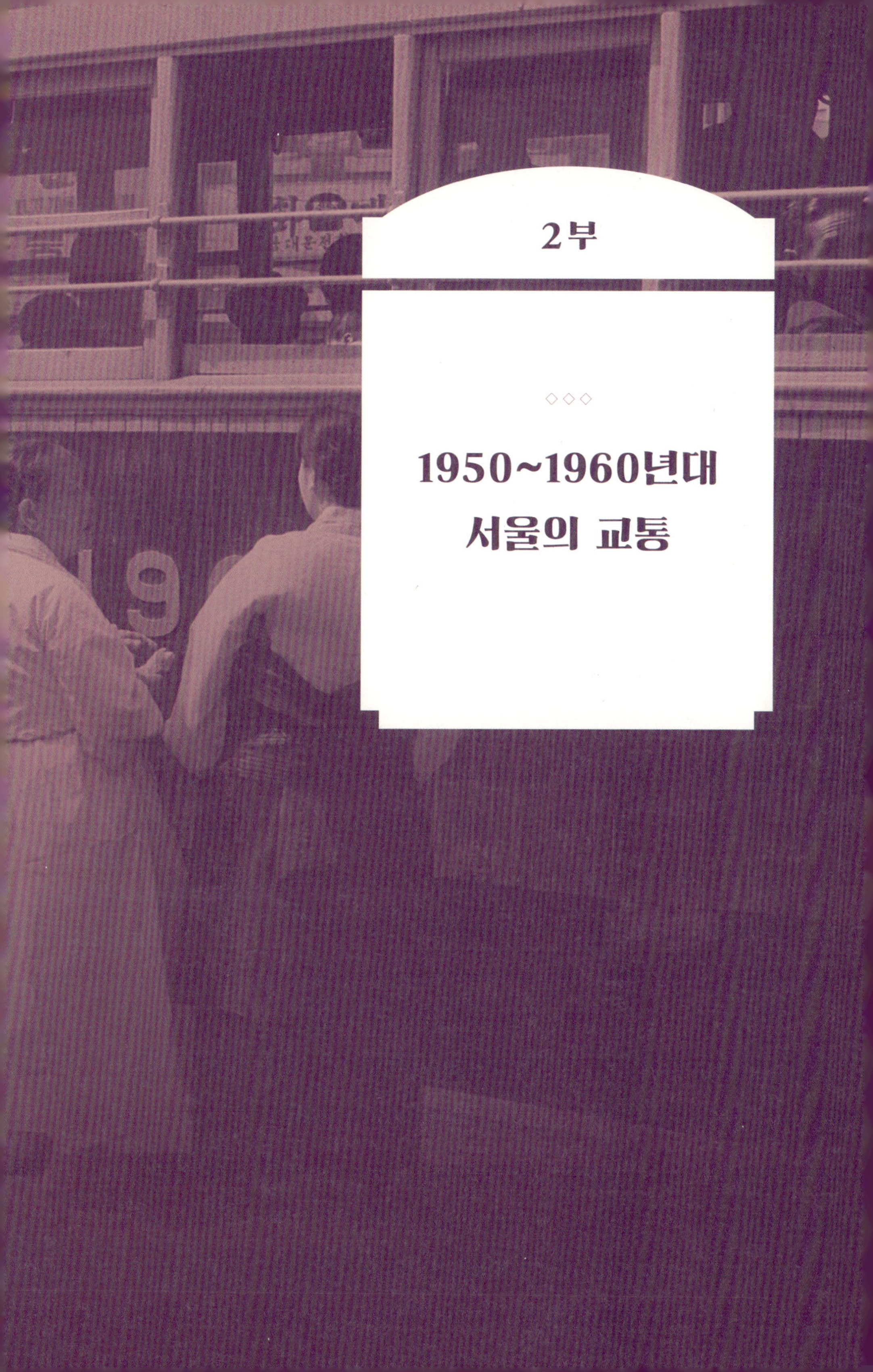

2부

◇◇◇

1950~1960년대 서울의 교통

제4장

박형석

"서울시에서 계속
예산과에 있었던 덕분에,
시정에 얽힌
뒷이야기를 잘 알지요"

1936년	경기도 개풍군 출생
1961년	서울시 기획관리실 예산담당관실 근무
1979년	서울시 예산담당관
1989년	서울시 수도사업본부 경영관리국장
1991년	관악구청장, 서울시 산업경제국장
1993년	서울시 재무국장, 구로구청장
1994년	종로구청장

면 담

면 담 자	이연식(일본 소피아대학), 최인영(서울시립대학교 서울학연구소)
면담주제	서울의 전차와 교통
면담일시	2016년 7월 12일(1차)
면담장소	영등포구청

서울시에서의 주요 활동

이제부터 서울역사편찬원에서 시행하는 서울역사구술채록사업 '서울의 전차와 교통'에 대한 면담을 시작하겠습니다. 선생님, 안녕하세요. 본 구술채록사업의 주제인 전차가 운행을 멈춘 것이 1968년이었는데요. 혹시 1960년대에 선생님께선 어디에서 근무하셨나요?

1960년대라면, 그때 예산과에서 근무했어요.

선생님께서 처음 서울시에 들어오신 건 몇 년도지요?

1961년에 들어왔어요.

그러면 서울시에 들어오신 후 예산과에서 계속 근무하셨나요?

그렇지요. 예산담당관. 서울시에 들어가서 계속 예산과에서 근무했어요. 실무자로 한 10년을 있었어요.

1961년에 서울시에 들어오셨는데, 당시 분위기는 어땠나요?

음. '5 · 16혁명'이 딱 났는데, (당시) 대한민국의 거의 90%가 실업자였어요. 뭐가 있어요? 기업체니 뭐니…. 그런데 '혁명'이 났잖아요. 그러니까 정부가 (사람들에게) 제일 인기를 끈 게 공무원 채용해서 월급 주는 거였어요. 먹여 살리는 거죠. 국민들 먹여 살리려면, 그냥 먹여 살릴 수 없잖아요. 두 번째가 취로사업이라고 해가지고 전혀 능력도 없는 사람들을 (채용하는 거죠). 그러니까 사방공사 할 때 모래 같은 것을 리어카에 싣고 밀어주고 다니면 일당 주는 거예요. 그런데 이게 진짜 전혀 생산성이 없어요. 그냥 하루 리어카 한두 번 밀다가 그냥 그늘에 앉아서 쉬고 그래도 (돈을) 주는 거예요. 나는 그때 "왜 저런 사람한테 돈을 줘?" 그랬는데, 지금 생각하기에 정부 입장에서는 그게

(사람들을) 먹여 살리는 거예요. 그런 취로사업을 서울시가 맡아서 하는 거죠. 어디냐면 천호동 일대의 한강하고 지금 잠실, 뭐 잠원동 일대가 전부 취로사업으로 했고, 여의도 윤중제도 취로사업으로 만든 거예요. 그땐 정말 밥을 굶는 사람이 많았어요. 그러니까 먹여 살려야 됐거든요.

그렇죠. 1953년에 휴전이 되고 겨우 5~6년 정도 지났을 뿐이니까요.

그럼요. 그런 여건 때문에 윤중제하고 지금 성남시 쪽이 전부 그때 만들어진 거예요. 그때 거긴 허허벌판이었어요. 한강이 범람하면 물이 (성남에 있는) 비행장까지 들어와요. 성남시가 전부 물바다였어요. 그걸 제방을 쌓아서 막았어요. 그 제방을 쌓아서 막는 것을 취로사업으로 했어요. 지금 생각하면 연인원으로 수십만 명을 동원한 거예요. 그런데 처음에는 서울시 시민증을 가진 사람만 뽑았어요. 그런데 마무리 단계에 오니까 사람이 부족해요. 그래서 경기도에서 온 것도 받아줬죠. 처음에는 시민증을 꼭 확인했어요. 시민증 안 내놓으면 일 못해요. 한 5~6년 지나고 나니까 모자라서 경기도에서 데려오고 그랬어요.

선생님, 서울시 재무국장으로도 계셨는데, 서울시 예산이 어지간한 도 예산 서너 곳 합한 것보다 많지 않은가요?

거의 그렇게 될 거예요. 그때 당시 서울시 예산이 국가예산의 1/10 정도로 보면 되요. 대단한 파워가 있었죠. 그런데도 난 한 번도 파워 행사를 못해 봤으니…. (웃음)

당시 선생님께서 재무국장으로 계실 때 결재한 서류만 모아도 어떤 프로젝트를 어떻게 하셨는지 흐름은 쭉 나올 것 같아요.

재무국장은 어떤 정책 방향을 결정하는데 참여하는 것은 아니었어요. 집행하는 사람이에요.

1990년대에 관악구청장도 하셨는데, 그때 문화원을 처음 만드셨다면서요?

예. (당시) 지방에 한두 군데가 있던가 그랬어요. 서울에는 전혀 없었고 문화원이 뭔지도 모르던 때였는데 내가 한 번 해보았죠. 그때 내가 관악구청장을 할 때 영국에 그 돌아가신 다이애나 (세자)비가 봉천동 어린이시설을 왔다가 갔어요. 그런데 (다이애나 왕세자비가) 한국에 왔다 갔을 때 (찍은) 사진이 딱 하나 밖에 없다는 거예요. 그래서 영국대사관에서 연락오고 난리가 났었어요. 그런데 내가 (자료를) 다 박물관에 보내버렸거든. 그랬던 일이 있었어요.

마지막에는 종로구청장으로 끝마치신 거죠? 종로구가 워낙 잘난 사람이 많은 동네인데, 구청장도 힘이 셌지요?

뭘요. 별 거 아니에요. 내가 거기 있을 때 여당 국회의원은 이명박이고, 야당은 이종찬이었어요. 둘 다 어떻게 팽팽하게 싸우는지…. 그리고 두 사람이 다 구청장한테 꼼짝못해요. 왜냐하면 항상 민원을 (구청에) 와서 해결해야 하거든요.

◇◇◇◇◇◇◇◇◇◇◇◇◇◇◇ 김현옥 시장에 대한 구술자의 생각 ◇◇◇◇◇◇◇◇◇◇◇◇◇◇◇

1961년부터 서울시에서 근무하셨는데 혹시 옆에서 보신 김현옥 시장은 어떠셨어요? 그때 교통 관련된 정책도 엄청 많이 했잖아요. 지하도도 그렇고, 서소문이나 아현고가도로, 삼일고가도로도 놓기도 하고, 돌아가는 삼각지도 워낙 유명하잖아요.

나는 김현옥 시장 계실 때, 서울시에 근무할 때의 얘기인데요. 보통 리더가 참모들의 말을 그렇게 100% 들어주는 사람이 많지 않았어요. 그런데 김현옥

김현옥 시장

건설현장을 살펴보고 있는 김현옥 시장 (서울역사박물관)

시장은 대외적으로는 그 액티브하고 독선적이고 뭐 이런 인상을 줬지만, 내부적으로 참모가 한마디 하면 100% 들어줬어요.

김현옥 시장이 참모들에 대한 신뢰가 엄청났나 보네요?

예. 그게 참 중요한 것 같아요. 그러니까 밑에 있는 놈들이 (시장에게) 막 얘기하는 거예요. "시장님, 이건 아닙니다." 그런데 그걸 다 들어줘요. 그래서 나는 그 김현옥이라는 분이 인간적으로 아주 훌륭했다고 생각합니다.

사실 김현옥 시장에 대한 평가가 많이 갈리거든요. 어떤 분들은 선생님처럼 평가하시기도 하고, 어떤 분들은 너무 원칙과 기준이 지켜지지 않은 것 아니냐? 이런 평가들도 좀 있고. 선생님 보시기에는 어떠세요?

그 양반이 아주 강하거든. 강한 분이에요. 예를 들어 현장 순찰을 하는데, 책임자가 없어요. 그러면 (현장 직원들에게) "(책임자가) 지금 어디 갔지?" 하고 부드럽게 물어봐요. 그럼 어쩌고저쩌고 담당자를 찾을 거 아네요. 그러면 "전화 좀 바꿔봐.” 그래요. 그런데 (전화를) 바꿔보면 다른 생각이 있거든요. 그러면 용서가 없어요. 그것 때문에 김현옥 시장을 굉장히 인간적으로 형편없는 사람으로 보는데, 난 진짜 멋있는 양반이라고 생각해요. 아니 현장감독이 현장을 지키지 않고 어딜 가서 뭘 했나? 가족에 무슨 어려운 일이 있었나? 아니다 이거야. 그러니까 한 마디로 “그만 둬.” 이거죠. 그럼 끝난 거예요. 그때 박정희 대통령도 그런 스타일이었어요. 두 분의 리더십이 비슷해요. 아주 비슷해.

그러니까 책임자가 현장을 비웠을 경우에 일단 충분한 이유가 있는지 묻고, 개인적으로 태만해서 그랬거나 그러면 책임을 묻는다는 거죠?

그렇죠. 그건 (누가 보아도) 아니에요. (면담자: 유명한 일화들이 많이 있더라고요.) 많아요. 진짜 많지.

제가 궁금한 게 있는데요. 1968년에 삼일고가도로 놓고 할 때였던 것 같아요. 본래 윤치영 시장 때 지하철을 놓겠다는 계획이 있었다고 하는데, 김현옥 시장이 와서 다른 사업들 많이 하다보니까 지하철 건설이 좀 뒤로 밀렸고, 그러다 국회에서인가 지하철 건설을 안 한다는 항의가 있으니까 예산을 세웠다는 이야기를 들었거든요. 하지만 예산집행이 안 되고 계속 이월되다가 양택식 시장에 들어와서야 지하철 예산이 확보되었고, 계획은 전에 있었던 것이 도움이 되어서 지하철 공사를 할 수 있었다고 하던데요. 혹시 김현옥 시장 때 지하철 관련된 예산에 대해서 얘기해 주실 수 있나요?

그때 김현옥 시장이 사실 일을 너무 많이 벌여 놨어요. 그런데 그걸 뒷받침할 수 있는 예산이 한계가 있잖아요. 그래서 그땐 감히 지하철까지는 생각을 못할 상황이었어요. 그때는 지상교통을 가지고서도 큰 불편이 없다고 느꼈던 거죠. 도저히 지상교통으로는 안 되겠다는 답이 나온 것이 양택식 시장 이후의 이야기에요.

◇◇◇◇ 서울시 지하철 1호선 건설 차관협상에 얽힌 뒷이야기 ◇◇◇◇

지하철 1호선 건설 당시에도 참여하신 적이 있다고 들었는데, 기억나는 일이 있으신가요?

내가 우리나라에서 처음으로 일본의 본드 마켓(bond market, 채권시장)에 우리 지하철 채권을 내놓았어요. 그때 재무부에서 그냥 난리가 났지요. 왜냐하면 (국가 채권을 내놓는 것이) 우리나라 국가 신용도의 문제인데, 어떻게 지방자치단체의 일개 서기관이 가서 팔 수 있느냐는 거예요. 그래서 난리가 났는데, 굉장히 성공적으로 끝났어요.

당시 신문에 크게 났더라고요.

근데 그게 에피소드가 하나 있어요. 일본에서는 보통 은행의 전무급, 그러니까 우리나라의 재무부 차관급이 와가지고 협상을 했어요. 그런데 서울시에서는 나 혼자 간 거예요. 그러니까 얘기가 아주 이상하게 되었어요.

의전 관련 문제가 좀 있었나요?

그렇죠. 그것도 말도 아닌데다가, 또 우리가 본드(bond, 채권)를 팔러간 입장이니까 오히려 우리가 그렇게 하면 안 되거든요. 어쨌든 그렇게 협상을 했어요. (당시에) 일본 측에서 내놓은 첫 마디가 뭐냐면, “우리나라는 전쟁을 하고 있는 나라다.” 이거에요. 그러니까 전선戰線이 펼쳐져 있고, 언제든지 전쟁이 일어날 가능성이 있다는 얘기지요. 두 번째는 우리(서울시)는 세법상 조세에 대해서 세목 하나 결정할 수 있는 권한이 없어요. 그때만 해도 자치단체가 아닐 때니까. 그러니까 모든 것을 국가가 하기 때문에 재정에 대해서 보장할 수 없다는 거예요. 일본 측 이야기가 그래요. 내가 들어보니까 전부 옳아요. 그래서 이런 식으로 협상하다가는 아주 망신당하겠다(고 생각했어요). 그때 보통 (채권)시장에서 본드(채권)파는데 세율이 한 80% 정도 수준이었어요. 그런데 처음에 (일본 측에서) 98%로 제안을 하더라고요. 그래서 내가 말도 안 된다. 그렇게 팔 입장이 아니에요. 그런 이자율로.

아, 위험에 대한 부분까지 감수하라는 것이군요?

그럼요. (국가)신용도를 결정하는 것이니까. 이제 일본 측에서 그런 악조건을 쭉 제시하는데 우리가 반박할 말이 하나도 없었어요. 그래서 난 속으로 포기했어요. 그러고서 (일본 측에서) 다음날 또 협상을 하자고 하는데, 내가 "다음날 하루 쉬었다 하자." 그러고서 등산장비를 사가지고 기타알프스[北アルプス]산에 올라갔어요. 올라가 보니까 하루에 도저히 못 내려오겠더라고요. 그래서 거기서 (하룻밤) 자고 그 다음날 온 거에요. 그랬더니 여기(일본 측)서 난리가 난 거예요. 협상을 하는 당사자가 없어졌으니까, 서울에다 연락을 하고 난리가 났어요. 이제 사흘 만에 내려왔더니 (일본 협상단에서) 어떻게 협상을 하다가 그럴 수가 있냐는 거예요. 이제 (일본 정부에서) 금융시장 전체에 대한민국 지하철 채권이 처음으로 상장이 된다고 홍보를 대단하게 한 거예요.[17] 왜냐하면 (일본 정부도) 그걸 팔아야 하니까요. 그렇게 해놨는데 협상을 하다 말고 내가 없어지니까 굉장히 당황한 거죠. 그래가지고 굉장히 좋은 조건으로, 83%에 결정했어요. 그랬더니 (우리나라에서) 재무부 차관으로부터 전화가 오고 막… 우리나라 재무부는 그때 쫓아온 거예요. 아주 성공적이라고 그러더라고요.

---

17 『조선일보』와 『매일경제』 1971년 3월 6일자 기사를 보면 당시 대한민국 정부와 서울시에서는 지하철 건설을 위하여 일본 채권시장에 지하철 채권을 상장하려고 했으나 여의치 않았던 것으로 보인다. 이후 한국 정부는 일본과 지하철 건설을 위한 차관협정을 맺고 지하철건설에 대한 재원조달 문제를 해결하였다(『경향신문』 1971년 12월 30일).

일본 정부에서는 진짜 협상의 고수가 온 줄 알았겠네요.

그렇게 해서 처음으로 일본 채권시장에 대한민국 채권이 상장이 되었어요. 그 스타트를 내가 끊은 거죠. 전혀 채권도 모르는 사람이 등산 다녀와서 협상을 해가지고…. (웃음) 기적적인 이자율로 빼어왔지요.

지하철 관련한 뒷이야기가 또 있나요?

하나 더 이야기할게요. 서울은 어찌되었든 국가의 수도이다 보니까 마음대로 못한 게 많아요. 그러니까 지하철 3·4호선을 동시에 착공했는데, 그 공구가 48개였어요. 그런데 착공을 전부 일시에 한 거예요. 그게 말도 안 돼요. 그리 간단한 문제가 아니에요. 그걸 뒷받침하려면 얼마나 돈이 필요한데…. 그걸 할 수밖에 없었던 게, 중동 붐이 죽으면서 건설업체들이 한국에 (돌아)왔는데 전부 할 일이 없는 거예요. 난리가 난 거죠. 그래서 정부가 건설업자들 살리기 위해서 (서울시에) 이것 좀 하라고 해서 된 거예요. 그러니까 그런 걸 모르는 사람은 "아휴, 서울시가 48개 공구를 동시에…?" 라고 수군거렸죠. 당시 우리나라 건설회사 랭킹 1위부터 24개 회사가 48개 공구를 2개씩, 그러니까 3호선 하나, 4호선 하나씩 해서 했어요. 그리고 동시에 착공을 해야 되니까 중기계로 그냥 뚫고서는 서울시에 돈을 내놓으라는 거죠.

그러고 보면 서울시의 위상이 참 모호하네요. 중앙정부도 아니지만, 사실상 중앙정부의 역할을 떠맡아야 하는 경우도 있고요.

그래요. 내가 그때 교통부장관한테 지하철 때문에 화를 내고 달려들었던 일이 있어요. "이게 국가에서 할 일이지, 왜 국철과 연결해서 전철화하는데 서울시가 부담하느냐 말이에요." 그래 달려들었는데, (교통부장관이) "자기는 돈도 없고 힘도 없고. 자기들은 국회에서 결정해 줘야 하는데 그럴 기미가 없다."

는 거예요. 교통부가 국회의원들 의식해가지고 하고 싶어도 일을 못해요. 그런데 서울시는 하거든. 그래서 (일이) 떨어지는 거예요. 한강개발도 사실은 국가사업이에요.

◇◇◇◇◇◇◇◇◇◇◇ 1960년대 한강개발사업에 얽힌 뒷이야기 ◇◇◇◇◇◇◇◇◇◇◇

한강개발사업이요?

국가에서 해야 되는 거죠. 그런데 이걸 서울시가 맡았어요. 사실 서울시가 할 일이 아니에요. 그런데 이걸 돌아가신 김현옥 시장이 (한강 정비과정에서 나오는) 모래를 팔면 굉장히 수입이 커질 거라고 생각을 하고 달려든 거예요. 한 번은 (김현옥 시장이) 나한테 모래를 팔면 얼마나 (수입이) 들어오는지 자료를 뽑아오라고 해서 제출한 일이 있어요.

한강에서 모래를 파서 판다고요?

예. 모래가 무지 많이 나와요. 그때 건설 붐이 일어가지고 모래를 팔면 굉장히 수입이 컸어요. 그래가지고 서울시가 한강개발을 한 거예요.

어떻게 이렇게 뒷이야기를 많이 아시나요?

그게 기획관리실에서 예산을 관리하지만, 시장하고 직접 대화가 되어야만 돼요. 그러다보니 그런 에피소드가 많이 나옵니다. 어디 갔더니, 글쎄 "야, 지금 모래값이 얼마나 되는지 판단해가지고. 한강에서 모래가 얼마나 나올지 판단해가지고 자료 해가지고 와."라고 하는 지시도 받았죠. 그래서 하수국장한테 하류에 모래가 얼마나 묻혀있는 것 같으냐고 물어보았더니 (하수국장이) 그걸

여의도 건설공사 기공 발파단추를 누르는 박정희 전 대통령 일가와 김현옥 시장

어떻게 아느냐고 그러면서 "오랫동안 한강에 모래가 퇴적되어 있는데, 적어도 200~300m²는 묻혀있을 것 아니냐." 그랬어요. 그래서 '2m×한강면적' 해가지고 모래 양을 계산해서 시장한테 갔어요. 그러니까 이 양반이 껄껄 웃으면서 한강개발이라는 아이디어를 냈죠. 지금 (한강개발계획이) 청와대가 한 것처럼 만들어서 발표가 되었는데, 그 이전에 서울시에서 한강개발이라는 아이디어를 냈어요. 서울시가 왜 그걸 만들 때 영국의 템스강을 개발한 자료를 가지고 와서 만들었어요. 내가 영국에 가서 템스강을 개발한 자료를 가져왔어요. 그 자료를 갖고 (김현옥) 시장한테 가서 이렇게 합시다. 그러니까 시장이 눈이 휘둥그레 가지고 그걸 청와대에 보고하더라고요. 그래서 하루아침에 한강개발사업소를 만들고 밀어붙이는데…. 그땐 그런 게 참 가능했어요. 조직이고 뭐고 시장 맘대로 하니까요. 왜냐하면 청와대에서 오케이하면 되거든요.

◇◇◇◇◇◇◇◇◇◇ 양택식·구자춘 시장에 대한 구술자의 기억 ◇◇◇◇◇◇◇◇◇◇

어느 시장 때까지 대략 그런 방식으로 이루어졌을까요?

그게 아마 양택식 시장이 왔을 때부터 약해지기 시작했을 거예요. 그 전에는 중앙부처가 서울시를 괄시하지 못했어요. 서울시가 한다 그러면 건설부고 뭐가 다 주저앉아서 봤거든요. 그런데 양택식 시장 이후에 그게 안 되었을 거예요.

구자춘 시장 때는 좀 어땠나요?

구자춘 시장은 파워가 엄청 셌지요. 구자춘 시장 때 다시 (위세를) 되찾았는데, 또 그 다음은 약해지기 시작했어요. 중앙부처가 그렇게 그냥 가만히 있지 않거든요. 그게 지방의회라는 게 있잖아요. 그때 의회 역할을 국무총리실에서 해줬어요. 그러니까 서울시가 하는 모든 의사결정을 국무총리실에서 해주는 것으로 되어 있었어요, 일단. 총리의 승인을 받아야 하니까. 그러니까 총리는 건설교통부 장관이고 뭐 또 무슨 장관이고 불러가지고 압력을 넣는 거예요. 그래서 서울시장은 항상 총리한테 가서 브리핑 한 번 딱 해가지고 오케이하면 끝나는 거예요. 그 다음에 청와대에 가서 브리핑하는 거죠. 그러니까 서울시장이 파워가 있었지요. 그때는 구조적으로 그렇게 되어 있었어요. 우리 직제상으로 정부의 승인을 받게 되어 있었거든요. 예산도 총리의 승인을 받았어요. 총리실의 사무처장실에 우리를 불러 놓고 예산 심의하고 그랬어요.

그런데 양택식 시장은 왜 서울시로 오게 된 걸까요?

내 솔직한 생각에 청와대 측의 지시로 온 거예요. 그러니까 그때는 (서울시 정의) 적임자로 온 게 아니에요.

시영버스 내부를 살펴보고 있는 양택식 시장 (서울역사박물관)

그냥요? 저는 (정부에서) 지하철을 놓으려고 양택식 시장을 데리고 왔나 했거든요. 양택식 시장이 철도청장 출신이니까. 또 김현옥, 구자춘 시장이 군인 출신인데 양택식 시장만 군인출신이 아닌 그런 특징이 또 있고요.

그렇죠. 그러니까 그렇지 않은 사람 하나 갖다 놔보자. "(김현옥 시장이) 너무 강하게 나갔으니까 이번에는 부드러운 사람을 데리고 오자." 이렇게 되는 거예요. 그런 식으로 계속 시장이 바뀌었어요. (추이를) 보면, 한 시장이 강하게 막 일을 벌이고 그 다음 시장은 수습하는 시장. 계속 시장이 그렇게 바뀌었어요.

1960년대 강남으로 가는 교통수단

그런데 저희가 서울의 교통하면 보통 1950년대는 전차, 1960년대는 버스, 택시, 시영버스 그리고 1970년대는 지하철. 이렇게 이야기하잖아요. 그런데 그 사이에 쏙 빠져 있는 게 한강의 해운이에요. 1960년대 사진을 보면 사람들이 나룻배를 타고 다니더라고요.

그래요. 나룻배 타고 다녔어요. 그러니까 지금 영동(오늘날의 강남)이 개발되어서 그렇지만, 그때에는 영동이 배밭이고, 오이 심는 밭이었어요. 가령 한남동에서 배를 타고 건너가면 거기에요. 그런데 배가 그냥 노만 젓지. 아무것도 없어요.

네, 그냥 네모난 뗏목이에요.

맞아요. 아무 것도 없어. 거기다가 (사람들이) 다 서 있어요. 서서 건너가는 거예요. 그렇게 배밭 쪽으로 가서 다녔어요. 그러면 (종로구나 중구 같은 도심에서) 한남동까지 어떻게 가느냐? 한남동까지도 가는 버스가 없었어요. 지금의 삼각지 로터리에서 돌아서 가든가, 그렇지 않으면 약수동 고개를 넘어요. 그런데 그 고개가 그땐 무척 험했어요. 그렇게 한남동까지 걸어가는 거예요. 그때는 교통이 그랬어요. 그리고 강을 건너가면 그땐 경기도이고 출장소가 있었어요. (면담자: 그렇지요. 언주출장소.) 그걸 서울시가 인수해서 지금 강남구청이 되었어요. 당시에는 거기에 가려면 노량진에서 다리를 건너서 흑석동에서부터 걸어가야 했어요. 흑석동에서부터 지금 중앙대 있는 앞을 돌아서 잠원동으로 가는 거예요. 그렇지 않으면 또 한 가지 가는 길은 천호동으로 해서 가야해요. 천호동으로 건너가면 조그만 마을이 하나 있었어요. 거기서부터 우측으로 걸어서 잠실을 가야했죠. 그게 강남이에요. 우리가 그때 얘기하면 보통 하룻길이라고 했어요. 하루를 걸어가야 하는 길이죠. 그때의 교통이라는 것은 참 사실은 말이 아니었어요.

선생님께선 1961년 서울시에 들어오셨을 때 어디에서 거주하셨어요?

그때 고려대 앞에 살았어요. 그때야 고대 앞은 아주 유명한 중앙이었죠. 당시 전차노선이 동대문에서 청량리, 그리고 동대문에서 영천. 그리고 마포에서 다리 건너서 영등포. 그게 전부 전차노선이에요. 그게 서울의 주요 교통이었어요. 그 이외에는 전부 전혀 안 되어 있는 거죠.

그러면 강남에 다리가 놓이고 거리가 생기기 시작한 건 언제부터인가요?

내가 재미있는 얘기 하나 할게요. 한 번은 시장이 기자들을 데리고 나룻배 타고 건너가지고 (강남에) 가서 조금 쉬었어요. 그때 기자들이 (쉬다가) 소변을 보고 그러니까 시장이 "소변보지 마라. 그 땅 나중에 금싸라기 땅이 될 거야." 이랬단 말이에요. 그러니까 기자들이 깔깔 웃으면서 "아니 여기가 금싸라기 땅이 되다니." 말도 안 된다고 막 그랬어요. 시장은 그때 영동개발계획을 구상하고 있던 거예요. 그래서 기자들을 데리고 가서 의견을 물어보는데, 의견이 중구난방이었어요. 그래서 시장이 다녀와 가지고 (영동개발을) 해야 하나 하고 며칠을 고민했다는 이야기가 있어요. 어쨌든 그렇게 강남개발이 시작된 거예요. 그땐 아무도 강남을 생각하지 않았는데…. 내가 지금 느끼는 건, 서울 도심에서 한남대교까지 5km에요. 굉장히 가까운 거리죠. 그러니까 지금 저쪽(강남)으로 간 걸 보면 아무것도 아니에요. 다만 한강다리가 있고, 남산터널이 뚫려야 하고. 이제 그 차이죠.

다리가 놓여지기까지 계속 사람들을 뗏목으로 이동시켰나 봐요? 깜짝 놀랐습니다. 그러니까 이렇던 나라가 4~5년 후에 다리를 막 놓고 이제 강남에 빌딩이 막 올라가는 거예요. 딱 10년 사이에. 나루터에서 이러던 사람들이 그렇게 변한 것이 놀랍더라고요.

대단한 거예요. 진짜 대단한 거예요. 그러니까 그 10년 동안 거기서 뛰어다닌 사람들의 공로를 알아 줘야 해요.

1966, 1967년 무렵에는 터널을 뚫을 생각은 못한 것이지요?

그렇죠. 그런데 그때는 거기뿐 아니고 서울시 인구가 막 늘어나니까 계속 개발을 해야 되는 입장이었어요. 교통문제도 거기에 맞추어서 생각을 해야 되니까 딱 뻗어나갈 수밖에 없어요. 그런데 아쉬운 것은 사실 교통을 항상 먼저 생각해야 되요. 예를 들면 (도시를 건설할 때 먼저) 딱 길을 터놓고서 해야 되는데, 항상 뒤쫓아 가요. 그것도 한참 후에 뒤쫓아 가는 거야.

그렇죠. 지금도 그렇지 않나요? 신도시가 생기면 집을 먼저 짓고 교통이 나중에 들어오죠.

지금도 그래요. 한참 후에 뒤쫓아 가요. 이게 국민들이 불편을 느낄 만큼 느끼라고 내버려 두는 게 정치가 잘못된 거죠. 교통정책의 기본이 잘못되었어

한국은행 앞을 지나는 전차의 모습 (국가기록원)

요. 그때도 〈서울도시기본계획〉이라고 그러면 광역계획부터 세워가지고 방사선을 몇 개 어떻고, 순환선이 몇 개 어쩌고를 해놓잖아요. 그러면 그 인근에 뭐가 들어설 거라고 계획해 놓으면 그 길부터 내줘야 해요. 근데 그걸 안 해요.

시영버스가 그런 의미에서 민간업자들이 가지 않는 노선을 해결하려고 한 것 아니었나요?

아니에요. 시영버스 같은 경우는 이미 주민들이 거기서 바글바글하게 살고 있어요. 그런데 개인이 (버스를 운영)하면 거리도 멀고 하니까 타산이 안 맞아요. 그래서 안하는 거예요. 그러면 공영버스를 운영해야 돼요. 이건 세계적인 추세에요. 그러면 민원인들이 와서 데모하기 전에 (공영버스를) 해야 되는 거예요. 그런데 안 해요. 그리고 두 번째는 공영버스 노선이 민원인들을 다 수용할 수 있는 노선을 그려야 돼요. 그런데 서울시가 (자의적으로) 편리한 노선을 그어 버려요. 그러면 안 되죠. 공급자는 항상 수요에 따르는 편의시설을 해줄 수 있어야 하는데, 우리는 그것을 안했어요. 그러고 보면 서울시민들이 참 착해요.

◇◇◇◇◇◇◇◇◇◇◇◇ 1960년대 도심 교통과 전차사업 폐지 ◇◇◇◇◇◇◇◇◇◇◇◇

선생님, 저는 전차 관련 사진을 살펴보다가 사람들이 전차를 타려고 막 달려드는 모습에 놀랐습니다.

그게… 1960년대에 전차가 서울시 도로를 다 막아버린 거예요. 왜냐하면 전차노선이 왕복 2차선이잖아요. 그런데 종로에 전차선이 왕복 2차선이라고 생각해봐요. 그 양쪽으로 겨우 차 하나밖에 못 지나가요. 얼마나 불편해요. 그런데 그때는 택시나 자가용도 없고, 버스도 1~2대 가니까 이게 유지가 되었지요. 그런데 버스가 늘어나고 자가용이 생기고 해봐요. 데모를 안할 수가 없어요. 이제 데모가 일어나니까 서울시에서 전차를 없애야겠다고 했고 마침 청와대에서 (전차를) 없애라고 지시가 내려온 거예요. 그래서 우리가 한국전력에서 전차를 인수해서 없애버리고 이제 버스 중심의 교통체제로 바꾼 거예요.

청와대에서 지시가 내려온 건가요?

그럼요. 한국전력에서는 도저히 없앨 수가 없어요. 노조가 위세가 대단하고 그러니까 없앨 수가 없었어요. 당시에 3개 노조가 전국의 노조를 쥐고 흔들었는데, 정권이 흔들릴 정도로 셌어요. 그러니까 "(청와대에서) 서울시가 인수를 해서 없애라."는 지시가 내려와서 서울시가 인수를 한 거예요. 그때 내가 인수위원으로 (전차사업 인수 작업에) 참여했어요. 실무자로.

전차를 타기 위해 몰려든 서울시민들 (미국국립문서기록관리청)

그렇게 해서 전차사업을 서울시로 이관하는 업무를 맡으신 거군요.

네. 그때 이규효 씨라고 관광운수국장이었고, 박종문 씨가 전차운수사업소 소장을 했어요.

전차사업을 이관할 때 노조에서 저항이 거셌다면서요?

그래요. 그래가지고 내가 생각하기에 노조를 끊어야 하는데, 노조위원장이 우리 고등학교 1년 후배였어요.[18] 그래서 내가 "야. 네가 와야 되겠어. (노조) 데리고." 그랬더니, 후배가 "아이고, 형님. 난 못 갑니다." 자기는 노조원들을 배반하는 짓은 할 수 없다는 거예요. 그래서 내가 "그럼 어떻게 하면 좋으냐.

---

18 전국전력노조 전차운수특별지부장 이현택李鉉澤을 가리키는 것으로 보인다. 한국전력에 소속되었을 당시 노조위원장은 김동호였으나, 서울시로 전차사업을 이관한 뒤에는 이현택으로 바뀐 것으로 보인다(『동아일보』 1966년 5월 20일; 1967년 8월 28일).

대안을 내라." 그랬더니, 이 사람이 자기만 끌어주지 말고 한 댓명을 끌어오라고 하는 거죠. 그리고 거기(전차사업소)가 문 닫을 때까지는 노조를 그냥 있게 해달라는 거였어요. 그래서 내가 두 가지 약속을 하고 데려왔어요. 그렇게 데려와서 내가 전차운수사업소도 만들었죠.

그러면 1968년까지 서울시에 노조가 있었던 거예요?

네. 전차노조가 와가지고 한 2년 했지요. 그리고 (전차사업을 폐지하면서) 없애버렸어요. 해산했지요.

노조위원장이었던 후배는 서울시로 오면서 그래도 좀 좋은 직책을 맡았나요?

그때 박종문 씨, 전차운수사업소장이 한국전력에서 실질적으로 전차를 전체 컨트롤을 했어요. 그리고 그 밑에서 김의재 씨 같은 사람들이 과장을 하고 그랬었죠. 그런데 그 친구(노조위원장)는 과장으로 데려오려고 그랬는데, 자기는 죽어도 주사를 하겠다는 거예요.[19] 자기는 전차 종업원들하고 같이 운명을 해야 된다 그러면서 결국 노조와 함께 끝을 냈어요.

노조는 해산했지만, 그 인원들은 그대로 남았나요?

그렇죠. 인원들은 그대로 있었어요. 그래서 전차 없어질 때까지 그게(노동조합이) 있었지요. 그 대신 노조활동은 못했어요.

19 주사란 일반직 6급 공무원의 직급을 가리키던 옛말이다. 현재는 6급 이하의 모든 공무원을 주무관으로 통칭한다.

동대문 전차사업소 앞을 지나는 전차와 전차신호수 (한영수문화재단)

전차사업을 폐지할 무렵에, 전차 종업원들로부터 저항하거나 불만이 있고 그러지 않았나요? 당시 사진을 보면 종업원들이 대책을 요구하는 벽보도 붙이고 했던데요.

맞아요. 그때 이거 수습하는데 한 2년 걸렸어요. 그래서 그때 종업원들을 전부 각 구청이나 사업소에 임시직. 고용직으로 채용을 해달라고 해가지고 전부 채용을 했어요. 일단 면직을 시키고, 구청이나 각 사업소에 임시직으로 채용을 한 거예요.

그걸 일종의 방호원이라고 하나요?

그때 임시직이 많았어요. 그런데 임시직이라는 것이 돈만 있으면 쓸 수가 있어요. 왜냐하면 일당 얼마씩 준다, 몇 명씩 쓴다 하면 되거든요. 그래가지고 예를 들면, 구청에 청소원으로 보내고, 또 산이 있는 데는 산림초소로도 보내고 이렇게 채용하는 거예요. 그러니까 가령 관악산에 산림초소에 2명만 있으면 될 것을 3~4명 쓰게 만들어 준거예요. 그 예산만 주면 되거든요.

아, 구청에서 요구하면 돈을 줬나요?

그럼요. 그래가지고 그 사람들을 많이 받아들였어요. 당장 그냥 먹고 살 것이 없어가지고 돌려보낸 상태는 아니게 만들어 줬다고요. 그러니까 조용히 끝났지요. 지금 서울시에 구청이 25개잖아요. 그럼 구청마다 100명씩 나누어 주는 건 아무 것도 아니에요. 그 대신에 중요한 것은 (시청) 본부에서 예산을 주는 게 중요하죠. 그게 큰돈이지요. 우리는 한 명 당 일당을 주되 그만두면 더는 채용 안 해요. 그러니까 임시로 자리를 주는 거죠.

전차종업원들이 당시에는 인기도 좋았다고 하던데 구청으로 가려고 하지 않은 경우는 없었나요?

그건 할 수 없죠. 하여간 그렇게 해서 받아주고 하면서 수습을 했지요. 그 사람들이야 계속 전차를 굴리고 싶었지요. 그런데 당시 교통상황이 전차선을 2개 하고 나면 옆에 차선이 (좁아서) 차가 달릴 수가 없어요. 그래서 사고도 많이 나고. 그땐 전차하고 버스하고 얼마나 사고가 많은지 몰라요. 툭 하면 사고가 났어요.

그런데 당시에는 어느 회사 버스가 많았을까요?

그땐 버스회사도 서울에 한두 개 밖에 없었어요.

궤도차에 대한 기억

1968년 11월 30일 전차 마지막 운전하고 운행을 마쳤는데요. 마지막 종점이 어딘지 기억하세요?

거기가 어디냐면, 지금 동대문시장 자리에요. 동대문시장 자리에 전차운수사업소가 있었어요. 거기서 서울 전차는 다 운영되었죠. 그리고 별도로 뚝섬까지 가는 전차가 하나 있었어요. 궤도차라고 했어요. 인제 (뚝섬에서) 농사를 지으면 배추니 무 같은 것을 (궤도차에) 싣고 오는 거예요. 그래서 동대문에 (밭작물을 지고 온 사람들을) 내려놓으면 동대문시장에 가가지고 팔고 그랬거든요. 그때 뚝섬이 전부 밭이었어요. 그때 서울시민들에게 농수산물을 공급하는 유일한 루트였어요. 그것도 참 재미있는 얘기지요. 또 그뿐 아니에요.

전차 운행 중단 후 철거하는 장면 (한국정책방송원)

동대문에서 뚝섬유원지까지 오가던 궤도차 (서울시립대학교박물관)

뚝섬유원지로도 궤도차가 다녔지요?

네. 서울시민들이 한 여름에는 뚝섬유원지 모래사장으로 가는 게 피서였어요. 그런데 그 교통수단이 딱 그거 하나뿐이었어요. 그때는 자가용도 없을 때니까. 그래서 그 전차에 사람이 많이 모여서 그냥 막 땀내를 펄펄 내고 갔다가 오고 그랬지요.

◇◇◇◇◇◇◇◇◇◇ 1960년대 서울시내 택시 영업과 시영버스 ◇◇◇◇◇◇◇◇◇◇

선생님, 조금 다른 질문인데요. 서울시에서 직접 담당하지는 않았지만, 지체 높은 양반들은 택시타고 다니고 그러셨더라고요. 해방 후에 경성자동차하고 국제택시 2개로 택시 영업을 시작했는데, 나중에 시발택시가 나오면서 운행대수가 많이 늘어났다고 하던데요. 제가 본 자료 중에 1961년 서울역 앞 사진이 있는데요. 당시에도 승용차가 꽤 많았나요?

이게 뭐냐면, 재미있는 게 자동차 자체의 수요가 한정되어 있어요. 그러니까 시발이든 영업이든 자동차에 대한 수요가 무척 많은데 공급이 없었어요.

그렇다면 당시 서울역 앞에 선 자동차들이 모두 지프차에요?

예. 택시지요. 그런데 재미있는 건 모든 택시가 서울역 앞에만 모여 있어요. 왜냐하면 다른 데는 손님이 없어요. 거기(서울역 앞)서 기차에서 내린 손님을 실어다 주는 거예요. 그게 (당시에) 유일한 택시업이었어요.

그러니까 서울시에서 택시로 사람들을 데려다 준 다음에는 무조건 서울역으로 다시 오는 거예요?

그렇죠. 갔다가 서울역으로 다시 오는 거예요. 그때에는 택시가 말이에요. 길에서 누가 손을 흔들어 타는 게 아니에요. (면담자: 그러면 전화로 택시를 부르기도 하나요?) 그런 것도 없었죠. 그때 무슨 전화가 있고, 또 택시에 무슨 전화가 있어요? 그러니까 모든 택시가 서울역에서 손님 태워가지고 간 다음에 다시 서울역으로 와요. (서울역에서) 기다리고 있으면 다시 또 (손님이) 와요. 그럼 또 태워다 주고. 그땐 그런 스타일이었어요. 그때 무슨 고속터미널이 있는 것도 아니고, 지방에서 서울로 오는 건 오직 서울역 하나였어요. 그러니까 택시 승객이라는 게 모두 서울역에서 나오는 손님이에요. 그 이외에는 없어.

생각해봐요. 어디 뭐가 있겠어? 길에서 손드는 사람이 없는데 택시가 있겠냐고요?

그런데 택시 대중화하는 과정을 보면, 1960년대에는 정말 이랬고 나중에는 전차가 멈추니까 버스 부담이 굉장히 많아졌잖아요. 그리고 이제 (강남에) 땅 투기해서 돈 번 사람들이 하나둘씩 생겨나면서 택시를 늘려 달라는 시도가 많지 않았나요?

그렇죠. 생기기 시작했지요. 그렇지만 내가 지금 생각하기에 그 수요가 별로 얼마 안 되었어요. 왜냐하면 웬만하면 땀이 흘러도 그냥 버스나 지하철 타자. 그때는 그런 생각이었거든요. 근데 지금은 기억이 잘 안 나는데, 쉽게 이야기하면 이 버스가 15분이나 20분에 한 대씩 오는 거예요. 그러니까 답답해 죽겠는 거죠. 그래서 "급한데 무슨 타고 갈 수 있는 게 뭐 없나?" 이렇게 생각하기 시작한 거죠. 그렇지만 그게 사실 수요가 많지 않아요. 그러니까 굉장히 뒤늦게 택시가 시작이 되었어요.

선생님께선 그럼 출근하실 때 뭐 타고 다니셨어요?

주로 전차 타고 다녔죠. 전차가 없어진 다음에는 버스를 탔는데, 보통 한 20분씩 기다리고 탔지요. (웃음)

당시 버스 사진을 보면 남자 차장도 있더라고요. 보통은 여자 차장이 있었는데….

맞아요. 대부분 여자 차장이었는데, 여자 차장이 부족한 경우에는 남자가 차장을 하는 경우가 있었어요. 남자 차장은 대개 젊은 애들이고, 예쁘장하게 생겼어요. 젊고 예쁜 애들이 남자 차장을 했어요. 근데 대개는 다 여자 차장이었어요.

시영버스의 여성 차장들 (서울역사박물관)

당시 시영버스를 보니까 꽤 크던데요?

맞아요. 굉장히 컸어. 지금 버스보다 컸어요. 뒤에 한 여섯 명이 탈 수 있었고, (버스) 길이도 굉장히 길었어요.

그런데 시영버스가 왜 별로 효과가 없었을까요?

시영버스는 영업용 버스가 안가는 데를 커버하는 거예요. 그게 어디냐면 삼양동이라든가 또는 저 천호동 건너, 그리고 송파나 말죽거리 정도. 그런데 한강 교량이 없으니까 (송파나 강남으로 가려면) 천호동으로 돌아가거나 아니면 노량

진으로 돌아가는 거예요. (면담자: 흑석동 뒤로 해서 간다고요?) 노량진 다리 건너서 흑석동으로 해서 지금의 강남으로 가는 거죠. 이런 교통문제를 시영버스로 해결하려고 했던 거예요.

시영버스는 노선이 엄청 길던데요.

무척 길지요. 그러니까 (시영버스가) 오다가 지치는 거예요. 한여름에 더우면 천호대교를 건너오다가 차를 그 밑에 내려놓고 강가에 앉아가지고 (버스기사가) "조금 쉬었다 갑시다." 그래요. 그래서 손님은 쉬는데, 이 운전수하고 차장은 (강에) 들어가서 수영하고 오면 약 오르는 거죠. 아무튼 그때 그런 짓을 했어요. 근데 워낙 거리가 머니까, 시영버스는 아무도 안가는 데를 갔거든요.

그럼 (시영버스) 운전수라든가 차장 월급은 누가 줬나요?

월급은 서울시가 줬지요.

버스기사하고 차장 신분은 공무원 대우인가요?

아니요. 고용직이라고 해가지고, 지금처럼 말하자면 일당으로 주는 거예요. 일당제로 주는데, 공무원 수준으로 (월급을) 줬어요. 시간외 수당도 그렇게 줬지요.

그렇게 시영버스를 3~4년 운영하다가 폐지했는데, 나중에 그 버스를 팔 때 보니까 잘 안 팔려가지고 되게 고생을 하더라고요. (서울시에서) 버스를 팔려고 입찰을 붙이고 했는데 아무도 입찰을 안 해서 해를 넘기고 간신히 넘기고 그러던데요.

그 시영버스 자체가 완전히 구형에다가 그냥 너덜너덜했어요. 워낙 오래 되다 보니까 버스가 성하지 않아요. 그러니 그걸 누가 사겠어요. 아무도 안사지. 우리 입장에서는 이걸 폐차 처분하자고 했는데, 그걸 팔아보겠다고 했어요. 그럼 팔아봐라 했는데 안 팔렸던 거죠.

그때도 차가 수명이 짧았나요?

그렇죠. 그때는 자동차가 그렇게 수명이 길지 않았어요. 그런데 수명도 길지 않은데다가, 차도 막 굴리잖아요. 사실 우리 서울시는 진짜 아주 원시적이었어요. 내가 지금 생각해도 그랬어요. 문제는 우리 서울시가 인구가 이렇게 늘어날 줄을 모른 거예요. 그런데 서울로 인구가 모여들기 시작하니까 정신이 없는 거죠. 그중에 가장 큰 문제가 교통문제예요. 전혀 대책을 안 세우고 있다가 막 사람이 모여들면서 난리가 나니까 그때 부랴부랴 버스노선을 새로 만들고 이랬는데, 욕을 먹어 가면서 백날 뒤쫓아 가는 거죠. 그때 우리가 도심 교통 때문에 전차를 없앴는데, 정작 변두리에서 들어오는 인구에 대한 교통문제는 너무 소홀했던 거죠. 그래가지고 할 수 없이 시영버스를 만들어가지고 보냈던 거예요. 아주 저 변두리까지 (사람들을) 태워가지고 와라 해가지고. 왜냐하면 일반 버스가 안 가니까요. 그러면서 그 노선들이 하나하나 일반버스로 바뀌었고. 그래도 도저히 안 되겠다 해서 결국 지하철로 바뀐 거예요.

◇◇◇◇◇◇◇◇◇◇◇ 향후 서울시 개발에 대한 구술자의 생각 ◇◇◇◇◇◇◇◇◇◇◇

요즈음 상황을 보면 인구가 줄어들더라고요. 이제 내후년이면 대학교 정원하고 학생 수가 1:1이 되어 버린다고 하더라고요. 이렇게 생각해 보면, 50년 앞을 내다보고 뭘 한다는 게 참 어려운 일이구나라는 생각이 듭니다. 그런 측면에서 선생님의 생각을 듣고 싶습니다.

맞아요. 나는 뭐 오래 전에 (공직에서) 떠났지만, 지금은 말이죠. 50년을 절대로 볼 수가 없어요. 왜냐하면 너무 변화가 빠르기 때문에 10년만 보면 좋은데, 난 10년도 못 보겠더라고요. 근데 우리 세대에는 이 변화를 공간적으로 봤어요. 공간을 내다보면서 "서울이 (인구가) 이렇게 늘어나는데 참 큰일 났다. 여기에 뭐가 들어설 것이고, 뭐가 들어서고. 이러면 안 되는데. 여기에 대한 대책을 강구해야 하는데." 이런 생각을 했거든요. 근데 그건 1960년대 이야기예요. 1970년대에는 공간이 아니고 이제 수직으로 봐요. 그래서 입체적으로 지어 나가는 거죠. 이제 앞으로 20년 후에는 하늘 위에 올라가 있어야 해요. 달나라에 가 있어야 하는 거죠. 이제 공간에서 시간, 종에서 횡으로 생각할 수 있을 때라고요.

진짜 너무 공감이 되네요. 그러니까 예전에 도시계획 하시던 분들의 말씀을 듣다 보면 지도를 벽에다 붙이고 보잖아요. 그러면 서울이 요만했던 게 이렇게 커지잖아 하면서 이야기하시거든요.

맞아. 그런데 말이에요. 내가 재미있는 생각을 얘기해볼게요. 옛날에는 관청의 민원 중심으로 도시가 이루어졌어요. 그러니까 서울은 서울시청이 중심이에요. 그래서 서울시청 주변에서부터 커지기 시작해요. 이게 관료사회에요. 그런데 지금은 그게 아니에요.

예를 들면, 산업발전을 위해서 무슨 자원이 풍부한, 그러니까 양수리라든가 혹은 무슨 수원, 저 평택 이쪽으로 서울시민이 몰려갈 수 있는 게 생길 수도 있다는 생각이 들어요. 은퇴세대들 같은 경우도 혼자 가기에는 좀 위험부담이 있으니까, 그래도 안정적으로 생활할 수 있는 분들이 마을 만들기 요즘 많이 하잖아요. 그래서 공기 좋고, 먹고 사는 데 지장 없으면 가는 거죠. 하여간 우리 서울시뿐 아니고 정부도 그래요. 이제 새로운 시민들의 수요에 맞춰서 뭔가 쾌적한 국가, 쾌적한 도시 이런 걸 만드는 데는 조금 무리해도 투자를 해야 해요. 그런데 대개는 그걸 아껴요. 그걸 왜 아끼는지 모르겠어요. 이제는 서울시가 서울시의 개발이 계속된다는 생각을 버려야 돼요.

지금 말씀하시는 게 1960년대, 1970년대 방식의 개발은 멈춰야 되고, 새로운 패러다임으로 가야 한다는 말씀이신 거죠?

예. 이제 2020년대에 서울은 끝났어요. 내 느낌에 서울은 끝났어요. 그 다음은 어디냐? 서울 근방에서 뭐가 불쑥 나타날 것 같아요. 그러면 이제 서울시를 기준으로 동그랗게 (권역이) 생길 겁니다. 그러면 강원도, 경기도가 모두 수도가 되는 거예요. 그 다음에 두 번째는 인구증가가 억제되어야 해요. 더 이상 안 되겠다 이거야. 인구가 멈추면 어떻게 해야 할까요? 이제는 수준 높은 생활패턴을 찾아가는 것으로 (패러다임이) 바뀌야 해요.

마지막으로 1960년대 서울시 도시개발에 대해서 한 마디 해주셨으면 합니다.

제가 앞서 말했듯이, 1960년대에는 취로사업이라고 (사람들에게) 일당 줘서 일을 시켰어요. 생각해 봐요. 그때 말이지. 리어카에다가 모래를 삽으로 퍼서 싣고 끌고 와서 윤중제 만들고, 지금 강동에 제방도로 만들고 할 때 한두 명이 아니었어요. 수십 명이 나왔는데, 그 사람들이 진짜 먹고 살기 힘들어서 나온 사람들이었어요.

그때 일당도 지금으로선 창피할 정도로 (조금) 줬어요. 그 시대에는 그렇게 했어. 왜냐하면 안 된 이야기지만 그 일자리나마 자기가 꼭 가져야 할 일자리였던 거예요. 그러니까 서울시 도시개발에서 그 사람들의 노고가 대단히 큰 거예요. 솔직히 먹고 살기 힘드니까 도저히 일당 몇 푼 받고 할 일이 아닌데도 그냥 한 거예요. 우리가 생각하기에는 그게 도저히 이루어질 수 없는 일인데 돼요. 사람이 달려드니까. 그렇게 해서 서울이 크게 개발된 거예요. 그런데 그때 사회의 요건(사회적 환경)을 모르는 사람들은 서울시장이 (잘나서) 큰일을 한 것처럼 말하는데, 그게 아니에요. 그때 국민들이 너무 가난하니까 그냥 일만 시키면 다 해내주기 때문에 서울이 큰 거예요. 난 그 점을 꼭 이야기하고 싶어요.

긴 시간 동안 말씀해주셔서 감사합니다.

제5장

윤두영

"당시에는 버스가 정말 엉망이었죠. 그때 내가 버스 개혁을 추진했어요"

1936년	서울시 중구 출생
1961~1970년	부흥부 산하 지역사회개발위원회에서 근무
1971~1975년	서울시 관광운수국 안전계장 · 운수2과장
1976~1980년	지하철본부 기획계장
1981년	서울시 재무국 세정과장
1982~1991년	성동구 부구청장, 서울시 공보관, 서울시 교통국장 등 역임
1992~1995년	동작구 · 성동구 · 종로구 구청장
1995년	서울도시철도공사 사장

면 담		
	면 담 자	이연식(일본 소피아대학), 최인영(서울시립대학교 서울학연구소)
	면담주제	1970년대 서울시 교통국 운수과에서의 추진 사업
	면담일시	2016년 7월 8일
	면담장소	평촌역 음식점

어린 시절 전차에 대한 기억

안녕하세요. 선생님. 1970년 전후 서울시의 교통을 주제로 선생님께 여러 가지 이야기를 듣고자 합니다. 선생님께서는 오랜 시간 서울시에서 근무하셨는데 주로 어느 부서에 계셨나요?

제가 1971년부터 서울시 운수과에 있다가, 1976년에는 지하철본부 기획계장을 했어요. 1980년대에도 교통국 운수1과장을 했고요. 1991년에는 교통국장도 하다가 동작구청장, 성동구청장, 종로구청장 등을 거쳐서 1급으로 승진해서 서울시의회 사무처장이 되었어요. 그러다가 1995년에는 서울도시철도공사 사장까지 지냈어요.

서울시의 교통정책과 관련해서 중요한 위치에 계셨네요. 혹시 서울시 도심을 오가던 전차도 기억하시나요?

제가 어렸을 때 신당동에 살았어요. 거기에 광희국민학교라고 있었는데, 일제강점기에 제가 2년 초등학교를 다녔지요. 그때는 쭉 걸어 다녔어요. 차가 별로 없었으니까요. 그때 서울시에는 사대문 안에만 인구가 좀 있었지, 변두리는 개발이 별로 안 되어 있었어요. 그러다가 해방되고 제가 경기중학교에 들어가게 되면서 통학할 때 전차를 이용했어요. 교통수단이 전차밖에 없었거든요. 신당동에서 동대문까지 걸어가서 전차를 타고 종로까지 갑니다. 그리고 전차에서 내린 뒤에 화동까지 걸어서 중학교를 다녔어요.

제가 중학교 2학년 때 6·25전쟁이 나서 부산으로 피난 갔다가 고등학교 2학년에 다시 서울로 돌아왔어요. 서울에서 고등학교를 졸업하고 연세대학교에 들어갔는데, 이때 아마 전차 외에 시내버스가 생겼을 겁니다. 그래서 시내버스를 타고 동대문에서 신촌을 갔어요. 그런데 버스를 타면 얼마나 만원인지… 연세대 학생뿐만 아니라 이화여대 학생도 버스 안에 가득 차서 움직이지도 못할

1960년대 혼잡한 서울 시내 교통 (서울사진아카이브)

정도였다니까요. 교통난이 참 심했던 것 같아요. 아무튼 대학교를 다니다가 제가 부흥부에 들어가게 되었어요.

부흥부에서의 공직생활

부흥부에서의 공직생활은 어떠셨나요?

제가 대학을 졸업하고 부흥부에 들어간 게 1961년이에요. 그때는 4·19혁명 나고 데모만 해서 발전이 없었죠. 제가 부흥부에 들어가고 얼마 안 있어 '5·

16혁명'이 일어났고, 저는 강릉으로 발령이 났어요. 거기에서 지역개발사업을 주로 했지요. 그때 부흥부에는 '지역사회개발위원회'라는 게 있었어요. 유엔에 '운탑(UNTAB, United Nations Technical Assistance Board)'이라는 원조기구가 있었는데,[20] 그 원조를 받아서 (지역사회개발위원회가) 개발을 한 거예요. 이런 것들이 다 박정희 대통령의 새마을운동하고 관련이 있어요.

제가 강릉에 강동면 모전리에 가서 문화회관도 만들었지만, 주로 한 것은 경지정리사업이었어요. 조금 강압적으로 하기는 했지만, 땅이 반듯하게 되어 있어야 농사짓는 기계가 잘 들어가잖아요. 우리가 원조를 받아서 지역개발을 해서 우리나라를 발전시켰지요.

교통과 관련된 사업도 있었나요?

박정희 대통령이 지역개발을 하면서도 고속도로를 놓으려고 했지요. 그때 어떻게 했느냐? 우리나라가 대일청구권(자금)을 받아서 개발을 시작한 거예요.[21] 이때 현대건설의 정주영 회장이 해보겠다고 해서 도로를 뚫기 시작했어요. 곳곳에 비료공장도 생겨서 농촌도 발전했고, 제일제당이나 포항제철도 생겨나서 우리나라가 이만큼 발전을 한 겁니다. 그러다가 제가 서울시 운수과 안전계장으로 간 것이 1971년입니다.

---

20 운탑(UNTAB, United Nations Technical Assistance Board)이란 UN에서 개발도상국에 기술 원조를 제공하기 위한 기구로서 한국어 명칭은 'UN기술원조처'이다. 제4회 UN총회에서 설치안이 가결되어 기술원조위원회와 함께 1946년에 설치되었다.

21 한국은 1965년 한일기본조약을 체결할 당시 한국과 일본 정부는 〈재산과 청구권에 관한 문제해결과 경제협력에 관한 협정〉을 체결하여 한반도 식민지배에 대한 일본의 책임문제를 일단락지었다. 그러나 이 협정은 일본군 위안부로 끌려간 여성이나 강제징용, 동원된 사람들 등 일제강점 하에서 한국인들이 당했던 다양한 형태의 수탈과 피해 상황을 제대로 조사하지 않은 가운데 포괄적으로 협정을 체결함으로써 이후 상당한 문제점이 있음이 지적되었다. 한편 한국 정부는 이 협정을 통해 일본으로부터 받은 비용을 경제개발자금으로 투여하였다.

새로 도입된 시영버스를 살펴보는 김현옥 시장 (서울역사박물관)

◇◇◇◇◇◇◇◇◇◇◇◇◇◇◇◇◇◇ 서울시로의 이직과 운수과 업무 ◇◇◇◇◇◇◇◇◇◇◇◇◇◇◇◇◇◇

선생님께서 서울시 운수과 안전계장으로 옮기신 다음에는 어떤 일을 하셨나요?

그때는 이미 전차가 없어지고 사람들이 버스를 타고 다닐 때인데, 버스가 정말 엉망이었어요. 버스 타기가 정말 어려웠다니까요. 버스 문이 하나밖에 없고. 문 앞에 안내원이 있어서 표를 받았어요. 그래서 내리는 사람 다 내리고, 다 타는 데 시간이 오래 걸렸어요. 버스 타는 사람도 너무 많아서 매일 초만원이라 움직이기도 힘들었어요. 그래서 제가 안전계장으로서 '버스를 이대로 두면 안 되겠다, 구조를 바꿔야겠다.'고 (생각)해서 (버스 차체의) 중간에 문을 하나 더 만들었어요. 앞에서는 타는 승객에게 돈을 받고, 중간에서는 승객들이 내리게만 했어요. 버스구조개혁을 한 거예요.

다음으로 자동차검사사업. 시내에 버스검사장이 10군데가 있었는데, 이것도 엉망이어서 검사장비 같은 거를 정비하는 일도 했지요. 자동차매매업소를 중고차매매업소로 정비하는 일도 했어요. 당시에는 우리나라가 자동차를 못 만들 때니까 그런 데에서 중고차 고친 것을 팔고 그랬거든요. 자동차 매매와 관련해서 을지로 일대에 300평짜리 단위사업소를 허가내주는 일도 했어요.

전차가 없어질 즈음에 서울시에서 시영버스를 운영했는데, 시영버스 관련 업무도 하셨나요?

서울시내에 직장이 있는 변두리 사람들이 출퇴근을 할 수가 없잖아요. 민간버스만 갖고는 부족하니까 시영버스를 만들었어요. 그래서 뚝섬 같은 데로 시영버스를 보내기도 했죠. 이 무렵에 제가 (서울시 교통국) 운수1과장으로 (전보)왔는데, 교통행정이 엉망이었어요. 버스들이 자기네 멋대로 이리 다녔다 저리 다녔다 했거든요. 버스는 사람들이 많은 데로만 가려고 했어요.

버스 노선 지정과 노선번호 부여

버스 노선이 정해져 있지 않았나요?

노선은 정해져 있었지만, 몰래몰래 가는 거예요. 그래서 이것을 엄격하게 하기 위해서 '시내버스노선조정위원회'를 만들었어요. 전문가, 교수 등을 거기에 참여시켰지요. 여기서 노선번호 부여, 인구에 따른 증차 같은 것이 결정되었지요. 그때부터는 버스 전면에 번호를 달아서 시민들이 편하게 만들었어요.

그 전에는 시민들이 아무 버스나 막 쫓아가서 타고 그랬어요. 이 버스 노선번호를 제가 만든 거예요.

그런데 버스노선 중에 어떤 데는 (수익이) 좋고 그렇다보니 버스회사하고 서울시 간에 (협의과정에서) 돈이 오고가는 일도 있었어요. 관광버스도 그렇고 장의버스도 그랬고요. 아무튼 버스업자들하고 운수과 직원들 사이에서 그런 짓들을 했더라고요.

시 공무원과 버스 회사 사이에 뇌물 같은 게 오고갔다는 말씀이신가요?

(버스)회사별로 버스를 증차해달라고 그런 일이 있었지요. 그래서 어떤 사람들은 구속되기도 했어요. 내가 운수과 갔을 때 그런 상태였어요. 저는 모든 운수행정을 개방적으로 했어요. 시내버스는 노선별로 증차했고, 관광버스도 좀 늘렸어요. 이때 제가 기자들하고 친해서 기자들 다 불러놓고 이런 일들을 신문에 공고를 냈어요. 그래서 12개 회사가 들어왔는데, 주택은행에서 기자들 모아 놓고 공개 추첨을 해서 서너 군데 회사를 딱 정한 거예요. 장의버스도 이런 식으로 정리했어요.

그 다음부터는 말썽이 없어졌죠. 택시도 엉망이었는데, '15년 무사고' 같은 개인택시 규정을 만들어서 모집을 했어요. 그렇게 500대를 모집하고 여의도에서 발대식을 열었어요. 여하튼 그때 증차가 많이 이뤄졌어요. 그러다가 지하철이 생겼어요.

지하철 도입 이후 서울의 교통은 어떻게 바뀌었나요?

지하철 개통할 때도 제가 있었어요. 저는 지하철본부 기획계장도 했습니다. 지하철이 개통된 이후에는 시내버스가 좀 줄어들었어요. 1호선부터 4호선까지는 1기 지하철이라고 했고, 제가 도시철도공사 사장할 때인 1995~1999

점검을 위해 서울시청 앞 광장에 모인 시영버스 (서울역사박물관)

년에는 5호선에서 8호선까지 2기 지하철이 개통된 거예요. 처음에 1기 지하철 할 때는 일본에서 전동차를 다 들여왔지만, 5호선부터는 우리나라에서 전동차를 만들었어요. 그래도 우리나라는 지하철을 일찍 시작한 거예요.

감사합니다.

제6장

김인식

"서울의 교통문제를 생각하려면, 인구가 어떻게 변화했는지를 함께 봐야 합니다"

1936년	서울시 종로구 출생
1971년	서울시 토목기좌로 임용
1972년	지하철건설본부 공사과 공사계장
1977년	지하철본부 기획조사과장
1978년	서울시 도로국 도로과장
1982년	서울시 건설관리국장
1984년	서울시 도시계획국장
1987년	서울시 상하수도국장
1989년	서울시 종합건설본부장

면 담

면 담 자	이연식(일본 소피아대학), 최인영(서울시립대학교 서울학연구소)
면담주제	1960~1970년대 후반 서울시 교통정책과 건설(1차) 1960~1970년대 서울의 교통인프라 구축과정(2차)
면담일시	2016년 7월 14일(1차), 2016년 8월 18일(2차)
면담장소	코리아 비즈니스센터 사무실(서울시 서초구)

◇◇◇◇◇◇◇◇◇◇ 1960~1970년대 서울시 교통상황의 변화 ◇◇◇◇◇◇◇◇◇◇

안녕하세요. 본 면담은 서울역사편찬원에서 시행하는 서울역사구술채록사업 중 '서울의 전차와 교통'을 주제로 진행하는 겁니다. 선생님께서는 전차와 직접적으로 연관되는 직무에 계시진 않았지만, 당시에 도로나 다리 등 교통 관련 기반시설 건설에 참여하셨습니다. 그래서 그와 관련하여 우선 1960~1970년대의 교통상황에 대해서 여쭙고자 합니다.

우선 전차를 연상하면서 서울의 도시교통문제를 생각하려면, 서울의 인구가 어떻게 변화했는지를 함께 봐야 합니다. 이게 교통문제하고 직결되어 있거든요. 제가 서울시에 들어올 때, 인구가 290만 명이었습니다. 김현옥 시장이 부임하던 때(1966년)가 347만 명으로, (제가 들어올 때보다) 65% 정도 인구가 늘어났습니다. 그러다가 5년 후에는 (서울 인구가) 540만 명 정도가 되는데, 결국 10년도 안 돼서 인구가 두 배로 늘었습니다. 이렇게 인구가 빨리 증가한 것은 우리 역사상에도 없었고 전 세계 도시에서도 유례를 찾아볼 수가 없을 겁니다.

이렇게 인구가 늘어나서 교통이 복잡해지는데, 전차가 길을 차지하고 있으니까 장애물이 되었어요. 그래서 전차가 없어져야한다는 말이 나왔습니다. 당시에는 전차나 궤도 등을 다 일제강점기에 쓰던 것들을 그대로 쓰다 보니 노후하고 엉망이어서 도로의 큰 장애물이었어요. 대체할 수 있는 대중교통수단도 따로 없어서 전차에 의존하니까 전차 안은 매일 콩나물시루가 됐고, 사람들이 전차에 매달려가고 그랬어요. 그러다가 나중에 버스로 전환이 되었죠.

선생님께서도 전차를 많이 타고 다니셨나요?

네. 저는 초등학교 다닐 때, 전차를 많이 타고 다녔어요. 해방 직전에 돈암동으로 이사를 왔는데, 거기가 구획정리사업을 한 데여서 전차가 다니던 곳입니다. 사실 전차노선이 거미줄처럼 되어있지 않았어요. 종로, 을지로 등 주로

1950년대 광화문 앞을 지나는 전차 (서울시립대학교박물관)

도심을 중심으로 (전차가) 다녔습니다.

그런데 왜 돈암동에 전차가 있었느냐? 돈암동은 해방 직전에 (일제에 의해) 신시가지로 조성된 겁니다. 저는 청운동 옆 신교동에서 살았고, 청운초등학교에 다녔습니다. 돈암동으로 이주한 것은 초등학교 2학년 때였고요. 해방 직전이었죠. 그래서 돈암동에서 삼청동, 청운동까지 전차를 타고 다녔으니 얼마나 힘들었겠어요? 종로4가까지 와서 갈아타고 광화문까지 가고, 또 갈아타고 청운동까지 가는데 아마 1시간 반 정도 걸렸어요.

등교하실 때, 시간이 굉장히 많이 걸렸네요.

1시간 반 이상 걸렸을 거예요. 도저히 그렇게 다닐 수가 없어서 돈암초등학교로 전학했어요. 돈암초등학교는 교사도 준공하기 전에 개교한 학교였어요. 어쨌든 그래서 전차를 많이 이용했어요.

서울 노면전차노선도와 구술자의 통학구간 (보라색이 구술자가 통학하던 경로이다.)

해방 이후의 전차는 어떠했나요?

해방 이후에도 전차는 여전히 유용한 대중교통수단이었습니다. 돈이 좀 있었으면 아마 개량을 했겠지만, 한동안 미국에서 중고 전차를 몇 대 들여왔지요. 쉽게 말해서 우리가 재원이 없어서 전차에 투자를 못한 거예요. 결국 전차는 제대로 개선되지 못하고 전전하다가 대중교통수단으로서의 활용가치가 떨어지게 되면서 포기하게 된 것이지요. 그래서 나중에 서울시에서 시영버스를 운영했어요.

저희가 준비한 사진을 보면 1967년 상계동에서 시영버스가 개통되었다고 합니다.

제 생각에 상계동은 원래 주민 밀집 지역이 아닙니다. 제가 상계동을 왜 잘 아는가 하면, 제가 다닌 공과대학이 하계동 인근 태릉에 있었거든요. 이 공과

서울시내를 운행하고 있는 시영버스 (서울역사박물관)

대학은 일본 사람들이 만들었는데 학교 교사가 아주 멋있습니다.[22] 그것이 나중에 산업대학이 되었고, 지금은 명문대학으로 발전했지요. 그래서 제가 상계동을 잘 알아요. 당시 사람도 많이 안 사는 곳이어서 대학 시절에는 근처 수락산으로 소풍가고 그랬어요. 버스가 개통되던 때가 1967년이면 김현옥 시장(재임) 2차 년도인데, 그때 아마 무허가 철거민들을 그쪽으로 수용해서 버스를 늘린 게 아닌가 싶어요. 거기가 환경이 좀 열악한 지역이었어요.

---

22 구술자가 이야기하는 공과대학은 옛 서울대학교 이공학부를 가리키며, 현재는 서울과학기술대학교(구 서울산업대학교)이다. 구술자가 이야기하는 교사는 서울 노원구 공릉로 232 소재 서울대학교 구 공과대학 본관과 교사 건물을 말한다. 서울대가 관악캠퍼스로 이전한 이후에는 서울과학기술대학교 다산관으로 사용되고 있다.

서울시의 지하철 구상과 1호선 건설

김현옥 시장 재임 시절에 전차도 없어지고 서울의 교통이 전과는 많이 달라진 것 같습니다. 서울시에서 전차 폐지 이후 시영버스 도입처럼 대체 교통수단을 생각했을 것 같은데요. 지하철 건설 구상도 이때 이뤄졌나요?

김현옥 시장이 부임한 이후의 서울의 변천과정은 아주 빨랐어요. 당시 우리나라에 지하철 관련 전문가도 없었고요. 다만 일본에 김현옥 시장과 교류하던 인사들이 더러 있었는데, 그래서인지 몰라도 김현옥 시장이 부임한 이후로 서울 도시계획 방향을 일본에서 벤치마킹했다는 얘기가 계속 나왔어요. 지하철도 일본에서 지내는 어떤 사람으로부터 조언을 들었던 것이 아닐까 생각됩니다.

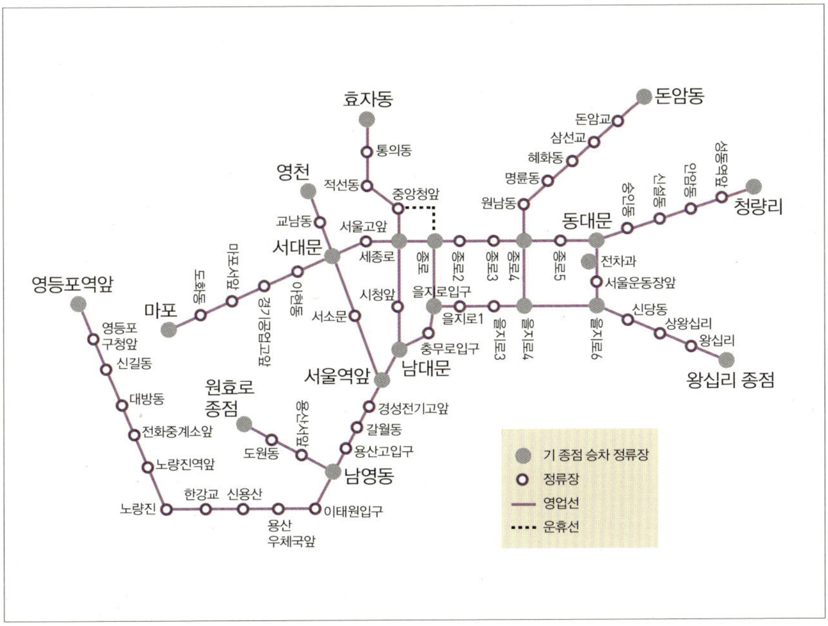

1950년대 후반 전차노선도(『경성전기주식회사 60년 연혁사』)

당시 국내에서는 도시개발과 관련해서 지하철을 연구한 적이 없었어요. 그래서 지하철 건설 문제는 대략적인 구상이 아니었을까 생각해요.

당시 계획된 노선을 보면, 갈현동 · 우이동 · 말죽거리 · 천호동 이렇게 4개 정도가 있습니다.

그 당시는 서울 사람이라면 누구든지 서울로 유입 혹은 유출되는 간선노선으로는 그것밖에 떠올리지 못할 때였어요. 지하철 계획을 세우는데 당시 여건상으로는 굳이 방사선이나 남북 또는 동서로 그렇게 거대하게 노선을 고려할 필요가 없습니다. 지하철은 어차피 도심 중심 교통수단이에요. 갈현동까지 갈 필요도 없지요. 이것은 나중에 인구가 늘고 도시를 확장할 때 필요한 거지요. 종로를 중심으로 하는 단핵도시라는 관점에서 보면 옛 노면전차 다니는 노선을 지하철로 전환하면 되는 겁니다.

서울시에서 지하철 종로선 건설을 구상한 건가요?

서울시에서 최초로 지하철계획을 할 때 1호선이 만들어졌습니다. 종로를 중심으로 청량리와 서울역까지. 그런데 서울시에서 구상하는 과정에서 교통부와 철도청이 참여하면서 기존의 서울역과 청량리역에 있는 철도망을 연결시킨다는 전제로 (1호선 건설을) 출발했습니다.

지하철 1호선 건설 재원은 어디로부터 조달했나요?

지하철 1호선 사업은 일본으로부터 차관을 받아서 하는 것을 전제로 하고 있었습니다. 정부가 일본에 서울역과 청량리역을 연결하고 싶다는 구상을 제시하면서 건설된 것이 지하철 1호선입니다. 당시 일본 사람들이 우리 계획을 봤을 때 단순했겠지요. 이 사람들이 1호선으로 끝나지 않고 앞으로 지하철을 계속 이어간다면 (서울시에서) 어떤 복안을 가지고 할 건지를 물어보면서 참

1974년 지하철 종로선(1호선) 개통식 (서울역사박물관)

고하라고 자기네들이 쓴 책을 갖다 줬어요.

당시 일본 측 부서가 '일본철도해외협력처'라고, 차관 업무를 담당하는 부처였습니다. (일본 측에서) 앞으로 서울의 지하철 구상은 이렇게 하는 것이 좋을 것이라면서 우리에게 제시한 책이 있어요. 가쿠모토[角本]라는 일본의 전문가가 쓴 책이었죠.[23] 그때 우리는 백지상태에서 1호선을 건설하게 되었던

23 구술자가 이야기하는 책이 무엇인지 구체적으로 알 수 없으나, 일본 국립국회도서관 홈페이지에서 가쿠모토[角本]로 검색해보면, 다음과 같이 가쿠모토 료헤이[角本良平]가 쓴 도시 교통 관련 저서들을 쉽게 찾을 수 있다. 『都市交通の基本政策 その将来の方向と米国の経験』, 交通協力会出版部, 1961; 『通勤革命』, 三一新書, 1966; 『道と自動車 一億2000万人の交通計画』, 日経新書, 1968; 『都市交通政策論』, 有斐閣, 1975.

것인데, 가쿠모토가 쓴 책을 바탕으로 지하철 건설과 서울의 도시기본계획을 연계해서 검토하기 시작했어요. 결론은 쉽게 내지 못했지만요. 왜냐하면 당시 우리로서는 지하철(건설)이 계속 이어지리라고는 생각하지 못했어요.

저도 가쿠모토가 쓴 책을 보았습니다. 모두의 관심사였죠. 그래서 1호선은 잘 마무리되었는데, 하필이면 개통식을 하는 날 문세광이 박정희 대통령 영부인을 저격하는 사건이 생겼어요. 원래는 박정희 대통령이 개통식 테이프를 끊으러 오기로 되어 있었는데, 나중에 정일권 국무총리가 왔어요. 그리고 방송에서 갑자기 비상상황이 생겼다고…. 서울시로서는 역사적인 지하철 1호선 개통식이 될 수 있었는데, 아주 초라하게 끝나고 말았죠.

지하철 건설 과정에서 기억날만한 에피소드가 있으셨나요?

우리가 지하철 공사할 때는 말이에요, 통행금지 시간에도 다닐 수 있도록 야간 통행증을 받았어요. 그만큼 우리는 지하철을 건설하면서 밤낮도 없고 휴일도 없는 일상을 보냈습니다. 물론 지하철 건설은 서울시만이 아닌 국가적으로도 중요한 사업이었고, 언론에서도 지하철 건설 과정을 뉴스로 빈번하게 보도하고 그랬어요. 당시 청와대에서는 지하철(건설본부) 담당 공무원들에게 격려금도 자주 주었습니다. 언론기관은 건설과정에서 발생하는 크고 작은 사고를 보도할 때도 가능한 긍정적으로 다루어줬어요. 그러니까 당시에는 지하철 건설에 대해서 매우 호의적으로 바라보는 시선이 일반적이었어요.

청와대에서 지하철 공사를 직접 챙기기도 했나요?

당시 지하철 건설현장을 시찰하는 대통령 모습은 언론에서 자주 마주하게 되는 모습이었습니다. 그리고 지하철 1호선 공사가 끝나면 곧바로 2호선 건설에 착수한다는 청와대의 의지를 여러 번 감지했습니다. 그런데 문세광 사건이

지하철 1호선 공사 당시 박정희 전 대통령이 시찰하는 모습 (서울역사박물관)

터지고 나서 하루아침에 그런 소리가 언제 있었느냐는 식으로 지하철건설본부라는 조직이 일부만 남고 해체되었어요. 지금으로 보면, 다 없애버리고 '과課' 하나 정도 남겨둔 셈이죠.

1호선이 개통된 이후에 지하철건설본부가 '과' 수준으로 재편되었나요?

네. 당시 본부는 본부장이 국장급이었어요. 직원이 아마 400~500명 정도 됐을 거예요. 그런데 그런 사태를 겪으면서 이제 우리 뇌리에서 지하철이라는 것은 사라질 정도였어요.

1호선 건설할 때 필요한 기술 인력이 많이 양성되었습니다만, 일시에 사라

져버렸던 것이죠. 나중에 지하철 공사를 재개할 때, 기술 인력이 부족해서 한동안 아주 큰 어려움을 겪었어요. 이것은 엄청난 국가적 손실이었죠.

지하철 2호선 건설에 얽힌 뒷이야기

지하철 2호선 건설은 어떤 계기로 시작하게 되었나요?

지하철 2호선 건설에 본격적으로 들어간 것은 구자춘 시장 취임 1년 후입니다. 2호선이 구상돼서 건설에 착수하는 과정은 1970년대 서울시 교통의 역사에서 아주 중요합니다. 물론 지하철 1호선 시작도 역사적인 일이었지만, 2호선 건설은 지하철 건설이 재개되었다는 측면에서 더 중요하다고 생각해요. 빨리 재개된 것은 우리로서도 참 다행이었어요.

그런데 2호선을 어떻게 건설할 것인가 하는 문제에서 구자춘 시장은 가쿠모토란 일본 사람이 제시했던 것을 완전히 백지화시키고 시작했습니다. 왜냐하면 1호선 건설이 구상되던 때는 1960년대이고, 2호선은 1970년대란 말이에요.

세월이 흐른 만큼 다른 방식으로 지하철을 건설할 필요가 있었군요?

구자춘 시장이 부임한 때는 1974년이었습니다. 김현옥 시장이 1호선 건설을 구상하던 때에 비해 인구는 배가 되었고요, 교통량은 자동차 3만 대에서 10만 대로 3배가 늘었어요. 하여튼 당시 서울의 상황은 그전에 비해 엄청난 변화를 겪었지요.

1960년대에 일본사람들이 제시했던 지하철 노선망은 종로와 사대문을 중심으로 하는 단핵도시에 기초했던 거예요. 그런데 구자춘 시장 취임했을 때에는 인구나 교통량이 폭발적으로 증가했을 때여서 이래가지고는 못 견디겠다는 압박을 받던 시기입니다. 그러니까 새로운 구상을 해서 '3핵도시'란 얘기가 나왔어요. 서울 구도심·영등포·강남, 이렇게 말이에요.

구자춘 시장 전에 양택식 시장도 2호선 구상에 관여하지 않았나요?

양택식 시장은 구자춘 시장 부임 전에 지하철 문제 때문에 발탁되어 오신 분이에요. 그 분이 지하철 사업을 본격적으로 시작하면서 영동개발이 이뤄졌죠. 제가 볼 때 양택식 시장은 시장으로서 강력한 리더십이나 김현옥 시장처럼 불도저 같은 박력이 있지는 않았지만, 서울의 도시개발에 커다란 변화를 주는 계기를 가져오신 분이에요. 물론 당시는 도시의 수요가 폭발적으로 팽창하고 도시개발이 집중됐기 때문에 서울시가 아닌 중앙정부 차원에서 영동개발(강남개발)을 주도하기는 했지만…. 아무튼 영동구획정리사업은 서울의 큰 변화를 가져오게 되죠. 나중에 구자춘 시장이 부임하고 박정희 대통령의 연두순시가 있었는데, 이때 영동개발에 대한 이야기가 본격적으로 오고갔어요.

영동개발과 지하철 2호선 건설이 어떻게 연결되나요?

당시 박정희 대통령에게는 서울 인구가 폭주하니까 인구를 강남과 강북으로 분산시켜야 한다는 뜻이 있었어요. 여의도 개발도 이런 측면에서 시작된 겁니다. 여의도에 시범아파트 지으면서 서울 시민들이 정주할 곳을 만든 거예요. 박정희 대통령이 연두순시하면서 구자춘 시장에게 강북의 과밀한 인구를 더 분산시켜서 강남과 강북(의 인구비율)을 5:5로 만드는 구상을 할 때가 되지 않았느냐고 지시했어요.

구자춘 시장이 그 명령을 수행하기 위해서는 도시계획을 새로 해야만 했어요. 그래서 나온 게 3핵 도시입니다. 그걸 바탕으로 한 지하철 구상이 2호선

도림천 위에 건설 중인 지하철 2호선 고가철도 (서울역사박물관)

이고요. 결국 일본사람들이 제시한 것은 휴지 조각이 될 수밖에 없었어요.

2호선은 구자춘 시장이 구상한대로 건설되었나요?

물론 주변 참모들과 함께 2호선 건설 구상을 했지요. 도시계획전문가들과 교통문제에 해박한 지식을 가진 학자들도 참여했습니다.

구자춘 시장은 어떤 분이셨나요?

구자춘 시장은 포병장교 출신이었는데, 엔지니어로서도 매우 우수한 사람이었어요. 저는 측근으로 일을 많이 했기 때문에 그런 특징들을 많이 발견했어요. 그렇게 해서 2호선 건설이 착수되었는데, 구자춘 시장은 '현장확인주의'를 주장하는 분이어서 건설 관련 국장·과장하고 현지조사를 많이 나갔어요. 저는 그때 과장으로서 수행했어요. 구자춘 시장은 카리스마가 대단한 분이었습니다. 그 분이 젊은 나이에 예비역 대령에서 시장으로 발탁된 배경이 있지만, 좋게 얘기해서 카리스마이지 점잖은 말을 쓰는 법이 없었어요. 시청 직원들에게 '임마', '점마'…. (웃음) 그런데 한 가지 중요한 것은 이 분이 그렇게 하면서도 본인이 신뢰하는 사람의 말에는 상당히 귀를 기울였어요.

지하철 2호선 건설에서의 특징은 무엇인가요?

우리가 2호선에 관심이 없어도 충분히 알 수 있는 게, 2호선에는 고가구간이 참 많죠? 을지로에서 합정동까지 강북 구간만 지하철이에요. 왜 그렇게 했느냐면, 우리가 2호선을 건설할 때만 해도 서울시 재정은 여전히 빈약했어요. 따라서 어떻게 싸게 (건설)하느냐가 핵심이었단 말이에요. 그래서 생각한 게 전부 지하로 갈 필요가 없다는 거였어요. 지상으로 (도심철도를) 건설하면, (건설비용이) 지하의 1/3, 1/4 수준이에요. 그러니까 도저히 고가로 건설할 수 없는 데만 지하로 들어가고 될 수 있으면 고가로 건설하려고 구상했던 겁니다.

그런데 도심으로 가면 장애물이 좀 많습니까? 그래서 하는 수 없이 하천을 택해서 2호선을 만들었지요. 하천 부근에는 아무런 지장이 없으니까요. 한 예로 도림천 위로 교각을 세워서 고가를 만들었어요. 그런데 (하천 위에 건설하면) 정거장의 접근성이 나빠지잖아요? 다행히 그때 도림천도 언젠가는 복개해야 된다는 것을 전제로 (건설)했어요.

"그때(지하철 2호선 완공 즈음)면 다 해결된다. 그전까지는 고가 정거장에 교량을 통해 하천을 건너가는 방식으로 접근하면 되지 않겠느냐?"(는 논리로) 하천을 선택해서 건설한 것이 지하철 건설비를 대폭 경감시키는 효자노릇을 한 거죠.

하천을 따라 지하철을 공사하는 것이 비용적인 면에서는 효율적이었겠네요.

그렇죠. 그런데 고가 방식이 결정되기 전에 우리(지하철 건설 관계자)끼리 현장 답사를 해서 토의해보자고 해서 지금의 보라매공원 근처로 갔어요. 당시 선배님이었던 김명년 건설국장은 제방을 따라 육상 철도를 건설하자는 제안이었어요. 이렇게 건설하면 건설비용이 두말할 나위 없이 제일 적게 들죠. 그건 그분 생각이었고, 저는 도림천이 앞으로 복개되어야 하고, 도림천을 기준으로 남북방향으로 지역이 단절되면 절대 안 된다고 주장했어요. 그래서 거기서 논쟁이 벌어졌어요. 시장도 앞에 있었는데 말이죠. 저는 당시 도로과장이었지만 제 주장을 굽히지 않았어요. 구자춘 시장도 "고가로 가는 것보다 이리(제방에 철도를 놓는 방향으로) 가는 게 훨씬 경비 절약이 된다며?"하고 말해요. 그래서 저는 "경비 절약이 문제가 아니다. 시장님이 서울에 엄청난 장애물(제방 철도)을 만들었다는 비난을 받을 수 있다."라고 주장했습니다.

결국 선생님의 의견대로 도림천 위에 고가로 2호선이 건설된 것이네요?

오랜 논쟁 끝에 구자춘 시장이, "그래, 도로과장 말이 맞다."라고 하면서 결론을 내린 거예요. 여기에서 무슨 전문가들이 토론을 하거나 그런 거는 없었어요. 그냥 전권을 가진 사람이 결정을 내리는 겁니다. 당시에는 이론적으로 맞느냐? 합리적이냐? 이런 것보다는 서울시장의 결단력과 의지가 매우 중요했어요. 이런 면에서 보면 구자춘 시장은 참 탁월했어요. 아무튼 고가로 가기로 한 것은 제 주장이 합리적이었기 때문이었어요.

그 후에 지하철 건설은 어떻게 진행되었나요?

2호선을 건설하면서 구자춘 시장이 3·4호선까지 자연스럽게 생각하지 않았을까요? 서울시 재정이 제법 커지다보니 지하철 건설을 계속 한다는 것은 기정사실이 되어버렸어요.

3·4호선을 구상할 때는 3핵 도시를 구상할 때와도 여건이 많이 달라졌어요. 도로망이 많이 확충되었을 때이죠. 이것이 3·4호선 건설의 배경이 됩니다. 건설 도중에 구자춘 시장이 내무부장관으로 발탁되어 서울시를 나가게 되었지만요. 그래서 저는 1960~1970년대 서울의 교통사를 얘기할 때, 빼놓을 수 없는 분이 구자춘 시장이라고 생각합니다. 그때 서울시 건설정책이나 방향의 모태가 형성되었다고 생각해요.

◇◇◇◇◇◇◇◇◇◇ 윤치영·김현옥 시장 재임 시절의 서울 건설 ◇◇◇◇◇◇◇◇◇◇

선생님께서 서울시에 오신 뒤 주로 담당하신 사업은 무엇이었습니까?

저의 공직생활 중에서 거의 절반은 한강에서 지냈습니다. 이것에 대해서 할 이야기가 많아요. 특히 제2한강교, 지금의 양화대교 건설은 제 일생에서 잊

표 2. 연도별 교량사업 실적(1960~1967년)

연도별	건수	실적(면적, ㎡)	소요예산(원)	비고
1960	7	2,673	1,556만 3,000	제2청계교 1차마장교 제외
1961	3	2,718	2,033만 1,000	
1962	4	4,445	4,118만 9,000	제2한강교 1차 제외
1963	1	360	343만 1,000	제2한강교 2차 제외
1964	5	1만 9,663	5억 55만 8,000	성동교 1차 제외
1965	7	2,129	3,003만 2,000	성동·오목·서소문 제2한강 5차 제외
1966	7	1만 4,191	2억 3,129만 2,000	오목교 2차 제3한강교 제외
1967	5	5,910	1억 2,047만 2,000	제3한강교 2차 오목마장교 제외
계	39	5만 2,089	9억 6,286만 8,000	

※출처: 이기수, 『수도행정의 발전론적 고찰 : 역대 시장과 시정』, 법문사, 1968, 256쪽.

확장되기 전 성동교의 모습

제2한강교(현 양화대교) 건설 당시의 모습 (서울역사박물관)

을 수 없는 중요한 첫 경험이기도 했고요. 당시 우리나라에서도 괄목할만한 국책사업이기도 했죠. 이것을 시작으로 마포대교, 한강대교… 10개가 넘는 교량을 제가 쭉 관장했습니다.

자료를 보시면, 교량사업과 관련해서 윤치영 시장 재직하던 1964년에는 교량 건설에만 5억 원이 사용되었다고 합니다. 당시 서울에 이렇게 많이 교량을 건설했었나요?

제가 보기에는 이게 교량 자체만의 자료는 아닐 겁니다. 왜냐하면 한양대학교 지나서 중랑천을 넘어가는 성동교가 있는데, 본래 일제 때 만들어진 2차선 교량입니다. 성동교에 투입된 5억 원이란 예산은 말이죠. 5·16군사쿠데타 직후에 김종필 중앙정보부장이 워커힐(호텔을) 공사하는 것과 관련이 있을 거예요. 박정희 대통령 관심사가 외화벌이였는데, 주한미군이 전부 일본으로 휴가를 가니 우리나라에서 미군이 머물 곳을 만들어주자고 해서 만든 게 워커힐 호텔입니다.

워커힐호텔을 오픈하려고 하는데 이곳까지 도로 상황이 아주 열악했어요. 그래서 성동교와 이어지는 도로를 정비했습니다. 교량사업비 5억 원은 성동교를 포함한 도로정비를 위한 사업비였다고 생각합니다.

당시에 길음교·안암교·오목교·용두교 등도 건설되었다고 하던데요. 이 다리들을 만들 때 재정적으로 어려움은 없었나요?

길음교·안암교 등은 별로 부담 안 되는 작은 것들이었어요. 사실 제2한강교를 빼놓으면 별로 거론할 필요가 없어요. 이 자료에서 제2한강교라고 (표시를 한 것이) 3번 나오는데, 전부 합해봐야 6,000만 원도 안 됩니다. 성동교는 5억이나 들어갔는데 말이죠. 이건 왜 그러느냐? 이것은 그때 (제2한강교 건설하는데 필요한) 철강재를 원조자재로 조달했기 때문이에요.

외국에서 어떤 자재를 들여왔나요?

강재鋼材에요. 이때 외국으로부터 수입한 강재는 인천에서 하역했어요. 원조물자라는 표시가 있는 자재들이었는데, 그때는 제가 경력도 없을 때이기도 했지만, 10m가 넘는 강철판을 처음 봤어요. 강재가 공사비의 절반은 차지했을 겁니다. 시멘트도 수입했고요.

제2한강교 건설이 갖고 있는 의미는 무엇이라고 보시나요?

윤치영 시장 이전의 서울시 상황은 전쟁 복구의 일환으로 보아야 합니다. 복구를 위해서는 미국으로부터 원조나 차관을 받아야 했죠. 그런데 한강인도교만 '전후복구'라고 해놓고, 한강교량에 대해서는 전혀 손을 댈 능력이 없었어요. 돈도, 시멘트도, 철강도 없을 때였어요. 그런데 한강 교량을 어떻게 (건설)하느냐? 윤치영 시장이 한강 교량 공사를 한다고 설계를 맡겨서 만들려고 할 때 제가 서울시에 들어왔어요.

(제2한강교는) 그 당시 우리 기술로 만든 최초의 한강 교량이었어요. 물론 (다리가) 견딜 수 있는 하중을 전문용어로 'DB-18'이라고 하는데,[24] 그 기준이 낮았어요. 그래서 당시에 건설된 교량은 거의 다 철거되고 지금은 90% 이상 새로 만든 거예요. 아무튼 양화대교 건설을 계기로 김현옥 시장 재임 중반부터 한강 교량에 대한 대규모 프로젝트가 시작되었어요. 그 출발은 여의도 개발이 되는 겁니다.

---

24 'DB-하중'이란 표준 트럭 하중을 가리키는 말이다. 2개의 자축을 가지는 트럭에 걸리는 하중을 'D-하중'으로 표현하고, 세미트레일러를 연결하여 축 3개가 되는 트럭에 걸리는 하중을 'DB-하중'이라고 한다. 'DB' 뒤에 붙는 숫자는 트럭의 전륜하중을 톤(ton) 단위로 표시한 것이다. 우리나라에서는 1962년부터 〈강·도로·교량 설계표준 시방서〉를 제정하여 교량구조물이 견딜 수 있는 무게 단위로서 'DB-하중'을 사용하였다.

여의도 건설공사 현장의 한강건설 이동시청

선생님께서도 여의도 개발에도 관여하셨나요?

네. 여의도 개발의 이면에 대해서도 많이 알고 있어요. 그때 서울시에서 30~40명 정도가 참여했는데, 김현옥 시장이 발령장 하나 주고 나서 (구술자에게) "여의도 개발에 참여하라."고 했어요. 그래서 여의도에 갔더니 다 모래사장이었죠. 김현옥 시장은 여의도에서 '한강의 기적'을 실현하겠다는 꿈이 있었어요. 그래서 전쟁터 같은 상황을 연출했죠. 엄청난 매립작업이 있었습니다.

김현옥 시장은 어떤 계기로 여의도를 개발하려고 했나요?

예전에는 여의도에 공군이 쓰던 비행장이 있었어요. 그런데 어느 날 박정희 대통령이 "야, 저기 저 넓은 데가 그냥 아깝구나."라고 한 마디하고 갔어요. 이 말이 사업의 기폭제가 된 거예요. 그때는 대통령의 말 한마디(가 갖는) 위

여의도 윤중제 공사 장면 (서울역사박물관)

력이 참 대단했어요. 김현옥 시장이 누굽니까? 대통령이 말씀하면 그대로 행동에 옮기는 사람이었죠. (김현옥 시장이) "비행장도 이전시키자. 여의도 개발 한 번 해보자." 이렇게 해서 1960년대 말에 여의도 개발이 시작됐어요. 그래서 제가 여의도개발사업소 요원 발령장을 받고 여의도에 컨테이너 같은 데에서 일하게 되었지요.

여의도개발사업소에 소속되어서 개발에 참여하신 건가요?

사업소가 건물도 아니었어요. 지금 생각해보면 바퀴 달린 트레일러 같은 거였어요. 거기 가서 고생을 엄청 했지요. 이때 유명한 건축가 김수근 교수가 김종필 총리의 신임을 받는 건축가였는데, 이 분이 여의도 개발에 조언도 하고 참여했을 거예요. 그때 저는 일선 요원이었기 때문에 구체적인 개발 구상 과정은 잘 몰라요. 6개월 동안 구상을 해서 개발을 시작하는 거였는데, 가장 큰 문제가 홍수에 대한 침수 대비를 하는 거였지요. 그래서 제방을 만드는 일을 했어요. (여의도 윤중제를 만드는데) 3개월 정도 걸렸어요.

'100일 공사'라는 말이 있었다고 하던데요?

100일 공사 맞아요. 100일 동안 횃불을 들고 밤새고 그랬어요. 집에 가서는 옷만 갈아입었어요. 제방을 만들려면 흙을 쌓아야 하는데, 그때 무슨 장비가 있었겠어요. 서울시에서 지원해서 처음 수입한 것이 페이로더예요. 지금은 포클레인이지만, 당시에는 페이로더가 그 역할을 했지요. 또 미군에서 쓰던 트럭과 일본에서 수입한 덤프트럭 수백 대가 24시간 3교대로 철야작업을 했습니다. (한강에 있는) 밤섬도 폭파시키고, 지금 국회의사당 자리에 있던 양말산을 잘라내고…. 이것을 100일 만에 했다는 게 아직도 실감이 안나요. 이때 열흘에 한 번씩 박정희 대통령과 육영수 여사가 나오셔서 참 많이 봤어요. 하여간 그렇게 해서 여의도가 완성이 되었는데, 아마 5월 16일이었어요. 대통령이 기억할만한 날짜에 준공일을 잡은 거예요.

여의도 개발과 관련해서 강변도로는 어떻게 만들어졌나요?

강변도로는 서울의 동서를 연결하는 동맥과 같은 도로입니다. 첫 삽은 김현옥 시장이 뜬 것이고, 나중에 도로가 완성되는 것은 양택식 시장하고 구자춘 시장 재임기입니다. 그래서 1960~1970년대 서울 교통사에서 여의도 개발과 강변도로 구상은 빼놓을 수 없는 이야기꺼리예요. 처음에는 '강변1로'라고 했어요. 서울 최초의 유료도로입니다. 김영수 사장하고 제가 현장 감독을 했습니다. 그때 여기 샛강은 제방 정비가 잘 안 되어서 잡초가 무성한 데였어요. 그런데 당시에는 김포공항이 우리나라의 유일한 국제공항이어서 VIP나 대통령이

세종로지하도 공사 장면 (서울역사박물관)

오갈 때 길도 어렵고 거리도 멀었어요. 그러니 이걸 왜 했겠습니까? 여기에 사람이 사는 것도 아니고, 도심 교통에 문제가 있어서도 아니고…. 저는 대통령이 해외에 다녀오시려면 뭔가 해야 된다는 발상에서 이것이 추진되었다고 봅니다. 물론 공식적으로 밝혀진 것은 아니지만요.

'강변1로'가 유료로 된 것도 무슨 까닭이 있나요?

일본 것을 벤치마킹한 것이 아닐까? 우린 그때 '유료도로'라는 말도 몰랐어요. 김현옥 시장이 그런 것을 알고 있었던 것도 아니었고요. 일본사람들로부터 조언을 들은 것이 아닌가 생각됩니다.

'강변1로'가 개통되었을 때는 어떠했습니까?

김포공항에서 서울로 갈 때 이 도로를 통해서 들어왔어요. 개통식 하던 날 대통령이 와서 테이프 끊고 차도 타고 가고…. 아주 대단했습니다. (개통)식은 서울교(여의도와 영등포를 잇는 다리) 건너오는 남쪽 부근에서 했어요. 거기에 전몰용사비 같은 게 있었는데, 그 비석 앞에서 한 거예요.

김현옥 시장의 서울시 교통정책에는 또 무엇이 있었나요?

김현옥 시장은 서울의 도로를 획기적으로 바꾸려고 했어요. 김현옥 시장이 '불도저 시장'이라는 별칭을 갖게 된 것은 바로 도로 건설과 관련이 있습니다. 홍제동 도로라고 서대문에서 무악재로 올라가는 꼬불꼬불한 2차선 도로였는데요. 김현옥 시장이 고개를 낮추고 그것을 4차선 도로로 만들었어요. 이것이 김현옥 시장이 한 첫 사업인데요. 아주 초스피드로 하는 바람에 '불도저 시장'이란 말이 나왔어요. 이것뿐만 아니라 서울 도심의 좁은 골목길을 확장시키고 그랬어요. 제가 그때 실무자로 있었습니다.

김현옥 시장 재임할 때는 전차가 다니는 길에 지하도를 건설하기도 했는데, 어떻게 건설했나요?

세종로지하도와 명동지하도입니다. 명동지하도가 세종로지하도에 비해 작다 해도 공사과정은 더 어려웠어요. 왜냐하면 그 위로 전차가 다녔기 때문입니다. 남대문로에 복선 전차궤도가 있었는데 그걸 놔두고 공사를 했거든요. 세종로지하도의 경우는 (전차궤도를) 모두 철거하고 했지요. 명동지하도가 있는 데는 교통량도 많지만 굉장히 좁아요. 그런데 전차궤도를 그대로 두고 공사를 했단 말이에요. 공사할 때 전신주를 (궤도) 밑에 받치고 전차가 지나가도록 만들었어요. 지금 생각해보면 참 원시적이었죠.

1966년 남대문 근처 육교공사장 밑을 지나는 전차의 모습 (서울역사박물관)

김현옥 시장이 재임할 당시에 육교나 도심순환 도로를 많이 만들었던데, 어떤 이유가 있었나요?

사실 그런 것들을 따지고 보면, 그야말로 즉흥적인 전시용 발상이었던 측면이 있어요. 당시 도로 입체화 구상이라고 해서, 김현옥 시장이 입수한 정보를 갖고 입체교차로를 주문했어요. 삼각지 육교 같은 것도 다 입체교차로 발상에서 나온 거예요. 김현옥 시장이 부임할 때, 서울의 차량이 3~4만 대 정도였어요. 그것도 전부 버스나 트럭이었지 자가용은 아니었거든요.

그러니까 무슨 교통체증 같은 것도 별로 없었어요. 전차는 도로(교통)에 지장을 주니까 없앤 것이기는 하지만요. 일본에도 그런 입체교차로가 많습니다. 보도육교도 일본에서 시작했지요. 일본을 벤치마킹하려는 사람이 김현옥 시장에게 조언을 하면서 이런 얘기를 많이 했나 봐요. 그래서 보도육교가 많이 만들어지지 않았습니까? 이것은 보행자 중심 시설이 아니라 차량 중심 시설이에요. 그래서 지금은 육교며, 고가며 다 없애 버리잖아요? 예전에는 그런 것들이 장애물이 아니라 굉장히 현대식 도로시설물이었고, 시장 입장에서는 전시 효과를 노릴 수 있는 것들이었어요. 한마디로 구시대의 산물이라고 할 수 있죠.

1968년 1월 21일 김신조사건이 있은 후, 같은 해 2월 9일 서울시에서 수도 방어와 관광 목적으로 스카이웨이 건설 계획을 발표했습니다. 혹시 이 사실에 대해서도 잘 아시나요?

이것은 김병린 사장(당시 서울시 도로계장)이라는 분이 아주 잘 알아요. 이것이 왜 관심사가 되는 사업인가 하니, 청와대 뒤이고 더군다나 김신조가 들어오고 해서 '스카이웨이'가 방위선 역할을 겸한 거죠. 그리고 건설 당시에는 서울에 있는 산악 도로라는 상징적인 의미가 있었어요. 남산에 있는 것을 제외하면 최초가 되죠. 그래서 이것을 관광자원으로 활용할 수 있겠다 싶기도 한 거예요. 김현옥 시장이 벌이는 개발사업 중에서 뭔가 색다르고 치장할 수 있다는 점을 부각시키기 위해서 '스카이웨이'라는 이름이 붙었어요. 그런 독특한 도로에요. 서울시 교통대책을 위해 시급한 도로는 아니었고요.

남산터널 건설도 김신조 사건과 관련이 있다는 말이 있는데요?

남산터널은 김신조하고 관계없어요. 김현옥 시장이 서울시의 교통을 현대화하겠다고 하면서 교통대책의 일환으로 추진되었지요. 그 당시에는 남산터널이 굉장히 충격적인 거였어요. 남산을 가로세로 뚫어서 터널을 만든다는 것이…. 당시에는 '요새화'란 말도 있었지만, 전혀 그런 기능은 없었어요. 그런 식으로 회자가 되고 그랬죠. 질문 내용은 부풀려진 거예요.

1970년 12월에 준공된 남산 제2호 터널

남산터널은 어떻게 만들어졌나요?

처음에 남산 1호, 2호 터널이 만들어지고, 그것만으로 교통량이 감당이 안 되니까 3호 쌍굴터널을 더 만들게 되었지요. 그런데 터널 바로 옆에다가 굴착해야하는데 기존 터널에 영향을 주면 안 되잖아요? 그래서 바위산을 뚫기 위해 독일에서 TBM(Tunnel Boring Machine)[25] 굴착기를 들여왔어요. 이건 진동이 크지 않아서 기존 터널에 영향을 주지 않아요. 이걸 갖고 남산 2호 터널을 뚫은 게 우리나라 최초의 TBM 적용 사례입니다.

---

25 터널 굴착기를 동원해 암반을 파쇄하거나 절삭해 굴착하는 기계식 굴착 공법이다. 기존 화약 발파 공법과는 달리 굴착 단면이 원형인 굴착기를 사용하여 굴진함으로써 소음과 진동으로 인한 환경 피해를 최소화하고, 주변 암반을 지지대로 활용해 역학적으로 안정된 원형 구조를 형성하여 낙반이 적고 비교적 안전성이 높은 것이 특징이다.

양택식·구자춘 시장 재임 시절의 서울 건설

서울의 교통과 관련해서 양택식 시장이 추진한 건설 사업에는 어떤 것이 있을까요?

김현옥 시장이 여의도를 개발했다면, 영동개발은 양택식 시장 때 시작했습니다. 영동개발은 여의도의 8배나 되는 800만 평 면적의 땅을 개발하는 것이었어요. 물론 단시간에 된 것은 아닙니다. 구자춘 시장 때까지 계속됩니다. 서울의 교통과 관련해서 말씀드리면, 이때 (전개된) 구획정리사업의 재원을 갖고 한강교량을 4개나 만들었지요. 대표적인 것이 잠실대교예요. 영동교도 있고요. 모두 영동개발 때 나온 돈으로 한 것이죠.

영동개발에 따른 인프라 구축 과정에서 교량들이 건설되었다는 말씀이신가요?

그럼요. 이때 감보율을 통해 나온 재원을 갖고 교량, 공원, 도로 등을 만들었어요. 그런데 도산공원 하나 만들고 (다른) 녹지를 많이 확보하지 못했다는 비판을 받았어요. 대신 강남에 도로는 정말 잘 되어 있지 않습니까? 물론 간선도로 중심이고 뒷골목은 좁아서 도시 교통에는 합리적이지 않다는 비판도 있지만요. 당시에는 도시계획 전문가 집단의 수준이 후진국 정도였기 때문에 그랬던 거예요.

당시 서울시에 도시 계획 전문가들이 있지 않았습니까?

1960~1970년대에는 외국에서 도시계획을 전공한 학자도 별로 없었고, 나중에 일본이나 미국 등에서 공부한 학자들이 (한국으로) 들어왔습니다. 그때는 (일제강점기 또는 그 이후에) 일본에서 공부한 사람들이 옛날 방식으로 (도시계획을) 주도했던 시기였습니다. 영동개발을 한 실무자들은 주로 지적직地籍職이었어요. 그 지적직들이 많은 과정을 주도해서 평면적으로 토지이용계획을 수행했다고 볼 수 있습니다. 돌이켜보면 아쉬운 점도 있지만, 그렇게 해

서 1970년대의 영동개발이 서울의 교통 인프라 확충 과정에서 빼놓을 수 없는 사례가 되는 거예요.

강남의 도로 시설 관련해서 간단히 말씀하셨는데요, 혹시 1970년대 교량 건설에 대해서 더 말씀해주실 수 있으신가요?

그 부분에 대해서 말씀드리려면, 역시 구자춘 시장을 빼놓을 수가 없습니다. 구자춘 시장 이전에는 기술적으로나 재정적으로나 여건이 많이 부족했지요. 구자춘 시장은 한강 교량을 가장 많이 건설한 시장으로 기록되어 있는데, 당시 한강 교량 12개 중에서 8개를 건설했지요. 저는 그분의 의지보다 앞서 말한 여건 변화와 같은 시대적 배경이 더 중요했다고 봅니다.

구자춘 시장이 재임한 시기에 서울시의 건설 역량이 이전 시기보다 상대적으로 높았다는 말씀이신가요?

그때 서울시의 재정 여건이 좋았습니다. 영동개발을 해서 생긴 재원을 갖고 잠실대교, 영동대교를 만들었지요. 구자춘 시장 재임 당시에는 한강교량이 여러 개 있었지만, 단순히 교각 위에 상판 하나 놓은 것들이다 보니까 "좀 더 멋진 교량을 만들 수 있을까?"라고 하는 욕구가 서서히 생길 때입니다.

한강 위에 다 똑같은 다리만 만들 수는 없잖아요? 그래서 외관상 변화를 주기 시작합니다. 이때 우리가 트러스 공법[26]을 도입해서 성수대교와 성산대교를

---

26 교량시공법의 하나인 트러스(Truss) 공법은 16세기 이탈리아 건축가 팔라디오가 처음 고안한 것으로, 콘크리트 교각을 수중에 세운 뒤 미리 제작한 트러스를 교각 위에 크레인으로 끌어올리는 방식이다. 교각수가 줄어들어 미각적인 효과는 크지만, 트러스교 이음새의 핀 관리 등 꾸준한 안전진단이 필요하다. 교량붕괴 사고가 난 성수대교는 트러스 공법의 일종인 켈버트러스 공법으로 하중을 받는 두 개 이상의 연속교를 힌지(경첩)를 넣어 단순교로 연결한 것이다. 이 공법은 교각 사이가 넓어 그 밑으로 배가 지나갈 수 있는 등 경제적인 장점이 있는 반면, 상판을 연결하는 이음새 부분의 핀과 롤러에 대한 관리를 지속적으로 해야 한다는 단점이 있다.

만들었어요.

새로운 방법으로 교량을 건설할 때 어떤 문제는 없었나요?

트러스 공법에는 부재를 하나하나 박스로 용접해서 만든 뒤 이어 붙여야 하는 작업이 있어요. 따라서 용접이 중요했는데, 당시 우리 기술로는 상당히 벅찬 일이기는 했죠. 전에 만든 마포대교나 한남대교는 일본에서 다 용접을 해서 가져온 것을 볼트로만 연결을 한 거예요. 이제는 우리가 용접을 했단 말이에요. 왜 이렇게 만들었느냐? 1970년대는 국가안보가 중요했던 시기에요. 만약 전쟁 나면 한강 교량을 폭파시켜야 했기 때문에, 폭파시키기에도 좋고 복구에도 좋은 방법을 찾은 거지요. 그래서 폭약장치로 중간만 딱 끊어질 수 있게 하는 거예요. 성수대교 사고는 결론적으로만 말하자면, 그 연결부분에 문제가 생긴 거예요. 사실 (성수대교의) 하중도 'DB-18'로는 부족했어요. 관리부실이라는 말도 있었죠. 우리나라에 과적차량이 얼마나 많습니까? 과적차량이 교량과 도로에 얼마나 치명적인지 몰라요. 비극적인 사고였어요. 성산대교는 멀쩡했는데 말이죠.

성수대교 붕괴사건의 원인까지 말씀해주셨는데요, 성산대교에 대해서도 특별히 말씀할 것이 있으신가요?

좀 전에 구자춘 시장이 교량 외관에 대해서 관심이 있었다는 말을 했는데요. 성산대교를 만들 때, 아치형으로 하고 여러 가지를 갖다 붙여서 치장을 좀 했습니다. 왜 했느냐? 당시에 구자춘 시장이 미적 교량을 구상하는데 외부 전문가를 초청해서 토의를 했습니다. 그때 서울대 미대 최만희 교수라고, 그분이 반달형으로 하자고 하면서 그림을 그렸어요. 구자춘 시장이 괜찮다고 하는 거예요. 개인적인 생각으로는 그때 오신 분들의 교량 구조물 구상이 미흡했어요.

그렇다고 제가 그렇게 하면 안 된다고 주장하기도 그렇고 해서…. 아무튼 미적으로 바람직한 구조물을 구상해야할 것 아닙니까? 그래서 다리에다가 철판으로 모양을 만들어서 간판처럼 붙여서 그걸 만든 거예요. 이것은 교량의 역학구조하고는 아무런 상관도 없어요. 사람들은 교량 참 근사하다고 말하는데, 기술적으로는 모순을 겪으면서 만들었던 겁니다.

그 후의 서울시의 교량 건설은 어떻게 진행되었나요?

앞에서 지하철 얘기할 때, (2호선 건설 후에) 지하철 3·4호선을 구상했다고 했는데, 이게 한강을 건너야 하잖아요? 그런데 그것을 민간자본으로 해보자고 해서 남광토건하고 대우건설이 동호대교하고 동작대교를 만들었어요. 동호대교도 트러스 공법을 이용했고요. 지하철만 다니는 게 아니라 자동차 도로로 같이 만들었어요. 이것은 구자춘 시장의 욕심이기도 했습니다. 그런데 민자를 유치했다고 하지만, 사실상 서울시가 다한 거예요. 우리가 설계부터 비용을 부담했고, 나중에는 돈 다 내고 인수했죠. 제3의 '민자' 교량이 원효대교인데, 이것은 동아건설의 최원석 회장이 청와대에 자청해서 한 거예요. 서울에 다리를 놓아서 재미를 보던 구자춘 시장의 입장에서는 마다할 이유도 없었지요. 그렇지만 원효대교 역시 완공 후에는 서울시에 기부체납을 해서 유료도로가 아닌 일반교량이었어요. 그 다음이 서강대교인데, 이것은 독일의 디비닥(Dywidag)[27]이란 회사로부터 기술 도움을 받을 수 있다고 해서 시작했지만, 하부구조 (교각)를 완성한 후에 상당기간 건설이 중단됐어요. 그러다가 이후 (최초 설계와는) 전혀 다른 형태의 외관을 지닌 아치형의 상부구조로 변경해서 완공했습니다.

---

27 디비닥 공법이란 포스트텐션 방식의 프리스트레이트 콘크리트에 PC강봉을 특수한 앵커 플레이트와 너트로 고정하고 너트 정착하여 프리스트레스를 주는 공법의 하나이다.

◇◇◇◇◇◇◇◇◇◇◇◇ 서울의 성장을 바라보는 구술자의 입장 ◇◇◇◇◇◇◇◇◇◇◇◇

지금까지 1960~1970년대 서울의 교통 발전과 도시 개발까지 포괄적으로 말씀해주셨는데요, 이에 대한 선생님의 생각은 어떠신가요?

흔히들 '압축성장'이라는 표현을 많이 하지요. 제가 보기에 서울이 압축성장을 한만큼 안전사고나 재난(성수대교 붕괴사건) 같은 것도 단기간에 많이 겪었어요. 길게 보면, 어느 도시나 다 한 번쯤 경험하는 과정이었다고 생각합니다. 그런데 '압축성장'이라는 것은 수적 팽창입니다. 우선 먹고 살려면 (공급량이) 많아야 하잖아요? 안전성·내구성보다 더 중시되는 것이 수요에 대한 양적 공급입니다. 우리가 이에 대한 반성도 해왔잖아요? 아무튼 저는 "(당시) 우리가 압축성장을 해야만 했던 환경에 처해 있었다."는 점을 강조하고 싶어요.

끝으로 서울시에서의 공직 생활에 대해서 말씀해주십시오.

제 공직생활은 정말 재미있었어요. 고달프고 괴로운 적도 많았지만, 가령 상사와의 내부적인 의견 충돌도 많이 있었어요. 이건 제가 주관적인 주장을 내세운 것이 원인이었죠. 제가 일을 만드는 것을 좋아해요. 직업의식이라면 직업의식이고, 고집이라면 고집이었지요. 제가 타협을 잘 안 한다는 비난도 많이 받고 그랬는데, 기술적인 부분에서는 어떻게 타협을 합니까? 다른 건 모르겠지만요. 제가 아무리 기술자로 인정받고 있어도 그런 부분을 좋아하지 않았던 사람들도 있었어요. 그래서 비난도 받기는 했지만, 나름대로 소신을 갖고 공직생활을 했다고 생각합니다.

오랜 시간 동안 많은 이야기를 들려주셔서 감사합니다.

제7장

김승겸 ◇ 이근수 ◇ 조광현

"1950~1960년대 서울의 교통을 이야기하다"

김승겸

1935년	경기도 수원 출생
1956년	서울시 입사
1967~1969년	서울시 관광운수국 운수사업과
1987~1988년	동작구 · 서초구 · 강동구 부구청장 역임
1989~1995년	강동구 · 중구 · 영등포구 구청장 역임

이근수

1934년	함경남도 북청 출생
1970년대	한국경제신문 편집국장
1980년대	대우증권 부사장
1983년	대우투자자문주식회사 사장
1983년	한국투자자문 사장단 협의회 회장

조광현

1936년	서울시 종로구 출생
1959년	부산일보사 · 대한일보사 기자
1962년	합동통신 기자
1963년	동양방송 기자
1976~1987년	KBS 방송위원
1980년	서울시 교통분과 시정자문위원 역임
1988~1991년	KBC 샌프란시스코TV 상임고문
1996~2001년	프리웨이석유 회장

면 담

면담자
이연식(일본 소피아대학)
최인영(서울시립대학교 서울학연구소)

면담주제
1950~1970년대 서울의 교통상황과 인프라 구축

면담일시
2016년 7월 13일

면담장소
도곡역 커피숍

1960년대 서울의 교통정책

안녕하세요. 반갑습니다. 오늘 면담은 1960~1970년대 서울의 교통상황과 인프라 구축을 주제로 진행하고자 합니다. 우선 선생님들의 이력을 간략하게 말씀해주십시오.

김승겸 본인은 1967년 12월부터 1년 동안 서울시 관광운수국 운수사업과에서 있으면서 전차를 철거할 당시에도 근무했습니다.

이근수 저는 1970년대에 김종필 씨가 사주로 있던 한국경제신문사에서 편집국장으로 있었어요. 그때는 현대경제일보였지요. 사옥이 지금 남대문 근처에 있는 대한상공회의소(자리)에 있었어요.

조광현 저는 1960~1970년대에 옛날 동양방송국하고 KBS에서 기자생활을 했어요. 예전에는 서울시청에 시정자문위원회라는 게 있었는데, 거기에서 교통문제를 자문하기도 했습니다.

1960~1970년대 서울의 교통정책이나 교통수단과 관련해서 이야기하면서 본격적으로 면담을 시작하겠습니다.

조광현 그 당시에는 (서울시의) 교통정책이 딱 정립된 상태가 아니었어요. 대한민국의 행정체계도 잡혀있지 않았던 시기였단 말이죠. 1945년에 해방되고, 1950년에 6·25전쟁을 겪으면서 그럴 겨를이 없었어요. 혹시 해방 이후 서울에서 역마차가 있었던 것을 아시나요? 화신백화점 앞에도 역마차가 다녔지요. 아무 것도 없을 때니까요. 뚝섬, 마포, 양화나루터에는 나룻배가 다녔어요.

해방 직후 전차에 매달려 타고 있는 사람들의 모습 (미국국립문서기록관리청)

해방 직후 서울 도심을 다니는 역마차의 모습

김승겸 "해방된 역마차에 태극기를 흩날리며…"[28]라는 노래가 유행했던 것처럼, 말이 끄는 역마차가 도심 교통수단으로 활용되던 시대였어요.

◇◇◇ 1950~1960년대 도로를 누볐던 자동차들의 상태 ◇◇◇◇◇◇◇◇

이근수 그때 우리나라 자동차 중에 '하동환 자동차'라고 처음 시작한 게 있었어요.[29] 드럼통을 두드려서 자동차를 만들었지요.

조광현 그건 자재가 귀해서 그랬어요. '하동환 자동차'가 우리나라 자동차의 시발始發일 거예요. 그때는 엔진 같은 건 감히 만들 생각을 못해서 미군이 쓰다가 버리고 간 것을 우리가 고치고 땜질해서 뚜껑 같은 것을 씌웠어요. 그 다음에 생각나는 게 '장관 차'라는 게 있었어요. 대개 높은 사람이 미군이 쓰던 지프차를 불하 받아서 타고 다녔던 차를 말하는 거예요. 그때는 운전석 옆이 장관석이고 상석이었어요. 그런데 상석 앞에 뭐가 있었냐면, 두루마리 휴지 거치대가 있었어요. 당시 두루마리 휴지를 쓰는 사람들은 충분히 높은 사람들이

---

28 이 노래는 조명암이 작사하고 김해송이 작곡하여 1948년 가수 장세정의 앨범에 수록된 〈울어라 은방울〉이라는 노래이다. 이 노래에서는 광복 이후의 상황을 반영하여 일제강점기의 지명인 '광화문통'이 아닌 새 이름 '세종로'를 언급하고 있다. 〈울어라 은방울〉은 모두 3절로 구성되어 있으며, 구술자가 언급한 부분은 1절로, 가사내용은 "해방된 역마차에 태극기를 날리며/누구를 싣고 가는 서울거리냐/울어라 은방울아 세종로가 여기다/삼각산 돌아보니 별들이 떴네."이다.

29 '하동환 자동차'란 현 쌍용자동차의 창업주인 하동환이 '하동환 자동차 제작소'를 창업하고 제작한 자동차를 가리키는 것이다. 하동환은 1954년 1월 마포구에서 자동차 제작소를 창업하고 미군이 남기고 간 폐차를 뜯어내 자동차를 제작하였다. 이후 1962년에는 하동환 자동차 공업 주식회사로 회사명을 고치고, 공장도 구로동으로 옮겨 국내 최초의 버스 전문 공장으로 규모를 넓혔다. 쌍용자동차에서는 1960년대 서울의 시내버스 가운데 '하동환 자동차'에서 제작한 버스가 상당수를 차지했다고 밝히고 있다(쌍용자동차 공식블로그 참조).

베트남으로 수출되는 하동환 버스 (서울역사박물관)

었는데, 그걸 화장실에서 쓰는 것이라고 생각 못하고 집에서 쓰는 거를 가져다 놓고 점잖게 행세하는 거예요. 뒷좌석에는 비서가 탔고요.

이근수 예컨대 정주영 회장 같은 사람은 미국에서 사용연한이 지나간 구형 세단을 타고 다녔는데, 당시에는 고급 승용차였어요. 여하튼 그런 차들은 다 수입차들이었어요. 미군부대나 미국대사관에서 나온 것들을 돈 꽤나 있는 사람들이 탔지요.

김승겸 지금 이야기한 차들이 거의 중고차나 노후한 차량이었어요. 시내를 운행하던 버스도 엔진도 열악하고, 기름도 제대로 정제된 것이 아니어서 새까

자동차 배기장치를 단속하는 모습
(서울역사박물관)

만 연기를 배출하면서 운행했습니다. 그래서 서울시 시책으로 매연을 줄여 공기도 정화하고, 도시미관도 개선시키려는 의도에서 엔진을 정비한다든가 불량차량 및 매연차량과 난폭운전하는 차량을 강력하게 단속하기도 했지요.

◇◇◇◇◇◇◇◇◇◇ 서울의 피서객을 수송했던 뚝섬행 궤도차 ◇◇◇◇◇◇◇◇◇◇

이근수 기동차[30]라는 것 들어봤어요? 동대문에서 뚝섬으로 가는 기동차가 있었는데, 사람보다도 파리가 더 많이 타고 다녔지요. 그게(기동차가) 뚝섬 가는 도중에 왕십리를 지나면, 모두 밭이고 해서 도처에 인분이 모여 있는 거예

30 1930년부터 1961년까지 동대문에서 뚝섬과 광나루까지 경성궤도회사에서 운행했던 노면전차를 가리킨다. 반면 기동차는 가솔린 혹은 디젤 등의 내연기관을 장착하여 운행한 차량을 말한다. 따라서 전차와 같이 전기를 이용하는 것이 아님에도 구술자들은 '기동차'로 기억하였다. 본 자료집에서는 구술의 느낌을 살리기 위하여 구술자가 언급한 대로 '기동차'로 표시하였다.

1960년대 궤도차가 운행되는 모습 (서울역사박물관)

요. 거기 파리들도 기동차에 타고 그랬어요.

기동차와 관련해서 재미있는 이야기가 있어요. 그때 제가 운동을 한다고 한국체육관을 다닐 때였는데요. 마침 거기 레슬링 선수들하고 같이 뚝섬에 수영을 하러 간 거예요. 그런데 기동차가 오면 피서 가는 사람들이 일제히 타려고 하니 얼마나 혼잡하겠어요? 그런데 운동선수들은 차를 짚고 휙 점프해서 안에 들어갈 수가 있어요. 원래는 유리창이 있던 거였는데 다 깨져서 틀만 남아 있는 거예요. 보수할 능력도 없었으니까요. 그러니까 역무원들이 가만히 있을 리가 있나요? (역무원들이) "야, 너희들 왜 그렇게 타!"라고 그러면, 레슬링 선수들이 "말이 많아." 이래가지고 싸움이 붙었어요. 그런데 역무원들이 맞는 거예요. 그래서 제가 싸움을 말렸는데, 그 후로 역무원들이 제게 형님이라고 불렀어요.

김승겸 시민들은 여름철에 피서지로 지금의 뚝섬유원지에 가서 수영도 하고 보트도 타고 그랬어요. 그런데 피서를 즐기려면 기동차가 유일한 교통수단이기 때문에, 동대문에서 기동차를 타고 가야했지요.

서울의 노면전차에 대한 기억

기동차 이야기를 해주셨는데요. 이어서 1960년대 서울의 교통수단에 대해서 이야기를 듣고 싶습니다. 먼저 전차에 대해서 자유롭게 이야기해주세요.

조광현 예를 들어, 제가 중학교 다니던 시절에 지각하는 친구들이 있어서 "너 왜 늦게 왔어?"하고 물으면, "전차 '도로리'[31]가 고장 나서 늦었어."하고 답하던 시절이 있었어요. 지금 생각해보면 재미있는 추억이에요. 또 원효로에서 남대문을 거쳐 효자동으로 가는 전차 노선이 있었어요. 그런데 급커브(구간)가 있어서 큰 차는 못 다녔지요. 전차에는 두 가지 종류가 있는데, (동차가) 긴 게 있고, 짧은 게 있었어요. 아무튼 다 전기로 가는 거여서 지붕 위에는 '도로리'가 있었거든요. 그때 전차가 교대하려면, 지붕 위의 줄을 당겨가지고 가는 방향으로 맞춰야만 했지요. (전차에 전력을 공급하는) 전기선은 전차노선을 따라 있어서 전차 지붕 위의 '도로리'하고 닿아야 된단 말이에요. 그런데 이게 딱 떨어지면 전차가 정전이 되고 모든 기능을 잃게 되는 거죠. 전차가 정전이 되면, 학생들이 전차표가 든 통 안에서 표를 한 움큼씩 꺼내 가기도 했어요. 전차운전수는 종점에 와서 받은 표를 점검하니까 정전될 때 꺼낸 표를 다시

31 전차의 트롤리(trolley)를 가리킨다. '트롤리'는 전차의 방향을 바꾸고 전류가 흐르게 하는 장치이다.

학생용 전차통학회수권 (서울역사박물관)

쓰는 일도 있었고요. 그때는 표에 구멍을 뚫어서 표시를 하지 않았거든요.

나중에 전차사업을 서울시에서 인수하고 폐지했는데, 이 결정은 시에서 한 건가요?

조광현 (당시에는) 국가가 서울시 행정의 방향을 정했어요. 국가가 큰 원칙을 갖고 어떤 방향으로 나가야한다고 결정하면, 그 밑에서는 다소 손해를 보더라도 따라야만 했다고요. 당시 전차는 느리고 길을 많이 차지했어요. 게다가 수송능력도 적고 정거장이 한정되어 있었어요. 그러니까 시내에 차가 많이 다니는 쪽으로는 (전차가) 쓸모가 없고, 또 변두리에 사는 사람들은 시내의 전차 정거장까지 걸어와야만 했어요.

김승겸 당시 시내 도로는 협소한 노폭에 노면전차 레일이 왕복으로 깔려 있고, 또 승하차 정류장 시설이 도로 중앙에 설치되어 있어서 도심교통에 큰 지장을 초래했습니다. 그래서 정부 방침에 따라 한국전력에서 운영하던 전차를 1966년에 서울시에서 인수하여 철거하게 된 것입니다.

1960년대 서울 시내의 교통상황 (서울역사박물관)

전차 철거 후 서울의 교통상황

서울에서 전차가 폐지된 이후 교통이 더 혼잡해진 것 같은데요. 이에 대한 서울시의 대책은 무엇이었나요?

이근수 1970년대에는 교통이 아주 엉망은 아니었어요. 주로 문제가 생기는 건 신호를 안 지키는 몇몇 차량들 때문이었던 것 같아요.

조광현 당시엔 교통관련 법이 있었지만, 제대로 시행하지 못했어요. 교통경찰관도 그랬고요. 한 번은 이런 일도 있었어요. 어떤 교통경찰관의 사이드카가 사고를 냈어요. 그래서 백병원에 와서 장화를 벗기니까 돈이 쏟아진 거예요. 이거는 위에도 바쳐야하고, 자기도 먹고 살아야하니까 그런 거예요. 또 사거리마다 교통 단속하는 연락사무실이 있었는데, 거기서 순경들이 화투를 치다가 돈이 떨어지면 밖으로 나가서 돈을 만들어 오고 그랬어요. 그 돈이란게 벌금이거나 (뒤로) 봐주고 받은 음성적인 수입이었지요.

'체질버스'와 버스 차장

버스에 대한 이야기도 해주십시오.

조광현 전차 외에 경전(경성전기에서 운영하는) 버스가 있었어요. 경전이 나중에는 한국전력이 됐고요. 제가 돈암동 종점까지 다니는 버스를 타고 다녔어요. 그런데 버스가 (시간에 맞추어) 제대로 다니지 않으니까, 학생들이 군용 트럭이든 민간 트럭이든 아무거나 타고 다녔어요. 운전수들도 누가 떨어져 죽든지 말든지 상관없이 다녔단 말이에요. 학생들이 (운전수가 모르게) 거기(트럭에)다가 책가방을 집어 던지고 뒤에 쫓아가 올라타고, 내릴 때는 세워달라고 말을 못하니까 도중에 뛰어 내리고 그랬어요. 이걸 못하면 학교를 못 다니는 거예요. 그리고 이화여자대학교하고 연세대학교 쪽으로 가는 신촌행 버스가 있었어요. 여기에는 워낙 유명한 이야기가 있는데, 사람들이 정원을 초과해서 (버스를) 타고 그러니까 차장이 사람들을 (버스 안으로) 막 밀어 넣는 거예요. 빨리는 가야겠고, 사람은 계속 타고 그러니까 결국에는 사람들이 버스에 매달려요. 차장이 이들을 밀어 넣을 때 보조를 맞추는 게 운전수에요. 당시 '체

1960년대 초 신촌 버스 종점 (서울역사박물관)

질 버스'라는 용어가 있었어요. '체질하다.'[32]의 체질입니다. 버스에 사람이 많아서 버스운전수가 문을 못 닫는 거예요. 그러면 운전수가 일부러 차를 이리저리 회전을 시켜요. 그렇게 하면 사람들이 좌우로 쏠리면서 들어가게 됩니다. 어떤 남학생들은 여기에서 재미를 느끼기도 했어요. 그래서 이걸 느끼려고 일부러 이 버스를 타는 사람들도 있었어요.

이근수 당시 버스 차장들은 대부분 여자였어요. 사람들이 버스에 가득 매달리잖아요? 그럼 차장이 (버스에서) 제일 바깥에 매달려요. 손님이 떨어지면 안 되니까요. 그리고 차장이 "오라이."라고 외치고 차를 탁탁 두드리면서 운전

32 '체질하다'는 체로 가루를 치거나 액체를 거르거나 받는 모습을 표현한 말이다.

마이크로버스의 모습 (서울역사박물관)

기사에게 사인을 줘요. 그럼 운전기사가 "알았다."하면서 지금 말한 것처럼 획 돌아버려요. 운전수가 사람들을 안쪽으로 들어가도록 운전을 해서 차장이 떨어지거나 다치는 일은 없었어요.

조광현 버스는 전차가 아니니까 '갈 지之'자 주행으로 브레이크를 밟을 수 있어서 가능했던 거예요. 신문에 난 교통사고는 차가 낡다보니 주로 브레이크가 파열되었던 거예요. 헌 차를 가져다가 계속 고쳐서 쓰다 보니 결함이 생겼던 겁니다. 사고 원인 중에 이게(브레이크 파열이) 가장 많았어요. 여러 종류의 버스가 있었는데, 일반 크기의 버스도 있지만 마이크로버스라고 지금의 마을버스 같은 버스도 있었어요. 이건 작아서 사람을 많이 타지 못해요. 겨우 입석 정도로 사람을 태울 수 있었어요. 그래도 편하게 갈 수 있고 또 소형이다 보니 요금은 비쌌던 것 같아요.

서울시의 시영버스 운영

서울시에서 전차를 철거한 뒤에 혹시 있을지 모를 교통난에 대비하여 시영버스를 운영했습니다. 당시 시영버스에 대해서 기억나는 것들을 좀 이야기해주십시오.

김승겸 전차를 대체하고 민영버스들이 들어가기 기피하는 노선을 주로 시영버스가 담당했어요. 그러니까 비포장도로나 장거리 노선 아니면 길이 꼬불꼬불한 시골길 노선들이었어요. 교통난을 완화시키기 위해서 놓은 거죠. 노선은 지금 양재동인 말죽거리, 상계동, 천호동, 송파 등지로 되었고, 시영버스 50대로 운행을 했습니다.

조광현 버스 차고지는 주로 사람이 잘 안 다니는 변두리 공터에 있었어요. 그래서 나중에 거기(차고지의) 땅값이 올라가니까 버스회사들이 수지맞았다는 이야기를 들었습니다. 버스에 입석을 많이 시키기 위해 안쪽 가운데 공간을 많이 두었고요.

김승겸 그 당시에 승차요금은 현금으로 지불했기 때문에 운전수하고 차장 사이에 소위 '삥땅'이라는 폐단이 있었어요. 그리고 서울시에서 이런 폐단을 감독했지만 한계가 있어서 결국 적자운행을 면치 못하고, 민영버스 운영으로 개선, 합리화하면서 시영버스는 운영을 중단했습니다.

조광현 전차는 없애야 되겠고, 그럼 어떤 교통수단으로 대체할 것인가? 그런 (과정에서) 시행착오를 자꾸 거쳤어요.

전차를 대체하기 위해 도입한 시영버스 (서울역사박물관)

이근수 아마 1966년에 시영버스가 생겼는데요. 서울시가 전차를 없앨 것을 미리 예상하고 인수를 했으니, 그 후에 전차를 시영버스로 대체해보려는 의도가 아니었나 생각해요.

1960~1970년대 서울의 택시 운행

당시 서울의 택시는 어떻게 운행되었나요?

조광현 해방되고 합승택시가 있었어요. 이게 언제까지 있었는지는 몰라요.[33] 합승택시가 뭐냐면, 예를 들어 택시가 영등포를 가려는데 한 사람만 태우면 돈이 얼마 안 되잖아요? 여럿이 가면 더 싸고 택시기사 수입도 올라갔죠.

이근수 맞아요. 합승택시가 있었어요. 대충 어느 지점에 가면 어디로 가는 게 있고, 또 다른 데로 가는 게 있고…. 시외로 나가는 것은 보통 택시인데, '총알택시'라고 있었어요. 주로 어디서 손님을 많이 태우느냐면, 소공동과 미도파(백화점 앞)였어요. 여기가 제일 번화가였거든요. 그 근방에서 승객들이 대기하고 있다가 택시가 오면 무조건 탔어요. 합승택시였으니까 누가 있든 말든 양해를 구할 필요가 없었어요.

조광현 택시(기사)가 호객행위를 했어요. "영등포 가요.", "수원 가요." 이렇게 말하면 손님들이 몰려들잖아요. 이때부터 '총알택시'라는 유행어도 생겼어요.

이근수 당시 총각들이나 바람기 있는 남자들한테는 합승택시가 너무 좋은 거예요. 피차 (서로) 모르는 사람끼리 거리를 놓고 앉은 게 아니라, 아주 바짝 붙어 앉아 타거든요. 그때는 지금처럼 무슨 까다로운 것도 없으니까 거기서(택시에

---

33 합승택시는 택시운수업이 시작한 직후부터 있었던 것으로 보인다. 1949년에 보도된 신문기사에 따르면, 한 합승택시가 돈암동 삼선교에서 화신백화점까지 다녔던 사실이 확인된다(『경향신문』 1949년 1월 18일). 이후 택시합승 문제는 유류 및 교통 사정에 따라 한시적 허용 또는 금지가 반복되다가, 1982년 9월 1일부터 전면 금지되었다(『매일경제』 1982년 8월 30일).

서) 둘이 얘기하다가 이뤄지면 같이 차 마시러 가는 경우도 있었어요.

서울의 도로건설과 자가용족

1960~1970년대에 서울 시내에 도로가 많이 건설되었잖아요. 그 전후 사정에 대해서 알고 계시면 좀 이야기를 해주십시오.

조광현 서울시에서 도로를 만들 때, (도로)부지를 확보하는 게 제일 어려웠어요. 도심에서 누가 땅을 내놓으려고 했겠어요. 그래서 청계천을 이용한 거예요. 서울시 교통문제를 해결해야 하는데, 다른 방법이 없다보니까 이게(복개된 청계천이) 제일 좋은 아이디어였지요.

예산도 적게 드는 편이었고요. 또 당시 유행하는 말 중에 '자가용족'이라는 게 있었어요. 뭐냐 하면, 사람의 경제생활 수준을 차별화하는 말이었어요. 돈 있는 사람과 돈 없는 사람, 즉 어디로 놀러 가거나 휴가를 갈 적에 자가용을 타고가면 '자가용족'이라고 했어요. 그래서 (사람들이) "결국 도로 만드는 일이 돈 있는 '자가용족'을 위한 것이 아니냐? 서민을 위해 돈을 써야지!"라고 하면서 (도로건설을) 반대하기도 했어요. 그러니 지상은 한계가 있고 지하를 이용하거나 수중공간을 이용하려는 연구가 계속되어 온 거예요.

당시에 도로를 건설한 것에 대해서 혹자는 서울시장이 박정희 대통령에게 잘 보이려고 했다는 주장도 있던데요?

이근수 맞아요. 어떤 사람들은 박정희 대통령이 골프를 치려고 워커힐 가는 도로를 만들었다는데, 사실 워커힐 안에는 골프장이 없어요. 그게 말이 안 되는 게, 골프 치러 빨리 가기 위해 고가도로를 만들었다? 아니 청와대에 헬리콥

1969년 3월 개통된 청계고가도로 (서울역사박물관)

터도 있는데? 어린이대공원, 그 넓은 데에 헬기탑승장 하나 만들면 될 것을 굳이 복잡하게 고가도로를 만들었겠어요?

감사합니다.

부록

1. 서울시-한국전력 전차사업 양도협정서 전문(한국전력안)
2. 서울시-한국전력 전차사업 양도협정서 전문(서울특별시안)
3. 서울특별시 규칙 제559호 서울특별시 전차궤도사업인수위원회규칙(개정문)(1966.5.21.)
4. 서울특별시 조례 제439호 서울특별시 운수사업 특별회계 조례(1966.5.28.)
5. 서울특별시 조례 제440호 서울특별시 운수사업소 설치 조례(1966.5.28.)
6. 서울특별시 규칙 제561호 서울특별시 운수사업청 직제(1966.5.30.)
7. 서울특별시 규칙 제571호 서울특별시 운수사업소 종업원 규정(개정문)(1966.6.21.)

1. 서울시내 전차궤도사업 양도협정서(한국전력 안)

서울특별시(이하 시라 한다)와 한국전력주식회사(이하 회사라 한다)는 정부 방침에 부응하고 궤도사업법 제23조 및 제24조 규정에 의거하여 회사의 전차궤도사업을 양도 양수함에 있어 다음과 같이 협정을 체결한다.

제1조 (양도 및 양수)

회사는 서울시내의 전차궤도사업과 이에 부수되는 사업용 재산을 시에 양도하고 시는 이를 양수한다.

제2조 (양도일시)

사업 및 재산의 양도일시는 1966년 6월 1일 0시로 한다.

제3조 (양도자산)

① 회사는 1966년 5월 31일 현재의 서울시내 전차궤도사업설비 및 저장품(별첨목록)을 시에 양도한다.

② 전항에 의하여 양도할 자산의 가격과 지급시기 및 방법은 별도 협의하기로 하되 조속히 완결하기로 한다.

제4조 (채권채무의 상계)

회사가 시에 지급하여야 할 채무는 제3조와 관련하여 청산하기로 한다.

제5조 (양도목록)

제3조의 양도목록은 회사가 1966년 5월 28일 시에 제출 확인토록 하되 작성기준일은 1966년 5월 31일로 한다.

제6조 (변경양도목록)

앞 조의 양도목록에 기재된 사항중 변경이 있을때에는 회사는 즉시 양도변경목록을 작성하여 시에 제출하고 시의 확인을 얻어야 한다.

제7조 (종업원)

① 시는 1966년 5월 31일 현재 서울 전차궤도사업종업원을 별첨 명단에 의하여 인수한다.

② 앞의 항 종업원의 1966년 5월 31일까지 발생한 제급여(퇴직위로금포함)는 회사가 부담한다.

③ 시는 앞의 제1항의 입수종업원을 신규채용자로서 인수받는 것으로 하되 급여는 회사에 있어서의 1966년 5월 31일 현재의 급여를 저하시키지 않는 범위에서 시가 인수하기로 한다.

제8조 (도입중전차의 양도)

① 회사와 일본국 후지차량주식회사[富士車輛株式會社]와의 계약에 의하여 도입 중에 있는 전차 20대에 대한 일절의 권리의무는 시가 이를 승계한다.

② 회사는 전항계약의 명의를 1966년 7월 31일까지 시의 명의로 변경함에 필요한 모든 조치를 완료하기로 한다.

③ 시는 회사가 본 전차 도입에 관하여 1966년 5월 31일 현재로 기지출한 금액 5,887만 3,752원은 제3조의 정하는 바에 의한다.

제9조 (제3자와의 계약)

회사와 제3자와의 계약상 권리의무승계는 별도로 협정한다.

제10조 (승차권)

① 1966년 5월 31일 이전에 회사가 판매한 일반승차권은 계속 통용되는 것으로 한다.

② 회사가 1966년 5월 31일 이전에 발생한 우대승차권(별지목록)은 그 유효기간까지 통용되는 것으로 한다.

제11조

회사의 전기공급사업 설비와 공용되는 송전·변전·배전 및 사설통신설비사용에 대하여는 별도 협정하는 바에 따른다.

제12조 (위험부담)

① 1966년 6월 1일 0시 이후의 서울시내 전차궤도사업에 관련된 양도설비(동산, 부동산, 기타시설 일체)와 저장품의 위험부담은 시가 진다.

② 1966년 6월 1일 0시 이후에 발생하는 서울시내 전차궤도사업경영상 관계되는 모든 문제는 시가 책임진다.

제13조 (효력발생)

본 협정은 시에 있어서는 국무총리승인, 회사에 있어서는 주주총회승인을 해제조건으로 체결한다.

이 협정을 증하기 위하여 본 협정서를 2통 작성하여 각자 1통씩 보관한다.

서기 1966년 6월 1일

양수자 서울특별시장 김현옥

양도자 한국전력주식회사 대표이사 박영준

입회자 상공부장관 박충훈 교통부장관 안경모 무임소장관 원용석

2. 서울시내 전차궤도사업 양도협정서(서울특별시 안)

서울특별시(이하 시라한다)와 한국전력주식회사(이하 회사라한다)는 정부방침에 부응하고 궤도사업법 제23조 및 제24조 규정에 의거하여 회사의 전차궤도사업을 양도 양수함에 있어 다음과 같이 협정을 체결한다.

제1조 (양도 및 양수)

회사는 서울시내의 전차궤도사업과 이에 부수되는 사업용 재산을 시에 양도하고 시는 이를 양수한다.

제2조 (양도일시)

사업 및 재산의 양도일시는 1966년 6월 1일 0시로 한다.

제3조 (양도자산)

① 회사는 1966년 5월 31일 현재의 서울시내 전차궤도사업설비 및 저장품(별첨목록)을 시에 양도한다.

제4조 (대가 및 결제방법)

시가 전조에 의하여 양수할 사업 및 재산의 대가 및 결제방법은 별도 협의하기로 한다.

제5조 (채권, 채무의 청산)

회사가 시에 지급하여야 할 채무액은 전조에 의하여 별도 협의하기로 된 가격에서 청산하기로 한다.

제6조 (양도목록)

회사는 전2조의 양도목록을 1966년 5월 31일 현재로 작성하여 1966년 5월 2일에 시에 제출하고 확인을 얻어야 한다.

제7조 (변경양도목록)

전조의 양도목록에 기재된 사항 중 변경이 있을 때에는 회사는 즉시 양도변경목록을 작성하여 시에 제출하고 시의 확인을 얻어야 한다.

제8조 (종업원)

① 시는 1966년 5월 31일 현재 서울 전차궤도사업종업원을 별첨 명단에 의하여 인수한다.

② 전항 종업원의 1966년 5월 31일까지 발생한 제급여(퇴직위로금포함)는 회사가 부담한다.

③ 시는 앞 제1항의 입수종업원을 신규채용자로서 인수받는 것으로 하되 급여는 회사에 있어서의 1966년 5월 31일 현재의 급여를 저하시키지 않는 범위에서 시가 인수한다.

제9조 (제3자와의 계약)

회사와 제3자와의 계약상 권리의무승계는 별도로 협정한다.

제10조 (승차권)

① 1966년 5월 31일 이전에 회사가 판매한 일반승차권은 계속 통용되는 것으로 한다.

② 회사가 1966년 5월 31일 이전에 발생한 우대승차권(별지목록)은 그 유효기간까지 통용되는 것으로 한다.

제11조

회사의 전기공급사업설비와 공용되는 송전·변전·배전 및 사설통신설비사용에 대하여는 별도 협정하는 바에 따른다.

제12조 (위험부담)

① 1966년 6월 1일 0시 이후의 서울시내 전차궤도사업에 관련된 양도설비(동산, 부동산, 기타시설 일체)와 저장품의 위험부담은 시가 진다.

② 1966년 6월 1일 0시 이후에 발생하는 서울시내 전차궤도사업경영상 관계되는 모든 문제는 시가 책임진다.

제13조 (도입 중 전차의 양도)

회사와 일본국 후지차량주식회사[富士車輛株式會社]와의 계약에 의하여 도입 중에 있는 전차 20대에 대한 일절의 권리의무는 시가 이를 승계한다. 단, 시는 회사가 본 전차 도입에 관하여 1966년 5월 31일 현재로 기지출한 금액 5,887만 3,752원을 제외한 잔여금액을 부담하기로 한다.

제14조 (효력발생)

본 협정은 시에 있어서는 국무총리승인, 회사에 있어서는 주주총회승인을 해제조건으로 체결한다.

이 협정을 증하기 위하여 본 협정서를 2통 작성하여 각자 1통씩 보관한다.

서기 1966년 6월 1일

양수자 서울특별시장 김현옥

양도자 한국전력주식회사 대표이사 박영준

입회자 상공부장관 박충훈 교통부장관 안경모 무임소장관 원용석

3. 서울특별시 규칙 제559호 서울특별시 전차궤도사업인수위원회규칙 (개정문)(1966.5.21.)

개정문

서울특별시전차궤도사업인수위원회규칙을 제정하여 이에 공포한다.

서기 1966년 5월 20일

서울특별시장 김현옥

제1조 (목적)

한국전력주식회사의 서울전차 궤도사업을 국무총리 훈령 제32호(서기 1966년 5월 18일자)에 의거 서울특별시가 인수함에 필요한 절차 및 방법을 심의하기위하여 서울특별시 전차궤도사업인수위원회(이하 위원회라 한다)를 둔다.

제2조 (위원회구성)

(1) 위원회는 위원장 1인 부위원장 2인과 위원 약간인으로 구성한다.

(2) 위원장은 서울특별시 제1부시장이 된다.

(3) 부위원장은 교통부 육운국장 및 서울특별시 관광운수국장이 된다.

(4) 위원은 상공부 전기국장 국무총리 시정 담당비서관 한전 업무담당 상무이사 서울특별시 건설국장과 위원장이 필요하다고 인정하는 위원 3인 이내로 한다.

(5) 위원은 시장이 위촉한다.

제3조 (위원장의 직무)

(1) 위원장은 위원회를 대표하여 회무를 통리하고 위원회의 의장이 된다.

(2) 위원장이 사고가 있을 때에는 위원장이 지정하는 부위원장이 위원장의 직무를 대행한다.

제4조 (위원회의 직무)

위원회는 서울특별시내 전차궤도사업(이하 "사업" 이라 한다) 인수에 관한 다음 사항을 심의 결정한다.

1. 사업의 인수절차
2. 사업의 인수방법 및 범위
3. 기타 사업인수에 필요한 중요사항

제5조 (회의 및 결의)

(1) 위원회는 위원장이 필요하다고 인정할 때에 수시 이를 소집한다.

(2) 회의는 위원장과 부위원장을 포함하는 재적위원 과반수의 출석으로 개의하고 출석위원 과반수 찬성으로 의결한다.

(3) 위원장은 표결권을 가지며 가부동수인 경우에는 결정권을 갖는다.

(4) 간사는 위원회 회의에 출석하여 발언할 수 있다.

제6조 (조회 또는 의견의 요구)

(1) 위원회는 심의상 필요하다고 인정될 때에는 관계기관 및 한국전력주식회사에 필요한 자료의 제출 또는 의견의 진술을 구두 또는 서면으로 요구할 수 있다.

(2) 위원회는 특히 한국전력 노조측 대표를 출석시켜 의견을 청취할 수 있다.

제7조 (간사 및 서기)

(1) 위원회에 간사 3인과 서기 약간인을 둔다.

(2) 간사 및 서기는 전차궤도사업인수에 관한 사무를 담당하는자 중에서 위원장이 명한다.

(3) 간사 및 서기는 위원장의 명을 받아 회무에 종사한다.

제8조 (보수의 지급)

위원회에 출석한 위원에게는 일당 및 여비를 예산범위내에서 지급할 수 있다. 다만 시소속 공무원인 위원에게는 그러하지 아니하다.

제9조 (회의록작성)

위원회는 회의를 개최하였을 때에는 회의록을 작성하여야 한다.

제10조 (시행규칙)

위원회 운영에 관하여 필요한 사항은 위원장이 정한다.

부칙

(1) 이 규칙은 공포한 날로부터 시행한다.

(2) 이 규칙은 서울특별시가 전차궤도사업을 인수한 날로부터 자동적으로 폐지된다.

4. 서울특별시 조례 제439호 서울특별시 운수사업 특별회계 조례 (1966.5.28.)

제1장 총칙

제1조 (목적)

이 조례는 서울특별시(이하 시라 한다)운수사업(이하 사업이라 한다)의 합리적인 경영을 위하여 그의 예산과 회계에 관한 기본적 사항을 규정함으로서 그 건전한 발전에 기여함을 목적으로 한다.

제2조 (특별회계의 설치)

이 사업을 운영하기 위하여 시에 운수사업 특별회계를 설치하고 그 수입으로서 그 지출에 충당한다

제3조 (계리원칙)

이 사업의 회계처리는 기업회계원칙 및 기타 일반적으로 공정타당하다고 인정되는 정규의 부기원칙에 따라 계리하여야 한다.

제4조 (회계연도)

이 사업의 회계연도는 일반회계연도에 준한다.

제5조 (연도소속의 구분)

① 이 사업의 회계는 수입 및 비용의 발생과 자산 자본 및 부채의 증감변동을 현금수지와는 관계없이 그 원인이 되는 사실이 발생하는 날을 기준으로 하여 연도 소속을 구분한다.

② 전항의 사실이 발생한 날을 정할 수 없는 경우에는 그 원인이 되는 사실을 확인한 날을 기준으로 하여 연도 소속을 구분한다.

제6조 (계리의 구분)

① 이 사업은 그 회계를 손익계정, 자산계정, 자본계정, 부채계정 기타 필요한 중간계정을 두어 계리한다.

② 전항의 계정구분은 규칙으로 정한다.

제2장 자금

제7조 (전입금)

재해의 복구 기타 특별한 사유로 인하여 필요한 경우에는 예산의 정하는 바에 따라 시의 일반회계 또는 타의 특별회계로부터의 전입금 및 국고보조에 의한 수입으로써 지출에 충당할 수 있다.

제8조 (사업채)

이 사업에 필요한 시설을 건설 또는 개량하기 위하여 필요할 때에는 시의회의 승인을 얻은 금액의 범위 내에서 서울특별시운수사업채를 발행할 수 있다.

제9조 (일시차입금)

① 이 사업의 회계운영에 있어서 지불상의 현금이 부족할 때에는 이 사업 특별회계의 부담으로 일시차입을 할 수 있다.

② 당해연도의 수입으로서 당해연도의 차입금을 상환하지 못하였을 경우에는 상환할 수 없는 금액을 한도로 하여 이를 상환연장할 수 있다.

제10조 (적립기금)

이 사업은 특별한 시설의 건설 또는 개량과 장기부채의 상환을 목적으로 하는 기금을 적립할 수 있다.

제3장 예산

제11조 (예산의 부의)

① 매회계연도마다 시의회에 예산을 부의할 때에는 시장은 다음 각호의 서류를 첨부하여야 한다.

1. 당해 예산의 집행계획서
2. 당해회계연도의 사업계획서와 자금계획서
3. 전전년도의 손익계산서 및 대차대조표
4. 전년도 및 당해연도의 예정손익계산서와 예정대차대조표
5. 당해연도의 세입세출예산의 사항별 설명서
6. 직종별 정원표와 전년도 대비표
7. 자금예산서
8. 전년도의 원가계산서 및 당해연도의 예정원가계산서
9. 기타 재정의 상황과 예산의 내용을 명백히 함에 필요한 사항

② 전항 각호의 서식은 따로 규칙으로 정한다.

제12조 (예비비)

예측할 수 없는 예산 외의 지출과 예산초과지출에 충당하기 위하여 예비비로서 상당하다고 인정되는 금액을 예산에 계상할 수 있다.

제13조 (예산의 탄력성)

수요증가로 인하여 이 사업에 직접 필요한 경비부족이 발생하였을 때에는 시장은 당해 수요량 증가로 인하여 예상되는 수입의 범위 내에서 당해사업에 직접 필요한 경비를 사용할 수 있다. 이 경우에 있어서는 시장은 차기 의회에 그 상황을 보고하여야 한다.

제14조 (예산의 유용)

이 사업운영에 있어서 필요한 경우에는 규칙으로 정하는 바에 의하여 세출예산의 각목경비를 유용할 수 있다.

제15조 (예산의 이월)

① 예산으로 정한 사업의 운영 또는 개량을 위하여 필요한 경비로서 연도간에 지출의무가 확정되지 아니한 것이 있을 경우에는 시장은 그 금액을 익년도에 이월하여 사용할 수 있다.

② 앞 항의 규정에 의한 경우를 제외하고는 매회계연도의 지출예정금액은 익년도에 사용할 수 없다. 다만 당해 회계연도 내에 지출예산의 지출원인행위를 하고 불가피한 사유로 인하여 연도 내에 지불의무가 발생하지 아니한 것에 대하여는 시장은 그 금액을 익년도에 이월하여 사용할 수 있다.

③ 앞 2항의 규정에 의하여 예산을 이월하였을 경우에는 시장은 이월금 사용에 관한 계획을 차기의회에 보고하여야 한다.

④ 계속비로서 당해 회계연도에 지불의무가 확인되지 아니한 금액은 최종연도까지 체차로 이월하여 사용할 수 있다.

제4장 출납

제16조 (출납)

① 시장은 관광운수국장으로 하여금 운수사업에 관계되는 세입세출의 출납사무를 장리하게 한다.

② 운수사업비 특별회계의 수입원과 지출원은 시장이 별도 명한다.

③ 시장은 업무집행상 필요하다고 인정할 때는 금융기관으로 하여금 이

사업회계에 관계되는 현금출납사무의 일부를 취급하게 할 수 있다.

제17조 (현금의 보관)

이 사업회계에 관계되는 현금은 시금고에 예입 보관하여야 한다. 다만 시장이 정한 액을 한도로 현금을 자체 보관할 수 있다.

제5장 결산

제18조 (결산)

① 시장은 매회계연도말 현재로 제장부를 마감하여 3월 이내에 결산서를 작성하여 일체의 증빙서류를 첨부 차기 의회에 제출하여 승인을 얻어야 한다.

② 앞 항의 결산서는 예산결산보고서 및 재무제표로 하고 그 서식은 따로 규칙으로 정한다.

제19조 (이연정리)

화재로 인한 거액의 고정재산손실 및 차년도 이후에 그 효과가 미치는 경비로서 당해연도가 그 전액을 부담하는 것이 부적당하다고 인정되는 경우에는 규칙에 정하는 바에 따라 이를 이연정리할 수 있다.

제20조 (잉여금)

이 사업에 있어서 연도 말에 이익이 발생하는 경우에는 전 회계연도에서 이월한 결손금을 보전하고 잔액이 있는 시는 그 잔액의 일부 또는 전부를 감채적립금 또는 이익적립금으로서 적립하여야 한다.

제21조 (결손정리)

결산의 결과 생긴 결손이 이익적립금을 초과하였을 경우에 그 초과전액을 이월결손으로 정리하여야 한다.

제6장 보칙

제22조 (기업예산회계법의 준용)

이 조례의 규정을 제외하고는 기업예산회계법의 규정을 준용한다.

제23조 (회계규칙)

이 조례시행에 관하여 필요한 사항은 따로 규칙으로 정한다.

부칙

이 조례는 서기 1966년 6월 1일부터 시행한다.

5. 서울특별시 조례 제440호 서울특별시 운수사업소 설치 조례 (1966.5.28.)

제1조 (목적)

수도교통체계의 합리적인 정비 및 확충을 기하기 위하여 궤도사업 및 자동차운송사업과 이에 부대되는 사업을 종합경영하고 이로서 시민의 교통복리를 증진하기 위하여 서울특별시운수사업소(이하 사업소라 한다)를 둔다.

제2조 (명칭 및 위치)

사업소 및 사업장의 명칭과 위치는 시장이 이를 고시한다.

제3조 (공무원)

① 사업소에 소장을 공작창에 창장을 두고 소장은 지방행정서기관 또는 지방행정사무관으로 창장은 지방기계기좌로 보한다.

② 소장 및 창장 이외에 필요한 공무원은 따로 정하는 바에 의한다.

제4조 (시행세칙)

이 조례시행에 필요한 사항은 규칙으로 정한다.

부칙

이 조례는 서기 1966년 6월 1일부터 시행한다.

6. 서울특별시 규칙 제561호 서울특별시 운수사업청 직제 (1966.5.30.)

제1조 (목적)

이 규칙은 서울특별시 운수사업소(이하 사업소라 한다)의 조직을 규정함을 목적으로 한다.

제2조 (소장)

① 사업소에 소장을 공작창에 창장을 두고 소장은 지방행정서기관 또는 지방행정사무관으로 창장은 지방기계기좌로 보한다.

② 소장과 창장은 시장의 명을 받아 소관업무를 장리하며 소속공무원을 지휘 감독한다.

제3조 (공무원의 정원)

사업소에 소장 공작창에 창장 이외에 두는 공무원의 정원은 따로 정하는 바에 의한다.

제4조 (전차운수사업소)

전차운수사업소에 서무과와 업무과를 두고 과장은 지방행정사무관으로 보한다.

제5조 (서무과)

① 서무과에 서무계와 경리계를 두고 서무계장은 지방행정주사로 경리계장은 지방재경주사로 보한다.

② 서무과의 개별분장사무는 다음 각호와 같다

1. 서무계

가. 문서 관인 기밀

나. 교육 및 훈련

다. 청중단속 및 당직

라. 인사 복무 급여 후생

마. 도서 비품정리

바. 제 통계

사. 기본운영계획 및 예산

아. 타과계 주관에 속하지 아니하는 사항

2. 경리계

가. 금전 및 유가증권의 출납보관

나. 계약 및 지출

다. 물품출납 보관

라. 물품접수 및 고사검사 입회

마. 저장품의 소요판단 및 부대비의 통제

제6조 (업무과)

① 업무과에 관리계와 영업계를 두고 관리계장은 지방행정주사로 영업계장은 지방행정주사 또는 지방재경주사로 보한다.

② 업무관의 계별분장사무는 다음 각호와 같다.

1. 관리계

가. 승무원의 교육 훈련

나. 전차사고처리 및 유류품처리

다. 전차내 청소

라. 노무관리

마. 과내 타계주관에 속하지 아니하는 사항

2. 영업계

가. 전차운행

나. 전차종업원의 지도감독

다. 안전관리

라. 승차권의 판매 및 위탁

마. 선전 및 광고

제7조 (자동차운수사업소)

① 자동차운수사업소에 서무계와 업무계를 두고 계장은 지방행정주사 또는 지방재경주사로 보한다.

② 자동차운수사업소의 계별분장사무는 다음 각호와 같다.

1. 서무계

가. 문서 관인 기밀

나. 청중단속 및 당직

다. 인사 복무 급여 후생

라. 기본운영계획 및 예산

마. 물품관리

바. 도서 및 비품관리

사. 제통계

아. 금전 및 유가증권의 출납보관

자. 계약 및 지출

차. 물품검수 및 검사 입회

카. 주유소관리

타. 타계주관에 속하지 아니하는 사항

2. 업무계

가. 운영계획 및 배차

나. 승무원지도감독 및 교육훈련

다. 교통사고처리

라. 승차권판매 위탁

마. 노무관리

바. 기재관리

사. 차량수리

제8조 (운수사업공작창)

① 운수사업공작창에 서무계, 공작 제1계와 공작 제2계를 두고 서무계장은 지방행정주사 또는 지방재경주사로 공작 제1계장과 공작 제2계장은 지방기계기사로 보한다.

② 운수사업공작창의 계별분장사무는 다음 각호와 같다.

1. 서무계

가. 문서 관인 기밀

나. 청중단속 및 당직

다. 인사 복무 급여 후생

라. 기본운영계획 및 예산

마. 도서 비품관리

바. 제통계

사. 금전 및 유가증권의 출납보관

아. 계약 및 지출

자. 물품검수 및 검사입회

차. 물품관리

카. 타계주관에 속하지 아니하는 사항

2. 공작제1계

가. 전차의 장치점검 수리 및 보수

나. 전차고 및 부대시설의 관리

다. 전차궤도의 부설개량 및 보수와 포장토목공사

라. 전차궤도용 직통전신로와 부대설비의 건설 및 보수

3. 공작제2계

가. 자동차의 장치점검 수리 및 보수

나. 자동차고 및 부대시설의 관리

다. 자동차기구의 관리

제9조 (직무대행)

① 전차운수사업소장 유고시는 지방행정사무관인 서무과장이 자동차운수사업소장 및 운수사업공작창장 유고시는 지방행정주사 또는 지방재경주사인 서무계장이 그 직무를 대행한다.

② 전항의 규정에 의한 직무를 대행할 자가 유고시는 시장이 지정하는 과장 또는 계장이 그 직무를 대행한다.

부칙

이 규칙은 서기 1966년 6월 1일부터 시행한다.

8. 서울특별시 규칙 第571호 서울특별시 운수사업소 종업원 규정 (개정문)(1966.6.21.)

서울특별시운수사업소종업원규정을 제정하여 이에 공포한다.

서울특별시장 김현옥

제1장 총칙

제1조 (목적)

이 규정은 서울특별시 운수(전차)사업에 종사하는 종업원(이하 기능원 갑류, 을류라 말한다)에게 적용할 복무 및 보수지급에 관한 사상을 규정하여 사업의 효율적인 운영을 기함을 목적으로 한다.

제2조 (적용범위)

이 규정은 서울특별시 운수사업소(이하 사업소라 한다) 직원 중 제3조에 규정하는 종업원에 대하여 적용한다.

제3조 (직종구분)

① 종업원은 기능원, 갑류, 을류로 구분하며 기능원 갑류는 1등급으로부터 2등급으로 하고, 기능원 을류는 1등급으로부터 5등급으로 구분한다.

② 직종은 별표 1, 7과 같다.

제4조 (종업원의 정원 및 배치)

종업원의 정원 및 과별 배치인원은 따로 정한다. 전항에 의하여 배정된 정원으로 수행하여야 할 개별업무량의 세부기준은 운수사업소장 및 공작창장이 정한다.

제2장 임면

제5조 (임면권)

종업원의 임면은 서울특별시장이 행한다. 다만, 3급 이상으로 하는 사업소장에게 임면권을 위임할 수 있다.

제6조 (신규채용)

신규채용자에 대한 급호 부여는 별표 10에 의한다.

제7조 (결격사유)

다음 각호의 1에 해당하는 자는 종업원으로 임명할 수 없다.

1. 금치산자와 한정치산자
2. 파산자로서 복권되지 아니한 자
3. 금고 이상의 형을 받고 그 집행이 종료되거나 또는 형을 받지 아니하기로 확정된 후 3년을 경과하지 아니한 자
4. 공사를 불문하고 재직 중에 부정행위로 인한 해면된 자로서 만 2년을 경과하지 아니한 자

제8조 (구비서류)

① 종업원을 임용할 때에는 다음의 서류를 구비하여야 한다.

② 피임용자는 다음 각호의 서류를 제출하여야 한다.

1. 이력서(증명사진 2매 첨부) 2통
2. 호적등본 또는 초본(시구청장 또는 읍면장 발행) 1통
3. 신원증명서(시구청장 또는 읍면장 발행) 1통
4. 신체검사서(공의 발행) 1통
5. 병역필증 1통
6. 신원보증서(보증인 2명) 1통

7. 추천서 1통

8. 중학교 이상 졸업자는 졸업증명서 1통

9. 기타 필요한 자격증 1통

③ 전역자는 전직 중의 근무상황, 소행 및 퇴직사유 등을 조사한다.

④ 본적지 또는 거주지 소할경찰서장에게 신원을 조회하여 신상 또는 사상의 건전여부를 확인한다.

제9조 (보증의 한계)

종업원의 신원보증에 관하여는 〈서울특별시 지방공무원 신원보증조례〉를 준용한다.

제10조 (해면사유)

① 종업원은 형의 선고, 징계처분 또는 이 규정에 정하는 사유에 의하지 아니하고는 그 사상에 반하여 해면을 당하지 아니한다.

② 종업원이 다음 각호의 1에 해당하는 사유가 있을 때에는 해면한다.

1. 소속기관이 폐지 또는 개편하였을 때

2. 예산의 감소로 인하여 감원을 실시할 때

3. 신체정신상의 장애로 인하여 직무감당하지 못할 때

4. 근무성적이 극히 불량할 때

5. 정부를 파괴함을 목적으로 단체에 가입하거나 또는 이를 방조하였을 때

6. 제45조의 규정에 의한 휴직자가 취업통지서를 받고 소정기일 내에 취업하지 아니하였을 때

7. 무단결근이 계속 5회 이상 또는 월간 7일 이상일 때

제3장 복무

제1절 통칙

제11조 (준수의 의무)

종업원은 사업소의 모든 규정을 준수하여야 한다.

제12조 (복무 및 성실의 의무)

종업원은 상사의 명령에 복종하여 성실히 집무하여야 한다.

제13조 (직장이탈의 금지)

종업원은 소속 상사의 허가 없이는 근무지를 떠나지 못한다.

제14조 (관련영리사무의 겸직 금지)

종업원은 소속장의 허가 없이 사업소 업무와 관련 있는 상공업, 기타 영업을 경영하지 못한다.

제15조 (청렴의 의무)

종업원은 그 직무와 관련 있는 청구업자, 물품조달자 기타 계약서로부터 증여 또는 향응을 받을 수 없다.

제16조 (비밀엄수의 의무)

종업원은 재직 중은 물론 퇴직 후라도 직무상의 비밀을 엄수하여야 한다.

제17조 (신분상의 변동신고)

종업원은 전거, 전적, 개명 기타 이력사항에 변동이 있을 시에는 신속히 신고하여야 한다.

제18조 (정치운동의 금지)

종업원은 정치운동에 참여하지 못하며 공무 이외의 일을 위한 집단적 행동을 하지 못한다.

제2절 근무시간과 휴게시간

제19조 (통상근무자)

통상근무자의 1일의 실근무시간은 8시간을 원칙으로 하되 토요일은 4시간으로 한다. 다만, 근무시간에 관하여 따로 훈령이 있을 때에는 이에 따른다.

제20조 (특수근무자)

특수근무자의 1일 실근무시간은 다음과 같다.

1. 교대근무자: 1일 8시간
2. 시차근무자: 1일 8시간 (다만, 토요일은 4시간)
3. 상주근무자: 1일 24시간 이내

제3절 출근과 결근

제21조 (출근)

종업원은 시업시간 전에 출근하여 출근부에 자신이 서명 또는 날인하여야 한다.

제22조 (결근계 및 지참계)

① 종업원이 질병 기타 사유로 인하여 출근하지 못하거나 지참(지각)하였을 때에는 당일 정오까지 결근계 또는 지참계를 제출하여야 한다. 다만, 질병결근 1일 이상일 때에는 치료기간을 예정한 공의진단서를 첨부하여야 한다.

② 결근자의 계속 결근기간 중의 휴일은 결근일수로 간주한다.

제23조 (조퇴계)

종업원이 질병 기타 사유로 인하여 퇴근시간 전에 퇴근하려고 할 때에는 조퇴계를 제출하여야 한다.

제24조 (외출허가)

종업원이 근무시간 중 외출하고자 할 때에는 근무상황부에 의하여 상사의 허가를 받아야 한다.

제25조 (지참, 조퇴의 영향)

지참, 조퇴는 3회를 결근 1일로 간주한다.

제4절 휴일과 휴가

제26조 (공휴일)

종업원의 휴일은 다음과 같다.

1. 일요일
2. 법정공휴일
3. 기타 정부에서 수시 지정하는 날

제27조 (특수근무자의 휴일)

① 업무의 성질상 앞 조에 의할 수 없는 특수근무자 중 교대근무자 및 시차근무자의 휴일은 별도로 정하는 지정휴일제에 의한다. 다만, 지정휴일은 1주 1회 이상 앞 조에 의한 휴일 범위 내에서 사업소장이 이를 정한다.

② 주휴일과 법정공휴일 또는 정휴일이 중복될 때에는 주휴일만을 인정한다.

제28조 (연월차휴가)

① 종업원이 월간 개근자는 1일의 월차 유급휴가와 연간 개근자는 8일의 연차유급휴가 및 연간 9할 이상 출근자는 3일의 연차유급휴가를 준다.

② 2년 이상 근속한 자에 1일을 가산한 휴가를 준다. 다만, 근속연수계산은 임명연월일을 그 기산일로 한다.

③ 종업원의 휴가는 종업원의 자유의사로 적치하여 사용하거나 분할할 수 있다.

④ 앞 항의 휴가를 줄 수 없는 경우에는 제1항에 해당하는 상당액을 보상금으로 지급할 수 있다.

⑤ 앞 항의 휴가의 계산기간은 다음과 같다.

1. 월차휴가 : 전월 16일부터 당월 15일까지

2. 연차휴가 : 전년 12월 16일부터 당년 12월 15일까지

제29조 (특별유급휴가)

사업소장은 종업원의 경조 및 특별한 경우 근무성적이 양호한 자에 대하여 다음과 같이 유급휴가를 허여한다.

1. 축하휴가

가. 본인결혼 5일간

나. 자녀결혼 2일간

다. 부모회갑 2일간

2. 기복휴가

가. 부모 승중承重 배우자 상喪 7일간

나. 조부모, 자녀, 형제, 자매 3일간

3. 특별휴가

가. 수·화재 기타 중요한 재해를 당하였을 때 3일간

나. 전염병 기타에 의하여 교통을 차단당하였을 때 사업소장이 지시 또는 증명하는 기간

다. 요양소 입소기간

라. 병무소집된 기간. 다만 봉급은 차액만 지급한다.

마. 특별한 사정에 의하여 사업소장이 인정하였을 때 그 인정기간

4. 산전후 휴가

가. 산전 산후 휴가 30일간

제30조 (휴가근무성적)

제28조 및 제29조 규정에 의한 휴가는 근무성적에 영향을 주지 아니한다.

제31조 (휴가의 허가)

제27조, 제28조 및 제29조의 규정에 의한 휴가를 요하는 자는 사업소장의 사전허가를 받아야 한다.

제32조 (출동명령)

사업소장은 업무상 필요한 때에는 휴일 또는 휴가 중이라도 출동을 명할 수 있다.

제5절 시간외근무 및 휴일근무

제33조 (시간외근무 및 휴일근무)

사업소장의 명에 의하여 소정의 근무시간을 초과근무할 때에는 시간외근무로 휴일에 근무할 때에는 휴일근무로 한다.

제34조 (근무명령)

시간외근무 또는 휴일근무자는 사전에 근무명령서에 의하여 명령을 받은 후 근무한다.

제35조 (수당지급)

시간외 및 휴일근무자에 대하여는 별표 3에 의하여 수당을 지급한다.

제6절 당직

제36조 (당직근무)

① 업무상 필요할 때에는 종업원은 당직근무를 한다.

② 당직근무는 일직, 숙직, 반직, 보직의 4종으로 하고, 일직은 휴일에, 숙직은 야간에, 반직은 반휴일에, 보직은 종업시각부터 일정시까지 당직함을 말한다.

제37조 (당직시간)

당직시간은 다음과 같다.

일직 : 휴일에 있어 통상일의 시업시각부터 종업시각까지

숙직 : 통상일의 종업시각부터 익일 시업시각까지

반직 : 토요일의 종업시각부터 통상일의 종업시각까지

보직 : 통상시의 종업시각부터 일정시까지

제38조 (당직수당)

당직근무자에 대하여는 별표 3에 의하여 당숙직수당을 지급할 수 있다.

제39조 (응급사무처리)

당직원은 그 근무시간 중 응급한 사무를 처리한다.

제40조 (문서취급)

당직 중 문서를 수발하였을 때에는 이를 당직일지에 기재한 후 일괄하여 문서주관부서 또는 차담당자에게 당직일지 및 보관물과 함께 인계하여야 한다. 다만, 전보 기타 긴급을 요하는 문서로서 중요한 것은 상사에게 즉시 연락하여 지시를 받아야 한다.

제41조 (소 내외 단속)

당직원은 수시 소 내외를 순시하여 화재, 도난 등의 방지, 경계 및 제반 단속을 하여 불필요한 전등, 전열 등은 이를 소멸하여 사고방지에 유의하여야 한다.

제42조 (변상조치)

① 당직 중 사고가 발생하였을 때에는 최선의 긴급조치를 취하고 동시에

이를 상사에게 보고하여 그 지시를 받아야 한다.

② 현금 또는 물품을 도난 또는 망실 당하였을 때 주의를 태만히 하지 아니하였다는 증명을 못하였을 때에는 변상의 책임을 면할 수 없다.

제43조 (준수사항)

당직 중 특히 다음 사항을 하지 못한다.

1. 무단이석을 하지 말 것.
2. 음주를 하지 말 것.
3. 무용자를 실내에 출입시키지 말 것.

제44조 (겸무)

상시 교대근무를 하는 장소에서 특히 당직의 필요를 인정하지 아니할 경우에는 당직근무와 상근을 겸할 수 있다.

제7절 휴직

제45조 (휴직)

종업원이 다음 각 호의 1에 해당할 때에는 휴직을 명할 수 있다.

1. 근로동원법勤勞動員法에 의하여 동원되었을 때
2. 공상치료기간이 3개월 이상에 이를 때

제46조 (신분)

휴직된 자는 종업원으로서의 신분은 보유하나 근무에 종사하지는 못한다.

제47조 (재직연수가산)

휴직기간은 근무연수에 산입한다. 다만, 제45조 제2호의 규정에 의한 휴직의 경우는 예외로 한다.

제4장 상벌

제1절 포상

제48조 (포상)

종업원으로서 다음 각호의 1에 해당할 때에는 이를 포상한다.

1. 품행이 방정하고 업무에 근면하여 타종업원의 모범이 되었을 때
2. 특히 곤란한 업무를 수행하였을 때
3. 화재, 풍수해 기타 천재 시에 출동하여 방호의 임무를 다하였을 때
4. 직무에 관하여 자기의 위험을 무릅쓰고 사업소의 손실을 모면, 감소하게 하였을 때
5. 사업소 업무에 유익한 발명 또는 발견을 하였을 때
6. 전 각호 이외에 사업소에 대하여 특히 공적이 있다고 인정되었을 때

제49조 (수여자)

포상은 시장 또는 사업소장이 행한다.

제2절 징계

제50조 (징계)

종업원으로서 다음 각호의 1에 해당할 때에는 이를 징계한다.

1. 직부상의 의무에 위반하거나 또는 직무에 태만하였을 때
2. 사업소의 위신 또는 신용을 손상시켰을 때
3. 사업소의 기밀을 누설하거나 규율질서를 문란하게 하였을 때
4. 고의 또는 중대한 과실로 인하여 사업소에 손해를 끼쳤을 때
5. 고의 또는 이유 없이 사무처리에 지연을 초래하였을 때
6. 기타 이 규정에 위반하였을 때

제51조 (종류)

종업원의 징계처분은 다음 2종으로 한다.

1. 감봉 : 감봉은 1월 이상 6월 이하로 하고 본봉의 1/10을 감액한다.

2. 파면 : 파면은 직무를 해제한다.

제52조 (절차)

① 위 조의 규정에 의한 징계처분을 행하기 위하여 사업소에 인사위원회를 둔다.

② 징계처분이 부당 또는 과중하다고 인정하는 자는 이의심사를 시장에게 청구할 수 있다.

제3절 정년

제53조 (정년)

종업원의 정년은 만 55세로 한다.

제4절 해임

제55조 (해임의 예고)

① 사업소장은 부득이 해임하고자 할 때에는 해임일 30일 전에 해임자에게 예고한다.

② 앞 항의 예고를 하지 아니할 때에는 30일분의 통상임금을 지급한다.

제5장 보수 및 임금

제1절 보수 (기능원 갑류)

제1항 통칙

제56조 (보수 및 제수당)

기능원(갑류)의 보수는 봉급 및 제수당으로 구분하며 책정된 예산의 범위 내에서 지급한다.

제57조 (기간)

보수 계산기간, 권태 계산기간 및 보수지급기일은 다음에 의한다.

1. 보수지불계산기간은 당월 1일부터 말일까지로 한다.
2. 권태계산기간은 전월 16일부터 당월 15일까지로 한다.
3. 지불기일은 당월 25일로 한다. 다만, 25일이 휴일인 경우에는 그 전일로 한다.

제58조 (변동)

기능원(갑류)의 신분 또는 보수 등에 변동이 있을 때의 보수 계산방법은 다음에 의한다.

1. 신규채용자의 급료는 출근일로부터 일할 계산한다.
2. 승급, 감급 또는 규정개정 등에는 발령일 또는 시행일부터 계산한다.
3. 퇴직, 휴직 또는 사망 시에는 당해 보수전액을 지급한다. 다만, 징계처분으로 해면된 자는 발령일까지 일할 계산한다.

제59조 (계산원칙)

보수의 일할액은 월의 대소에 불문하고 보수의 1/30로 계산하되 원 미만의 단수는 4사5입한다.

제60조 (휴직 중의 보수)

기능원(갑류)이 휴직되었을 경우에는 다음에 의하여 보수를 지급한다.

1. 공상으로 인한 휴직자에 대하여는 제7장의 규정을 적용한다.
2. 질병으로 인한 휴직자에 대하여는 휴직발령 익일부터 2개월간 통상임금만을 지급한다.
3. 위의 각호 이외의 휴직자에 대하여는 휴직원인에 따라 보수지급을 그 때마다 결산한다.

제61조 (승무)

이 직 이상에 승직하였을 때는 상위직의 보수만을 지급한다.

제62조 (흠근欠勤)

종업원이 결근하였을 때는 다음에 의하여 보수를 지급한다.

1. 질병 이외의 사유로 인하여 30일 이내의 유계흠근자에 대하여는 10일 이내는 통상임금을 지급하고 월 10일을 초과하는 흠근일수에 대하여는 일할계산 지급한다.
2. 무계흠근자에 대하여는 흠차일수에 대하여는 30일 이내는 통상임금을 지급하고 60일간은 본봉만을 지급한다.
3. 질병으로 인한 90일 이내의 유계흠근자에 대하여는 30일 이내는 통상임금을 지급하고 60일간은 본봉만을 지급한다.

제2항 봉급

제63조 (보수)

기능원(갑류)의 보수는 별표 2와 같다.

제64조 (승급기준)

① 봉급의 승급은 1회 1호봉을 원칙으로 한다.

② 기능원(갑류)은 근적勤績 6개월 이내이며 1등급 최고봉에 이르렀을 때에는 상위직에 전직되지 아니하는 한 1호봉 해당액을 가봉한다.

제65조 (특별승급)

특별한 경우에는 앞 조의 규정에 의하지 아니하고 특별승급할 수 있다.

제66조 (승급기간)

승급은 매년 3월 1일 및 9월 1일자로 시행한다.

제67조 (보류)

① 제64조의 승급해당자로서 다음 각호에 해당하는 경우에는 적당하다고 인정하는 기간 승급을 보류한다.

1. 근무성적이 불량할 때
2. 징계처분을 받았을 때
3. 유급결근 10일 이상일 때
4. 병결근 20일 이상일 때
5. 무급결근 3일 이상일 때
6. 위참違參, 조퇴 30회 이상일 때
7. 교육성적이 극히 불량할 때

제3항 제수당

제68조 (제수당)

기능원(갑류)에 대하여는 다음의 수당을 지급할 수 있으며 지급액의 적용구분은 별표 3과 같다.

1. 직책수당
2. 후생수당
3. 기술수당

4. 위험작업수당

5. 운전수당

6. 시간외근무수당

7. 월차수당

8. 야간근무수당

제2절 임금 (기능원 을류)

제1항 통칙

제69조 (일급 및 제수당)

기능원(을류)의 임금은 일할제로 하고 임금은 일급과 제 수당으로 구분하며 책정된 예산의 범위 내에서 지급한다.

제70조 (기간)

임금지불가산기간, 근태계산기간 및 임금지불기일은 다음에 의한다.

1. 임금지불 및 근태계산기간은 전월 16일부터 당월 15일까지로 한다.
2. 지불기일은 당월 25일로 한다. 다만, 25일이 휴일인 경우에는 그 전일로 한다.
3. 퇴직, 해고 또는 특히 필요하다고 인정할 때에는 수시로 지불할 수 있다.

제71조 (휴직중의 임금)

기능원(을류)이 휴직했을 때에는 다음에 의하여 임금을 지급한다.

1. 제45조 제2항에 의한 휴직에 대하여는 제91조에 의한다.
2. 제45조 제2항에 의한 휴직자에 대하여는 휴직발령일로부터 2개월간 임금의 80%를 지급한다.
3. 위의 각호 이외의 휴직자에 대하여는 임금을 지급하지 아니한다.

제72조 (결근)

기능원(을류)이 결근하였을 때에는 그 기간 중 임금은 지불하지 아니한다.

제2항 일급

제73조 (일급)

기능원(을류)의 일급은 별표 6과 같다.

제74조 (승급기준)

기능원(을류)의 승급은 1회 1호봉으로 하며, 그 기준은 근속 1년 이상으로 한다. 다만, 각급의 최고호에 이르러 당해 근무연수 이상에 이를 때에는 타 직종에 전직하지 아니하는 한 1호봉 당해액을 가산한다.

제75조 (정기승급)

기능원(을류)의 정기승급은 매년 1월 1일에 행한다.

제76조 (승급보류)

① 승급 해당자로서 다음 각 호의 1에 해당하는 경우에는 승급을 보류한다.

1. 근무성적이 불량할 때
2. 징계처분을 받았을 때
3. 유급결근 20일 이상일 때
4. 병결근 20일 이상일 때
5. 무급결근 3일 이상일 때
6. 위참, 조퇴 30회 이상일 때
7. 교육성적이 극히 불량할 때

② 앞 항 제3호 내지 제6호에 해당하는 자에 대하여는 1년간을 기간으로 한다.

제77조 (제수당)

기능원(을류)에 대하여는 다음의 수당을 지급할 수 있으며 지급액의 적용 구분은 별표 8과 같다.

1. 시간외근무수당
2. 야간근무수당
3. 후생수당
4. 월차수당
5. 대기수당

제6장 피복대여

제78조 (피복대여)

기능원으로서 업무상 필요한 자에 대하여는 피복을 대여한다.

제79조 (착용의무)

피복을 대여 받은 자는 근무 중 반드시 착용하여야 하며 부득이한 형편에 의하여 착용하지 못할 경우에는 소속장의 승인을 받아야 한다.

제80조 (자비조제)

대여 받은 피복의 착용을 요하는 자로서 대여된 피복을 분실 또는 훼손하여 착용불능할 때에는 자비로서 조제 착용하여야 한다.

제81조 (반납)

피복을 대여 받은 자가 그 피복의 사용기간 중 퇴직, 휴직, 직무변경 기타 타처로 전출발령을 받았을 때에는 소속장에게 지체 없이 이를 반납하여야 한다.

제82조 (계속사용)

위의 조에 의하여 반납된 피복은 해당 직무에 새로 임명된 자에게 대여하여 계속 사용하여야 하며 사용기간이 경과하였다 하더라도 사용할 수 있는 것은 계속 사용하여야 한다.

제83조 (대장작성)

소속장은 본장에 의하여 피복을 대여할 때에는 피복대여대장을 비치하고 소요사항을 기재하여야 한다.

제84조 (피복대여기준)

피복대여대상자 및 대여기한의 종류, 수량은 별표 9와 같다.

제85조 (복제)

대여한貸與限의 복제에 관하여는 따로 정한다.

제7장 재해보상

제86조 (공상)

① 공상이라 함은 업무수행 중 본인의 불가항력으로 인한 부상 또는 이병을 말한다.

② 업무상 질병과 요양의 범위는 근무기준법勤務基準法(이하 법이라 칭한다)을 적용할 수 있다.

제87조 (인정)

공상 및 순직은 업무수행 중 발생한 것으로 본다.

제88조 (치료기관)

① 공상의 치료는 서울특별시립병원에서 하여야 한다.

② 부상의 성질 또는 거리관계로 인하여 부득이 타병원의 치료를 요하거

나 치료병원장이 특별한 치료를 요한다고 인정한 경우에는 타치료기관에서 치료를 받을 수 있으며 이는 반드시 소속장의 사전승인을 받아야 한다.

제89조 (공상자 처리)

공상자가 발생하였을 때에는 소속장은 응급치료하게 한 후 진단서 및 현인증現認證을 의사로부터 받아야 하며 치료비는 청구서에 따라 계산 지출한다.

제90조 (공상치료구분)

공상치료의 구분은 다음과 같다.

1. 입원치료 ······················ 입원을 요하는 치료
2. 휴무 ······················ 휴무를 요하는 통원 또는 요양치료
3. 통원 ······················ 근무시간 중 통원치료
4. 격무금지 ······················ 격무작업을 금하는 치료

제91조 (공상중의 보수)

공상으로 휴무 중에 있는 자에 대하여는 요양 중 공상 전 평균임금을 지불한다.

제92조 (치료비 부담)

① 공상에 대하여는 그 치료비 일체를 소속기관에서 부담한다.

② 앞 항에 의한 치료비는 1개월분마다 그 추산액의 8할 이내에서 선불할 수 있다.

제93조 (장해보상금)

공상으로서 완치 후 신체에 장해가 있는 자에 대하여는 장해정도에 따라 법이 정하는 바에 의하여 장해보상금을 지급한다.

제94조 (유족보상금 및 장례비)

순직하였을 경우에는 그 유족에게 법이 정하는 바에 의하여 유족보상금 및 장례비를 지급한다.

제95조 (청구권의 순위)

이 규정에서 유족의 청구권 순위는 법의 정하는 바에 의한다.

제96조 (일시보상)

제92조의 규정에 의하여 보상을 받는 종업원이 요양개시 후 1년이 경과하여도 부상 또는 질병이 완치되지 아니하였을 경우에는 법이 정하는 바에 의하여 일시보상을 하여 그 후 책임을 면할 수 있다.

제97조 (허위)

소속장은 공상의 사실이 일부 또는 전부가 허위임을 발견하였을 때는 즉시 이의 치료를 정지하고 기불치료비에 대하여 반납을 명하여야 하며 동시 관계자를 처벌하여야 한다.

제8장 교육

제98조 (교육)

종업원에 대하여 필요에 따라 일정한 기간 교육을 행한다.

제99조 (교육규정)

교육에 관한 필요한 사항은 따로 정한다.

제9장 안전 및 보건

제100조 (안전 및 보건관리자)

안전 및 보건의 목적으로서 안전관리자 및 보건관리자를 둔다.

제101조 (안전관리자의 직무)

사업소에 있어서의 인명 및 재산상의 재해사고의 발생 원인을 조사 구명하여 유사 사고재발방지를 위한 대책 수립업무를 담당한다.

부칙

1. (시행기일) 이 규정은 서기 1966년 6월 1일부터 적용한다.
2. (경과조치) 한국전력주식회사로부터 인수하여 서기 1966년 6월 1일 발령한 종업원[기능원(갑류) 및 기능원(을류) 행정요원 포함]에 대한 보수는 이 규정 시행일부터 이를 적용 지급한다.

별표1 직종

기능원(갑류)	기능원(을류)
1. 의사	
2. 전차운전원	전차운전원
3. 전차차장	전차차장
4. 전차신호수	전차신호수
5. 궤도공	궤도공
6. 전차정비공	전차정비공
7. 검차공	검차공
8. 자동차운전원	자동차운전원
9. 용접공	용접공
10. 선반공	선반공
11. 목공	목공
12. 단야공	단야공
13. 전공電工	전공
14. 설계원	
15. 지도원	15. 경비원
	16. 기계톱공
	17. 권선원捲線員
	18. 간호원
	19. 도장공塗裝工
	20. 지도원
	21. 설계원
	22. 잡역

별표2 봉급표 (기능원) (갑류) (단위 : 원)

호 \ 급	1등급	2등급	비고
1	8,000	6,000	
2	7,900	5,900	
3	7,800	5,800	
4	7,700	5,700	
5	7,600	5,600	
6	7,500	5,500	
7	7,400	5,400	
8	7,300	5,300	
9	7,200	5,200	
10	7,100	5,100	
11	7,000	5,000	
12	6,900	4,900	
13	6,800	4,800	
14	6,700	4,700	
15	6,600	4,600	
16	6,500	4,500	
17	6,400	4,400	
18	6,300	4,300	
19	6,200	4,200	
20	6,100	4,100	
승급액	100	100	
승급기준	6개월 이상	6개월 이상	
비고 : 2등급 1호봉 해당자는 1등급 20호로 승급한다.			

별표3 제 수당표

<table>
<tr><th>수당명</th><th>구분</th><th>지급액 또는 율</th><th>비고</th></tr>
<tr><td rowspan="2">직무수당</td><td>1등</td><td>1,500원</td><td></td></tr>
<tr><td>2등</td><td>1,400원</td><td></td></tr>
<tr><td>후생수당</td><td></td><td>본봉의 15% 이내</td><td></td></tr>
<tr><td rowspan="4">기술수당</td><td>A급 기술면허 소지자</td><td>본봉의 20%이내</td><td rowspan="3">1. 기술면허소지자라 함은 전기, 기계,토목, 건축, 무선, 통신, 원자력 등의 기술면허소지자로서 당해 직무에 종사하는 자를 말하며 급별 적용은 별표에 의한다.
2. 기사, 기사보는 기술자로서 기술직에 근무하는 보직자를 말한다.</td></tr>
<tr><td>B급 기술면허 소지자</td><td>본봉의 15% 이내</td></tr>
<tr><td>C급 기술면허 소지자</td><td>본봉의 10% 이내</td></tr>
<tr><td>기능직</td><td>본봉의 5% 이내</td><td>1. 기능원(갑류)에 근무하는 보직자 및 다음의 학력과 근속연수를 가진 자<table><tr><td>대학졸업자</td><td>초대졸업자</td><td>고교졸업자</td></tr><tr><td>3년 이상</td><td>5년 이상</td><td>7년 이상</td></tr></table>2. 15년 이상 기술직에 근무한 기술자로서 심사에 합격된 자</td></tr>
<tr><td>위험작업수당</td><td>A급</td><td>본봉의 20% 이내</td><td></td></tr>
<tr><td></td><td>B급</td><td>본봉의 10% 이내</td><td></td></tr>
<tr><td></td><td>C급</td><td>본봉의 5% 이내</td><td></td></tr>
<tr><td>운전수당</td><td></td><td>월 300원</td><td>전차, 자동차 및 기타 중기 운전원</td></tr>
<tr><td>교대근무수당</td><td></td><td>월 300원</td><td>교대근무자</td></tr>
<tr><td>시간외 근무수당</td><td></td><td>휴일 및 초과근무 시간당 (월통상임금/181)×1.5</td><td>통상임금이라 함은 본봉, 제수당, 후생수당, 기술수당의 합계액을 말한다.</td></tr>
<tr><td>야간근무수당</td><td></td><td>(통상임금/181)×0.5</td><td></td></tr>
<tr><td rowspan="4">당직수당</td><td rowspan="4"></td><td>일직 : 60원</td><td></td></tr>
<tr><td>숙직 : 120원</td><td></td></tr>
<tr><td>반직 : 40원</td><td></td></tr>
<tr><td>보직 : 60원</td><td></td></tr>
<tr><td>연월차수당</td><td></td><td></td><td>지급대상 및 계산기간은 제28조 규정에 의한다.</td></tr>
<tr><td colspan="4">주 : 기술수당 개별적용은 별표 4에 의하며 위험작업수당별 적용은 별표 5에 의한다.</td></tr>
</table>

별표4 기술수당 지급범위

구분	지급범위
A급	2급 이상 전기기술자 및 3급 전기기술자로서 6년 이상 근속한 자
	갑류전기공사기술자
	갑류건축기술자(건축 토목, 기계)
	1급무선통신사 및 1급무선기술사
	갑종기관장 및 갑종기관사
	전신급유선(傳信給油船)기술사 및 전화급유선기술사
B급	3급 전기기술자(A급 해당 제외)
	을류전기공사기술자(건축, 토목, 기계)
	을류무선통신사 및 2급 무선기술사
	을류기관장 및 을류기관사
C급	병류전기공사기술자
	병류건축기술사(건축, 토목, 기계)
	3급 무선통신사 및 3급 무선기술기사
	병종기관사
	측량사

별표5 위험작업수당 지급범위

급별	직종명	비고
A급	비계공飛階工	
	전공	승주昇柱작업자 및 당시 고압취급자
	수중작업감독자	
	폭파작업감독자	
	용접공	
B급	단야공	
	주물공	
	통신설비보수원	캐리어취급외선공 및 무선취급자
	조탄원操炭員	
	중기운전원	
	기계공작공	
	기계보수공	
	실검 및 측정원	고압 및 화학
	보도보수공	
	터빙운전원	디젤운전원 포함
	배전반근무원	
	전공	
	압축기공	
	실검 및 측정공	
	통신설비보수공	

별표6 기능원(을류) 일급표 (단위 : 원)

호봉 \ 급	1급	2급	3급	4급	5급
1	295	275	255	235	215
2	290	270	250	230	210
3	285	265	245	225	205
4	280	260	240	220	200
5	275	255	235	215	195
6	270	250	230	210	190
7	265	245	225	205	185
8	260	240	220	200	180
9	255	235	215	195	175
10	250	230	210	190	170
11	245	225	205	185	165
12	240	220	200	180	160
13	235	215	195	175	155
14	230	210	190	170	150
15	225	205	185	165	145
16	220	200	180	160	140
17	215	195	175	155	135
18	210	190	170	150	130
19	205	185	165	145	125
20	200	180	160	140	120

별표7 기능원(을류) 직종등급표

급별	직종
1급	용접공
2급	2급 전공, 선반공, 중기운전원, 목공, 도공, 간호원
3급	자동차운전원, 전기정비공, 검차공, 단야공, 전차정비원, 기계톱공, 전차운전원
4급	3급 전공, 권선공, 궤도공, 경비원, 전차차장
5급	신호수, 타자원, 잡역

별표8 제수당표

수당명	구분	지급액 또는 율	비고
후생수당		일당×15%×30	단, 결근일이 있을 경우에는 (일당×15%×15%×결근일수) 해당액을 감한다.
시간외 근무수당		휴일 및 초과근무시간당 [{일당+(일당×15%×30)}/181]×1.5	
야간근무수당		시간당 : [{일당+(일당×15%×30)}/181]×0.5	
전기수리 대기 근무수당		1일에 대하여 월일급 총액의 2%	지급기준은 기능직과 동일함. 단. 월일급 총액이라 함은 일당×30을 말한다.

별표9 피복대여표

직종별	하복	동복	작업복	제모	작업모	위생복	간호원복	외의	적요
전차운전원	1/1	2/2		1/3				1/3	
전차차장	1/1	1/2		1/3				1/3	
전차신호원	1/1	1/2		1/3				1/3	
궤도공			2/1		1/1				
전차정비공			2/1						
검차공			2/1						
자동차운전원			2/1		1/1				
용접공			2/1						
선반공			2/1						
목공			2/1		1/1				
단야공			2/1						
전공			2/1		1/1				
경비원(수위)	1/1	1/2		1/3					
기계톱공			2/1						
권선공			2/1						
간호원							3/1		
도장공			2/1						
잡역									

※적요
1. 하복상의는 반소매 샤쓰로 한다.
2. 제모착용자에게 매년 제모커버 2매를 대여한다.
3. 하복하의는 색채를 변경하였을 시 초년도에 한하여 2매를 대여한다.
4. 우의는 필요시 대여한다.
5. 직종 중 잡역의 피복대여는 업무성질 및 타직종과의 업무유사성에 따라 대여한다.

"범례"
1. 1/1은 1년에 1벌 대여
2. 2/1은 1년에 2벌 대여
3. 3/1은 1년에 3벌 대여
4. 1/2은 2년에 1벌 대여
5. 1/3은 3년에 1벌 대여

별표10 신규채용자 급호 사정기준표

구분	초임봉	해당학력
대학원졸	1등급 1호	고등고시합격자 3급공개경쟁시험합격자
대졸	1등급 4호	4년제대학 졸업자
초대졸	1등급 7호	1. 초급대학 졸업자 2. 구제舊制전문학교 졸업자 3. 구제대학전문부 고등학교 졸업자
고졸	2등급 9호	1. 신제新制고등학교 졸업자 2. 구제갑종(4년제 이상) 중학교 졸업자 3. 고등보통학교 졸업자 4. 보통고시 합격자
중졸	2등급 16호	1. 신제중학교 졸업자 2. 구제 2종중학교 졸업자
소졸	2등급 20호	국민학교 졸업자

별표11 경력연수 가산기준표

경력	가산율
정부중앙관서 및 지방자치단체	100%
특별법에 의하여 설립된 동일계통의 회사	80%
금융기관	70%
교육기관	70%
정부산하기관	70%
저명한 주식회사	70%
외국기관에서 동일계통의 직 재직한 자	70%
기타의 업종에 종사한 자	50%

주 :

1. 본 표의 각항으로 분류 제정된 경력연수 가산율은 그 내용여하에 따라 가감적용할 수 있다.
2. 동 자격을 가진 2개 이상의 학교를 졸업하였을 때에는 1학교 이외의 수학년도는 30%를 경력으로 가산한다.
3. 학교졸업 후 연구소 대학원에서의 연구 강습 등의 기간은 그 직무와의 관련성으로 보아 80%까지 산정 가산할 수 있다.
4. 경력연수계산에 있어서 1년 미만은 산입하지 않는다.
5. 해방전 경력은 산정하지 않는다.

사진 협조처
국가기록원, 동아대학교박물관, 미국국립문서기록관리청
서울시립대학교박물관, 서울역사박물관, 한국정책방송원, 한영수문화재단

서울역사구술자료집 ❾

땡땡땡!
전차여 안녕!

발행인	서울역사편찬원장 이상배
발행처	서울역사편찬원(http://history.seoul.go.kr)
	서울특별시 송파구 올림픽로 424 올림픽공원(02-413-9622)
기획 편집	서준석, 이창현
발행일	2018. 12. 7.
판매가	10,000원
사진촬영	스튜디오 수포토(070-8887-3891)
편집 · 인쇄	디자인공방(02-2285-4132)

발간등록번호	51-6110000-001936-10
ISBN	979-11-6071-059-5
	978-89-94033-11-2(세트)